觉囊派教法史

阿旺洛追扎巴／著
索南才让／译

藏籍译典丛书
ZANGJIYIDIANCONGSHU

青海人民出版社

图书在版编目（CIP）数据

觉囊派教法史 / 阿旺洛追扎巴著；索南才让译 . --
西宁 ：青海人民出版社，2016.12（2022.4 重印）
（藏籍译典丛书）
ISBN 978-7-225-05281-6

Ⅰ. ①觉… Ⅱ. ①阿… ②索… Ⅲ. ①喇嘛宗—佛教史—西藏 Ⅳ. ①B946.6 ②B949.2

中国版本图书馆 CIP数据核字（2017）第008405 号

藏籍译典丛书

觉囊派教法史

阿旺洛追扎巴　著

索南才让　　译

出 版 人　樊原成

出版发行　青海人民出版社有限责任公司
西宁市五四西路 71 号　邮政编码 :810023　电话 :（0971）6143426（总编室）

发行热线　（0971）61435161 / 6137730

网　　址　http://www.qhrmcbs.com

印　　刷　青海雅丰彩色印刷有限责任公司

经　　销　新华书店

开　　本　720mm × 1010mm　1/16

印　　张　17.5

字　　数　250 千

版　　次　2017 年 11 月第 1 版　2022 年 4 月第 3 次印刷

书　　号　ISBN 978-7-225-05281-6

定　　价　48.00 元

目录

前言

嗡！愿得吉庆
随侍弟子的界根，
天成三密[1]做变幻，
一切地方常放射，
愿善逝能仁[2]殊胜。

深究十力[3]的甚深密意，
惠施诸良缘解脱寂静。
圆满施主善说清净语，
弥勒佛说心要诸明义。
洁白清凉的宽阔宝地，
是林王金刚母所依处。

善开彼处圆满的法库，
躬身礼敬法王觉囊巴[4]。

彼法乃是了义中观理，
究竟显密一切诸密意，
其在印度及雪域藏地，
如何产生发展略讲述。

这里，我们的第四导师（rnam-vdren-bzhi-pa）释迦牟尼佛从很早以前肩负起解救一切众生痛苦的重任，发广大的菩提心[5]，立下解脱众生的神奇宏愿，接受无上菩提之果位，受用五决定（nges-pa-lnga-ldan）[6]坛轮，圆满神通，极为庄严，不惧怕在若如虚空般宽阔的广博世界里一起做殊胜化身的事业，他诞生在圣地印度，为无比释迦族净饭王（zas-gtsang）[7]之子。

在共同化机方面，他首先以凡俗世间菩提心大资粮道法规护持国政，之后出家苦行，最后初夜降伏妖魔，午夜入定，一夜之间从加行道（sbyor-lam）[8]暖位修行到达无学道（mi-slom-lam）。黎明时分，胜利鼓敲响之时，用自身之力，证得无漏[9]智慧，以所得的无上大菩提，为了使三种姓徒众逐步皈依佛教，三次善转法轮（bkav-vkhor-lo-gsum）[10]。其中随顺末转法轮的中观师在西藏出现后，在吉祥森林王（dpal-ldan-nags-rgyal）修行处建造寺院，从此发展出的执持了义修行传承的教派即是觉囊派，或者说在西藏弘传大手印、大圆满、中观教法的三个宗派之中，觉囊派执持中观自空（dbu-ma-rang-stong）[11]、他空（gzhan-stong）[12]中的他空见。

注释：

［1］三密:佛教术语,指身密、语密、意密。佛教显教和密教对三密

的解释不完全相同，一般以密教解释的如来三密为主。就佛界说，大日如来佛为遍法界之身，以其法界体相为身密，其一切声音为语密，所有的一切识或观察思考为意密。对众生来说，修行时手结契印为身密，口诵真言咒语为语密，专心观本尊的法相为意密。众生在修行时，其三密受到佛三密的加持，两者相应，融为一体。

[2] 善逝能仁：或译“善逝佛”，是佛陀十大名号中的两个。“善逝”，梵文称“修伽陀”（sugata），意思是“好去”。龙树在《大智度论》中解释：“好去者，于种种诸深三摩提、无量诸大智慧中去。”“善”者，指佛的语言、思想、行为都好到极处，用它来教化众生。“逝”的本意是“去”，表示佛的善心善行完全是从自性露出来的，没有任何妄想、分别、执着心。按照大乘佛教解释：“无作而作，作而无作。”“无作”是“逝”，“作”是“善”。“能仁”梵文音译“牟尼”，佛的别称，意为“寂静”，即守护身、语、意三业，远离一切烦恼。

[3] 十力：指十种智力，其中分如来十力和菩萨十力两类。龙树的《大智度论》和世亲的《俱舍论》对如来十力做了详细的解释，一是知处非处智力（处，道理之义），知道一切事物的理与非理的智力，或一切众生因缘果报的道理。二是知三世业报智力，如来知道一切众生在过去、现在、未来三世因果业报的智力。三是知诸禅解脱三昧智力，如来知禅定、八解脱及三三昧的智力，或如来在禅定中自在无碍、深浅全知。四是知众生上下根智力，如来知道众生的能力和性质优劣的智力。五是知种种解智力，如来知道众生对事物各种各样的理解和认识能力的智力。六是知种种界智力，如来知道众生不同素质和境界的智力。七是知一切至处道智力，如来知道一切众生的善恶之举和转生为人、天趣向的智力。八是知天眼无碍智力，如来通过天眼觉知众生生、老、病、死及善恶业缘的智力。九是知宿命无漏智力，如来知道一切众生的宿命和何时能证得无漏涅槃的智力。十是知永断习气智力，如来知道永远断除烦恼而不

再流转生死的智力。

菩萨十力是深心力、增上深心力、方便力、智力、愿力、行力、乘力、神变力、菩提力、转法轮力。

［4］觉囊巴：指觉囊派第十八代法王、他空中观理论体系的建立者笃补巴·喜饶坚参，他曾在萨迦和觉囊等寺院随众多大师学习显密经典,修建了被称为西藏四大佛塔（绰浦寺塔、江孜佛塔、仁布佛塔、觉囊佛塔）之一的“格本吞卓钦摩”（见者皆能解脱的十万大佛塔）和寺院，详细解释经典，建立了以中观空性思想与如来藏佛性思想相结合，并配以时轮六支瑜伽实修为主的中观他空理论体系，使觉囊派成为一个完全独立的宗派，受到包括噶玛噶举派在内的其他宗派的承认。因此，觉囊派僧人尊他为开派祖师，亲切地称为“觉囊巴”。其事迹详见后文。

［5］菩提心：是佛教“阿耨多罗三藐三菩提心”的简称，“阿耨多罗”意为“无上”，“三藐三菩提”是“正觉知”之义，即“无上正等正觉知”。菩提心，即觉悟心。《华严经》卷五十九云（大正藏 9·775b）：“菩提心者，则为一切诸佛种子，能生一切诸佛法故。菩提心者，则为良田，长养众生白净法故。菩提心者，则为大地，能持一切诸世间故。菩提心者，则为净水，洗濯一切烦恼垢故。菩提心者，则为大风，一切世间无障碍故。菩提心者，则为盛火，能烧一切邪见爱故。菩提心者，则为净日，普照一切众生类故。菩提心者，则为明月，诸白净法悉圆满故。”《菩萨地持经》卷一说：“菩提心是一切正愿之始，菩提之根本，为大悲及菩萨学之所依。”它分世俗菩提心和胜义菩提心两种，世俗菩提心包含愿菩提心和行菩提心。藏传佛教各派都对菩提心做了解释，尤其是噶当派始祖阿底峡和格鲁派创始人宗喀巴视菩提心为成佛的基础，要求每一位求佛者必须具备。有了菩提心，能断除罪恶，成办利乐，满足一切愿望。

［6］五决定：亦称“五圆满”，是报身佛所具有的五种特法，或报身

佛刹土的五种特性。一是处决定，决定永远住报身佛住地色究竟大密严刹土。二是身决定，相好庄严，愿满报身。三是眷属决定，只有十地菩萨作为眷属围绕身旁。四是法决定，决定所说的法唯是大乘佛法。五是时决定，住世乃至轮回不空，不取涅槃。但也有不同的解释。

[7] 释迦族净饭王：释迦族是古印度东部的一个族群，自称是甘蔗族的后裔，是高种姓者。公元前6世纪至前5世纪间，释迦族已经形成了自己的小型城邦，都城设于大雪山南麓，即今尼泊尔与印度交界处的迦毗罗卫城，毗邻末罗（Malla）、迦尸（Kasi）、拘萨罗（Kosala）、摩揭陀（Magadha）、般阇罗（Panchala）和跋耆（Vajii）等国，依附于憍萨罗国（Kosala）。根据传说，憍萨罗国的波斯匿王执政早期曾向迦毗罗卫国的释迦族求婚，释迦族自认为种族优越、高尚，视波斯匿王出身低贱，不配与其通婚，但又不敢得罪，于是将一婢女冒充释迦族嫁给波斯匿王。后来，此女生下一子名毗琉璃，他八岁时到了迦毗罗卫国，受到释迦族人嘲笑和蔑视。知道自己是婢女之子，感到非常愤怒，因此立下恶誓，要灭掉迦毗罗卫国的释迦族。后来，他弑父夺取王位，为了报复，不听释迦牟尼的劝告，发兵消灭了迦毗罗卫国的释迦族。

净饭王，梵文名“首图驮那”，是迦毗罗卫国的国王，佛教创始人释迦牟尼的父亲。《佛说净饭王般涅槃经》说：“时舍夷国王，名曰净饭，治以正法，礼德仁义，常行慈心。时被重病，身中四大，同时俱作，残害其体，支节欲解，喘息不定，如驶水流。辅相宣令国中明医，皆悉集会，瞻王所疾，随病授药。种种疗治，无能愈者，瑞应已至。”传说，净饭王临终躺在病床上时，40岁的佛陀给他讲了最后一次法。

[8] 加行道：也称“方便道”，是佛教所说的修行通往涅槃的五道（资粮道、加行道、见道、修道、无学道）之一，或四道（加行道、无间道、解脱道、胜进道）之一，是一种修行方法。五道中，加行道是在资粮道究竟以后的进一步阶段，这时已证得善根和四谛法，通过修行所得

的智慧观境无自性，修五根五力断除一切遍计所执，能证等持、总持、神通功德等，认识一切事物皆空。四道中，加行道排在第一位，指为断除各种烦恼、获得共德的初级阶段。加行道有四位：暖位、顶位、忍位、世等一法位。暖位，生起见道智慧火；顶位，善根已超出动摇之顶，在此二位之时，具足信根、精进根、正念根、三昧根、智慧根等五根。忍位，新证得不畏惧甚深空性法忍；世等一法位，以自证智修谛，现证内能取心识没有自性，获得中品光明智慧相应的三摩地，此二位具足信、精进、正念、三昧和智慧等五力。

[9] 无漏：佛教名词，相对于有漏而言。“漏”，本意为“泄漏”，或“流”“住”，世亲在《俱舍论》卷二十解释：“从有顶天到无间狱，由彼相续于六疮门泄过无穷，故名为漏。若善释者，应作是言：诸境界中流注相续，泄过不绝，故名为漏。”“流”的意思是，众生由于烦恼业，而不断从眼、耳、鼻、舌、身、意等六疮门流出不净物，从而造成新的烦恼，导致生死流转。“住”者，众生由于烦恼业因，留住欲界、色界、无色界等三界，无法脱离生死轮回。无漏，即没有烦恼，凡指涅槃、菩提和一切能断除三界烦恼的法。《杂阿含经》卷第八，229经说：“世尊告诸比丘，我今当说有漏、无漏法。……云何无漏法？谓出世间意，若法、若意识、意触，意触因缘生受。内觉若苦、若乐、不苦不乐，出世间者，是名无漏法。”卷第二，56经说：“云何无漏法？诸所有色无漏非受，彼色若过去、未来、现在，彼色不生爱、恚。如是受、想、行、识，无漏非受，彼识若过去、未来、现在，不生贪、恚，是名无漏法。”

[10] 三次善转法轮：释迦牟尼佛觉悟成道后，开始给几位弟子宣讲苦、集、灭、道四谛法，从不同的角度讲了三次，故名。法轮，即正法之轮，是将佛法比作转轮王轮宝，能摧破山岳岩石；佛说之法，如车轮转动不停。法轮，比喻佛法。转，比喻宣讲。龙树在《大智度论》卷二十二解释：“佛转法轮，如转轮圣王转宝轮……手转宝轮，空中无碍；

佛转法轮，一切世间天及人中无碍无遮，遇佛法轮，一切邪见、疑悔、灾害，皆悉消灭。”据《三转法轮经》说：三转法论中之初转名“示相转”（示转），讲四谛的法理；中转名“劝相转”（劝转），讲四谛在修行中的意义；末转名“证相转”（证转），证明修行者自己已经达到要求。因为，佛每次从不同方面宣讲，共十二行相。世亲的《俱舍论》卷二十四说：“云何三转十二行相？此苦圣谛，此应遍知，此已遍知，是名三转。即于如是一一转时，别别发生眼、智、明、觉，说此名曰十二行相。如是三转十二行相，谛谛皆有，然数等故，但说三转十二行相。”

藏传佛教认为，佛第一次在鹿野苑转四谛法轮，第二次在灵鹫山转无相法轮，第三次在毗舍离城转广分别法轮。但是，对后两次所讲的内容，各派有不同的解释：觉囊派认为，佛陀第二次转法轮讲自空法，第三次转法轮重点讲他空法，以《如来藏经》《胜鬘经》《央掘摩罗经》等多部不共经典，以及《解深密经》《楞伽经》等二十部共同经典为代表。格鲁派则认为，释迦牟尼成佛后的初转法轮是在波罗尼斯的鹿野苑进行的，听法者是阿若憍陈如等五位比丘，内容是四圣谛、十二因缘、八正道等，故名“四谛法轮”。根据这次转法轮结集出了《法轮经》《毗奈耶》《阿笈摩经》《近念住经》《广大游戏经》《百业经》《百喻经》《缘起经》等，以其中的《法轮经》为主要经典。不久，佛在南印度的灵鹫山为五位比丘及五千声闻弟子转无相法轮，内容涉及法性和涅槃等问题。根据这次说法形成的经典有被称为“母经”的《般若十万颂》《般若两万五千颂》《般若一万五千颂》《般若一万颂》《般若八千颂》《圣摄颂》等及十一部子经：《善力映蔽请问经》《般若七百颂》《般若五百颂》《般若一百五十颂》《般若五十颂》《金刚能断般若经》《般若波罗蜜多心经》《憍尸迦经》《贤手请问经》《少字般若》《一字般若》，以及《三摩地王经》《方广经》《大宝积经》等与般若义相顺的经。第三次在广严城（毗舍离城）转善分别法轮，听讲者为众菩萨，根据这次所说的法结集的经典有《解深密经》《大涅槃经》等。格鲁派从缘起自性空的理论出发，判中转无相法轮的经典为了义经，初转与末转法轮的经典为不了义经。

［11］自空：即自性空，相对于他性空说，谓一切事物现象都是因缘而起，其本身没有独立存在和发展的能力。或者说因缘和合而生的一切都是假有，空无自性。《般若经》所归纳的十八空中有自性空。《般若经》卷三十五说："菩萨摩诃萨大乘相者，即能悟有性由有性空，无性由无性空，自性由自性空，他性由他性空。"又说："云何自性由自性空？谓一切皆自性空，此空非智所作，非见所作，亦非余所作，是为自性由自性空。"从世俗谛说，一切法都是假有，即世俗有；从胜义谛说，一切皆空，即胜义无。藏传佛教除觉囊派外的其他各派都坚持自空见，尤其是格鲁派充分发挥了中观学派的缘起自性空理论。

［12］他空：佛教所说的空性之一，是相对于自空而说，最早出现于部派佛教时期。早期大乘佛教经典《般若经》的十八空中的"彼彼空"，相当于他空。《光赞般若经》卷第六说："复次，须菩提！其所有者，所有空。无所有者，无所有空。自然者，自然空。为他故者，他故亦空。彼何谓所有所有空？谓五阴也。彼五阴者，所有所有空。是谓所有所有空。何谓无所有无所有空？谓无为也。彼无为者，无为故空。是谓无所有无所有空。何谓自然自然空？其为空者，则无有相、亦无所作、亦无所见。是谓自然空！彼何谓为他故空？假使怛萨阿竭兴出现者，若怛萨阿竭不兴出现，其法常住，其法界亦寂灭故无本，无本斯则本际，其于此者为他空，是谓为他故空。是谓，须菩提！菩萨摩诃萨摩诃衍也。"《大宝积经》卷第六《第二无边庄严会出离陀罗尼品第二》说："诸法本性，非以文字语业宣说可见可得，一切诸法皆无本性。如是诸法，非作非不作，非等非不等，非寂静非不寂静。然于诸法，亦住寂静及不寂静。所言住者亦无所住，亦不变异，亦复不住不变异法。何以故？法无住故

不入算数，非由算数建立言教，而能令法入于算数，一切文字语业演说，皆不可得。不住于处及一切处，如是文字及以语业，无所从来，去无所至，不住中边。一切文字及于语业，业非业故，非功用故。以于一切文字语业自性空故，文字语业亦复皆空，亦以文字语业他性空故。他性亦空，乃至自他性空故。自他性亦空，自他空故彼则寂静。若寂静者，彼则寂灭；若寂灭者，彼一切法即寂灭门。”

觉囊派坚持中观他空见，认为一切生死流转法都是缘起法，其本性空，涅槃法有真实体性。所以，自性是指一切法无生自性的真实；他性是指虚妄分别的一切法，本非实有，而是虚妄分别之空，意思是由于人们主观认识上的错误把世俗的一切法说成空，但是胜义法性任何时候都不能因错误认识而说成空。其特征是胜义有，世俗空。胜义有是佛性，一切众生本具佛性。

第一章　他空思想在印度的兴起

第一节　显教传承

随顺末转法轮的吉祥觉囊派的理论在印度和西藏如何出现？其中在印度的传承分显教传承和密教传承两种。先说显教传承。导师，正等觉佛陀随顺一切弟子的界根（khams-dbang）[1]，三转法轮。关于如何三转法轮，《楞伽经》（mdo-lang-gar-gshegs-pa）[2]说："如对病患者，医生施与药；佛念诸有情，如是说教法。"《中观宝鬘论》（dbu-ma-rin-chen-vphreng-ba）[3]说："如是声明师，教徒习文字，佛为众弟子，宣讲忍辱法（bzod-pavi-chos）[4]。"根据这种说法，犹如世界上一些医术高明的医生观察病患者的身体后给予适合于病情的药物。遍知佛针对下、中、上徒众的根器，由情器世间（snod-bcud-vjig-rten）[5]心力所现，按照这种道理次第宣讲佛法，使一切徒众逐渐入于教法。又如声明阿阇黎为了使弟子们逐渐学习一切文字，首先让他们学读基本字母。佛陀针对一切徒众的界根所能理解的程度宣讲不同佛法理论，将弟子引入佛道，求证清净果位。

一、劣乘[6]法

在此略说其中的情形如下：佛陀针对劣乘（theg-dman）具种徒众的低等根器及大乘徒众的下根、中根、上根根器，宣讲情器世间一切业力烦恼所生法和心之坚固习气所生法，以及诸法缘起[7]、唯名假有[8]法，尤其宣讲唯世俗法并非实有的道理。关于诸法道理，佛陀根据弟子们的根器差别，分别宣讲补特伽罗[9]及诸法中无常一自在自立之物，色身等为外境和证声的贪基，不是自相有，诸法非实有，真性为空，犹如虚空，胜义圆成法性一切相，恒常没有变化。通过宣讲，弟子们知道怎样才能够掌握这些法理。这样，二谛[10]的安立是佛在三转法轮中说的。首先，佛在印度婆罗尼斯（wav-ra-na-si）[11]仙人说法处、野兽栖息的森林（ri-dwags-nags，鹿野苑）[12]中，针对劣乘种性，初转分别四谛[13]的法轮，以《别解脱戒经》《四部毗奈经》《百业经》《缘起经》《法轮经》《解深密经》等大小五十部经典为代表。《解深密经》说这次所转的小乘无量藏法轮是佛因势因时，依不了义而说的，成为后来产生争端的根由。

二、大乘教法

佛在印度如何宣讲大乘教法？以后如何发展传播？首先，般若因乘是佛在中转法轮和末转法轮时所说的。佛在灵鹫山（bya-rgod-spangs-ri）[14]、吉祥米积山[15]等地摄受大乘中根具种弟子，第二次转法轮，讲无相和离戏论[16]法，所讲经典以广、中、略品十七部《般若经》为代表，转无量藏法轮。《解深密经疏》说："亦为因势所说，成为争论之根由。"在印度毗舍离城（yangs-pa-can，广严城）[17]等地，佛针对大乘种性的上根弟子们，第三次转法轮，讲分别胜义、究竟诸法本性、法性光明、善逝如来藏[18]、不退了义、能示轮语的法，以《如来藏经》《胜鬘经》《央掘摩罗经》等多部不共经典，以及《解深密经》《楞伽经》等二十部共同经典为代表，转无量藏法轮。这次转法轮不因势因时，是了义法，所以不生争论。佛陀以善于解释自己思想的方法从吉祥道歌开始授教。

这样的大乘法，如《入楞伽经》所说："谁能依唯识，不观诸外境；能依无相法，超越唯识法。能依正所缘，超出无相法；瑜伽住无相，仍不见大乘。"根据这种说法，凡是正确趋入大乘者，要充分理解一切法是唯心所现之相，决定没有外境，由此断定一切法不真实，即于唯识、明性、依他起性[19]、世俗等也要破除实执心，超脱实有说的唯识之理，决定无实离戏论为本性理论。由是，依附究竟本性的胜义诸相、清净法性、如来藏所缘，如果不超出无实离戏论唯一分的无相中观之理，任何时候也不能觉知究竟种界的了义大乘成为无量功德中的独一体性。所以，末转法轮的宗旨，如《大乘密严经》(rgyan-stug-po-bkod-pavi-mdo) 所说："日月之珠宝，具圆满正相；日月光照射，产生自功能。阿赖耶智慧，是善如来藏；无漏具足善，变成他发出。"日月光照射日月种类的珠宝，使它们自己发出巨大的光芒。同样，依赖善巧方便道的能作，除了种界如来藏、阿赖耶识[20]外，从一切其他产生无漏智诸法，这种现证法是所立的佛陀的究竟密意。所以，了义大中观的法源，犹如水源雪山。

一般来说，佛陀中转法轮主要讲自空，末转法轮讲了义他空 (nges-don-gzhan-stong)，两者之间的差别表现在：世俗、胜义所摄的一切法都是从主观上成立的，故空，此空是自空；一切世俗法是从主观成立的，故空。但是胜义法性任何时候都不是从主观上空的，其直达究竟并无改变之本色，如果由于他人能以世俗所执的戏论而使之空，这种空称为"他空"。虽然世俗谛中无，而在胜义究竟本性中为实有。所以，舍弃二边的了义中观大善道是佛陀在末转法轮的经藏中说的。总而言之，佛初转法轮与中转法轮的思想一定是圆满思想，佛把它作为理论来宣讲。这方面的说法很多，暂且略说如上。

其次，后期大乘法在印度如何发展？在共同方面，佛三次转法轮后不久，天龙等把大乘经藏迎请到各自居住的地方，暂时没有留在人间，后来依止小乘经藏出现了修行沙门四果 (dge-sbyong-gi-vbras-bu-bzhi)[21]

的其数不可思议的圣聚寺庙。佛涅槃后，阿罗汉大迦叶（vod-srungs-chen-po）[22]主持小乘佛教第一次结集(bkav-bsdu-dang-po,王舍城结集)[23]，迦叶付法于阿难（kun-dgav-bo）[24]。之后次第由麻衣尊者（sha-navi-gos-can，尚那和修）[25]、小护（nyes-sbas，优婆掬多）[26]、有愧（dhiv-ti-ka，提地迦）[27]三人护法。在有愧尊者护教时期，毗舍离（广严城）众比丘行十非事（mi-rung-pavi-gzhi-bcu）[28]，宣称十非事为佛所说。针对这个问题，阿罗汉耶舍（dgra-bcom-grags-pa）[29]等七百阿罗汉举行第二次结集（毗舍离结集）[30]，破斥十非事。

继耶舍之后，由付法藏师黑色（nag-po-ba，迦罗）和大善见（legs-mthong，苏跌里舍那）两人前后护法。过了很长一段时间，在欧提毗舍国（O-ti-bi-sha）[31]月护（zla-ba-bsrung，沙摩陀罗）王家里，文殊菩萨所变化的比丘讲大乘教法，留下了一部经卷。据说经理师（mdo-lugs-pa，显教师）汇集了《般若八千颂》，密乘师们整理了《摄空性经》。这时候，以前佛所讲的大乘经藏除了留在别处外，其他各种经典开始在人世间流传。在此前后有大天比丘（lha-chen-po，摩诃提婆）[32]和妙贤尊者（bzang-po,苏跋陀罗）[33]二人出世，他二人宣讲颠倒五事（log-pavi-gzhi-lnga）[34]等，为佛教留下争端。

之后，有龙比丘（klu）、保安（yid-brtan-pa，坚慧）两人先后出世，随入颠倒行列，搅乱佛教，发生争执，逐渐分裂出小乘四部（theg-dman-sde-bzhi）与十八部（sde-bco-brgyad）[35]，因此获得果位的比丘寥寥无几。针对这种情况，阿罗汉和持藏大德们举行了小乘佛教第三次结集（bkav-bsdu-gsum-pa）[36]，成立了声闻十八部（nyan-thos-sde-bco-brgyad）正教，把以前没有立于文字的经、对法藏[37]全部用文字记录，并且做了全面的核订。在此基础上，有迦湿弥罗大德长老师徒五千比丘出世，是为经部师（mdo-sde-pa）[38]之始。

小乘佛教第三次结集后，有说大乘法的大德阿毗达伽（A-bi-tarka）

等五百说法师出世，他们从不同的地方请来大乘经藏和《入楞伽经》《大乘密严经》等多部经典进行弘传，大乘佛教事实师唯识宗（dngos-sm-ravi-sems-tsam-lugs，瑜伽行派）[39] 从此产生。继后吉祥萨乐和尊者（sa-ra-ha）[40] 出世，弘传中观教法。其后龙树论师（klu-sgrub）[41] 护持佛法，使中观教法广为弘传，从此圣地印度逐渐出现了一大批护持教法的大德。

三、显教他空传承

第一，获得佛祖究竟密意的定密，胜赞区分大乘经部的了义与不了义教法，开启了义大中观宗的三域学者无著论师（thogs-med）[42]出世，他的事迹如《文殊菩萨根本续》(vjam-dpal-rtsa-rgyud) 所说："比丘名无著，精通论典义；分别诸经籍，了义不了义。世间明导师，具足遍入性，由此成就明，娑罗之女友。由其密咒力，生起贤妙心。为使教常住，摄集诸经义。一百五十岁，体衰去天界。生死诸轮回，长期享受乐。圣人次第修，终得菩提果。"经典所赞颂的圣者无著，是由本尊观世音菩萨所摄受，是一位名叫光明昂楚玛的女婆罗门之子，刹帝利种姓（rgyal-rigs），他基本上熟通一切共与不共明处之经义。考虑到《般若经》的密意难以通达，为了亲见佛尊，接受阿阇黎阿哈达（A-rha-ta）在幻网坛城传授的灌顶，希望将鲜花奉献给弥勒佛（鲜花投中弥勒佛）。后来，无著论师来到鸡足山（ri-bo-bya-rkang-can）的一个洞穴中修行弥勒所传的法十二年，得见弥勒佛，修得了上师传授的教法禅定。一次弥勒佛问无著："你想要得到什么？"无著回答说："我愿弘传大乘教法。"弥勒听后说："抓住我的衣边。"无著论师握住弥勒佛衣边，刹那间来到兜率天宫(dgav-ldan)[43]，大约居住了相当于人间半五十年即二十五年的时间，几乎闻习所有大乘教法，掌握了全部经义。尤其学习未来佛弥勒所著的反映末转法轮密意和解释大乘经部思想的《究竟一乘宝性论》(rgyud-bla-ma)、《辩法法性论》、《辨中边论》(vbyed-rnam-gnyis)、《现观庄严论》、《大乘经庄严论》(rgyan-rnam-gnyis)等《慈氏五论》[44]，逐句逐章研究，获得了各种不同门类的禅定。弥勒法是从究竟佛义、不退还了义语著成的，非常明确地提出了他空大中观（gzhan-stong-dbu-ma-chen-po）的见修。无著论师掌握了弥勒佛的全部思想，证得菩提之后回到人间，开启了义大中观之轨辙。

第二，无著论师的胞弟世亲论师（dbyig-gnyes）[45]，是古印度婆罗门种姓的母亲生的。他早年熟读声闻部的经藏，不信大乘佛教。有一次，当他听其兄长无著的嫡传弟子、讲大乘教法的两位比丘讲解《佛说不尽慧经》(blo-gros-mi-bzad-pa)和两部《十地经》(sa-bcu-pa)后，对大乘佛教生起敬仰之心，于是来到兄长无著论师跟前聆听大乘佛教诸经，领会了全部内容，开始弘传一切大乘教法，尤其按照弥勒所说弘扬（释迦牟尼佛）末转法轮思想。他以后的传承如下：

第三，恒河弥底尊者（gangga-me-drivi-zhabs），他恢复了从很早以前失传的微妙而难解的大仙妙道，使如来藏格言狮子巨声重新响起。

第四，阿哇杜底巴（中脉）大德，即噶哇扎巴贝（dgav-ba-grags-pa，喜称祥），他亲见弥勒佛现身，彻底舍弃二取（gnyis-vdzin，能取所取或常见断见）[46]错误之垢而禁戒行。

第五，窘乃喜哇（vbyung-gnas-zhi-ba，源寂），他是迦湿弥罗人，是一位到达了义胜乘经义大海彼岸，以吉祥梵行为严饰的大比丘，明见甚深本性义。

第六，瑜伽自在婆罗门萨杂杂纳（sa-dza-dza-na），他是中印度第一大柱婆罗门仁青多杰（rin-chen-rdo-rje，宝金刚）的后裔，曾受本尊神加持，通达无数教语。

以上几位大德善持佛陀末转法轮时所说密意，即了义中观之教，在圣地印度弘传。萨杂杂纳之后，他空思想开始在雪域西藏传播。

第七，悉译师噶哇多杰（dgav-bavi-rdo-rje，喜金刚），他目睹吉祥胜乐本尊[47]，成为许多智者的顶髻宝饰，受到普遍的尊重。他在雪域西藏发出第一声他空中观的巨声，在迦湿弥罗无喻城（dpe-med-grong）证得金刚身。

第八，出生于赞氏族姓的戒行精严的大德智迈喜饶（dri-med-shes-rab,无垢智慧），他精通弥勒教典，谙熟了义中观道善法。

第九，堆巴·达玛尊追（dar-ma-brtson-vgrus，胜精进），他精通甚深学处与多种续部经典，得到弥勒佛的摄受。

第十，笃巴年·益希窘乃（dol-pa-gnyan-ye-shes-vbyung-gnas，慧源），他精通心要法。

第十一，结顿两兄弟（vjad-ston-sku-mched），即绛曲嘉（觉护）和宣努绛曲（童觉），他们把弥勒佛和无著论师的思想视为一体，加以弘扬。

第十二，觉顿巴·曼朗楚臣（skyo-ston-pa-smon-lam-tshul-khrims，誓戒），他曾亲见金刚手菩萨显现，并能役使护法神。

第十三，热贝饶哲（rig-pavi-ral-gri，智剑），他曾受不动怙主加持，博通经论教义。

第十四，结顿巴（skyi-ston-pa），他以听讲弘传了义心要法而著名。

从第十五代开始到贡钦觉囊哇（笃补巴·喜饶坚参）之间，传承不断，其中不仅是一种传承，而是以其他多种方式在印度和雪域西藏弘传般若因乘和甚深了义法。对此有很多说法。有诗赞道：

如来了义密意莲花林，
随转季节暂时闭而合；
弥勒佛语如太阳光芒，
使得具缘的莲花开放。

注释：

[1] 界根：佛教名词，主要指人的认识器官和作用，即主体的生命世界和客体的物质世界，此处特指人的不同根器，或接受能力。若从境

域说，“界”有三种：欲界、色界、无色界。其中欲界是有食欲、淫欲的众生，包括地狱、畜牲、饿鬼、六欲天和人所依存的场所。色界，在欲界之上，是离食欲、淫欲的众生生存的地方，但他们仍然离不开物质。无色界，在色界之上，为无形色众生居住的地方。如果从认识器官等方面说，界有十八种，包括眼、耳、鼻、舌、身、意六根（内六界），色、声、香、味、触、法六境（外六界）和眼识、耳识、鼻识、舌识、身识、意识六识界。这是以人的认识为中心，对一切现象所作的分类。“根”最早出自古婆罗门教，有威势、最胜、主宰、控制等意思。佛教“根”的意思是器官、机能、能力等。经典提出了不同的“根”，如精神方面的信根、勤根、念根、定根、慧根等五根，具有感官能力的眼根、耳根、鼻根、舌根、身根、意根等五根。世亲在《俱舍论》卷三中提出了二十二根：眼根、耳根、鼻根、舌根、身根、意根、女根、男根、命根、苦根、乐根、忧根、喜根、舍根、信根、精进根、念根、定根、慧根、未知当知根、已知根、具知根。

[2]《楞伽经》：又名《入楞伽经》，传说是佛在楞伽山讲的，以答复信徒的问难。现存的汉文译本有三种，一是南朝求那跋陀罗的《楞伽阿跋多罗宝经》四卷，简称《四卷楞伽》；二是元魏菩提流支的《入楞伽经》十卷，亦称《十卷楞伽》；三是唐朝实叉难陀的《大乘入楞伽经》七卷，亦称《七卷楞伽》。藏文译本有两种，分别是从汉文本译出的十一卷本《圣入楞伽大乘经》和八卷本《圣入楞伽宝经中一切佛语品》。它的基本思想是如来藏佛性，认为世间的一切都是由心所造，认识的对象不在外界而在内心；如来藏是众生本来就有的佛性，它自性清净，常恒不断，没有变异。觉囊派特别看重这部经典，认为它是佛在第三次转法轮时所讲的经典，属于了义经，详细阐释了他空思想。笃补巴在其《山法了义海论》中大量援引这部经，来说明中观他空。

[3]《中观宝鬘论》：亦译《教王宝鬘论》《宝行王正论》，简称《宝

鬘论》，俗称《致国王书》，印度中观学派创始人龙树的著作。全书共分五品，分别是现前增上生与究竟决定胜（正说因果）、杂品（别说因果等）、菩提资粮、正教王（国王正行）、出家正行。它是给上根器的人讲的，先修增上生，次修决定胜，讲到了空性、菩提心、如何修行的次第和治国安家的道理等，内容非常丰富。藏传佛教各派对这部经典非常重视，都作为必修书。

[4] 忍辱法：梵文“羼提”的意译，有忍耐、原谅、智慧等意思，般若六度中的“忍辱”有忍耐之义，而四加行中之“忍辱”有智慧的意思。《般若经》解释：忍辱者，是心不动，即菩萨由修忍辱，能忍受一切有情骂辱击打及外界一切寒热饥渴等之大行，即能断除瞋恚烦恼，也就是不受任何外界事物的影响而保持的一种心态。《成唯识论》说：“忍以无瞋、精进、审慧及彼所起三业为性。”《显扬圣教论》卷三说：“忍波罗蜜多，谓或忍受他不饶益不恚性，或因安受诸苦不乱性，或因审察诸法正慧性。”

忍，有二忍（生忍、法忍）、三忍（耐怨害忍、安受苦忍、谛察法忍）、四忍（无生法忍、无灭忍、因缘忍、无住忍）、五忍（伏忍、信忍、顺忍、无生忍、寂灭忍）、六忍（信忍、法忍、修忍、正忍、无垢忍、一切智忍）、十忍之分。其中十忍分两类，一类一般十忍，即随顺音声忍、顺忍、无生法忍、如幻忍、如焰忍、如梦忍、如响忍、如电忍、如化忍、如虚空忍。另一类是菩萨十忍，即内忍、外忍、法忍、随佛教忍、无方所忍、修处处忍、非所为忍、不逼恼忍、悲心忍、誓愿忍。修忍辱法是有层次的，因为它关涉如何破除我执、认识空性的问题。所以，《金刚经》说：“知一切法无我，得成于我。”意思是要了解一切法无我空，关键要修忍辱法，证悟外所取境和内能取心都没有自性，能忍空性，不起怖畏。

[5] 情器世间：情世间与器世间的合称。情世间（bcud-kyi-vjig-rten）是一切有情众生居住的世间，指整个生物世界。《杂阿含经》230

经说:"佛告三弥离提:谓眼、色、眼识、眼触,眼触因缘生受,内觉若苦、若乐、不苦不乐,耳、鼻、舌、身、意、法、意识、意触,意触因缘生受,内觉若苦、若乐、不苦不乐,是名世间。"佛教将有情众生分为六类或六趣、六道,即:天、人、阿修罗、畜生、饿鬼、地狱。有情世间分为欲界、色界和无色界。器世间(snod-kyi-vjig-rten)是指一切众生居住的国土世界,即以地、水、火、风四大所形成的物质,以及星球、日月、山河大地,乃至小如针线等物质,以及物质的活动现象等,如四大洲(南赡部洲、北俱卢洲、东胜身洲、西牛货洲)、须弥山、日月等三千大千世界。

[6] 劣乘:大乘佛教对小乘佛教的贬称。大小乘佛教的不同表现在五个方面,一是理论不同,小乘佛教主张"我空法有",要求消除对自我的执着;大乘佛教主张"我法皆空",认为一切现象皆空。二是修道不同,小乘佛教主张"自度""自利""自觉",只追求个人解脱;大乘佛教主张"自度度他、自觉觉他",通过"三学""六度"等方法,宣扬大慈大悲、普度众生的宏愿。三是果位不同,小乘佛教追求的最高果位是阿罗汉;大乘佛教把菩萨当作理想的对象。四是佛陀观不同,小乘佛教把佛陀当作普通僧,主张佛在僧数;大乘佛教将佛陀神化,神通广大,威力无边,全知全能,认为三千大千世界中都有佛。五是经典不同,小乘佛教忠于佛说,用巴利文写成的经典,多用纪实文体,多为短篇;大乘佛教进一步发挥了佛陀思想,用梵文写成的经典,多为长篇。小乘佛教有声闻乘和独觉乘,前者是指遵照佛的说教修行,听闻佛陀言教而觉悟者。独觉乘,亦称"缘觉乘(辟支佛)",指自觉不从他闻,观悟十二因缘的法理而得道者,即依靠自己的能力觉悟者。汉传佛教根据龙树的《大智度论》将独觉乘和缘觉乘分为两个不同的阶段。

[7] 缘起:佛教的世界观和实践的基础理论,认为一切事物(佛教说有为法)都处在因果联系中,是按照一定的条件生起变化,其本身没

有独立存在和发展的能力。说明世界上的一切事物现象的产生、存在都是一种相互依存、互为因果、互为条件的关系，或者说一切现象的存在都是由各种条件合成的，不是孤立的存在。一般学术界将《杂阿含经》所说的“此有故彼有，此生故彼生”作为佛教经典对缘起的最早解释。《中阿含经》也有同样的解释:“若此有则彼有，若此生则彼生，若此无则彼无，若此灭则彼灭。”世亲的《俱舍论》说:“由此有法至于缘已和合升起，是缘起义。”由于随着佛教的发展，各种经典和各学派对缘起的不同解释，形成了“业感缘起”“八不缘起”“真如缘起”“如来藏缘起”和“阿赖耶识缘起”等。按照《般若经》和中观学派解释，凡是缘起法其本性是空的，因此而形成了佛教“缘起性空”的理论。

[8] 唯名假有：亦译“假有”“假名”“名言”等，意思是世界上的一切事物现象都是因缘和合而有，其本性空，没有独立存在和发展的能力。那么，为什么还能看到这些？就是为了让众生了解缘起的道理，破除对一切的执见，才以假名而方便说。“假名”这一概念出自讲空性法的《般若经》，如唐玄奘译的《大般若波罗蜜多经》说:“菩萨摩诃萨唯有名、般若波罗蜜多唯有名，如是二名，亦唯有名。”“善现！此之三名，不生不灭，唯假施设，不在内、不在外、不在两间，不可得故。善现！当知，如世间我，唯有假名，如是名假，不生不灭，唯假施设，谓之为我。……譬如过去未来诸佛，唯有假名，如是名假，不生不灭，唯假施设，谓为过去未来诸佛，如是一切，唯有假名，此诸假名，不在内、不在外、不在两间，不可得故。如是，善现！若菩萨摩诃萨，若般若波罗蜜多，若此二名，皆是假法，如是假法，不生不灭，唯假施设，不在内、不在外、不在两间，不可得故。”“复次，善现！譬如梦境、谷响、光影、幻事、阳焰、水月变化，唯有假名，如是名假，不生不灭，唯假施设，谓为梦境乃至变化。如是一切，唯有假名，此诸假名，不在内、不在外、不在两间，不可得故。如是，善现！若菩萨摩诃萨，若般若波罗

蜜多，若此二名，皆是假法，如是假法，不生不灭，唯假施设，不在内、不在外、不在两间，不可得故。如是善现！诸菩萨摩诃萨修行般若波罗蜜多时，于一切法，名假、法假及方便假，应正修学。”龙树在他的《中论》中也说：“因缘所生法，我说即是空，亦为是假名，亦是中道义。”把一切都看成是假设的名言概念，空无自性。

［9］补特伽罗：古婆罗门教和耆那教的名词，梵文的音译，原有“灵魂”“主宰”等义。佛教所讲的意思是“数取趣”(数度往返五趣轮回者），“我”的异名，即生死轮回的主体。原始佛教讲“人无我”，把补特伽罗看成是“人”的假名。到了部派佛教，对补特伽罗的解释各不相同，尤其是犊子部、经量部、正量部等都承认补特伽罗实有。因此出现三补特伽罗（覆慧补特伽罗、膝慧补特伽罗、广慧补特伽罗）、七补特伽罗(随信行、随法行、信胜解、见至、身证、慧解脱、俱解脱）和八补特迦罗（预流向、预流果、一来向、一来果、不还向、不还果、阿罗汉向、阿罗汉果）之说，后来又有十补特伽罗：不种善根、未修福业、杂染相续、随恶友行、不畏后世苦果、猛利贪欲、猛利嗔恚、猛利愚痴、其心迷乱、守恶邪见。大乘佛教反对补特伽罗实有说，不但破人我执，同时也破法我执，达到人法二无我。中观学派认为众生之所以生死流转，是因为有补特伽罗，所以必须破除。瑜伽行派把阿赖耶识视为生死的根本，认为补特伽罗是阿赖耶识流转受生所形成的。

［10］二谛：指世俗谛和胜义谛。原为古印度婆罗门用语，后来为佛教沿用，作为两种方法或真理。世俗谛，又称“俗谛”“世谛”。在梵文中，“世”字有“坏灭”义；“俗”字的含义有四层：不知明、障覆、互相依赖、诠表。“世俗”的意思是增益无明，即把本来无自性的一切看成因自性而有；“谛”真实义，凡夫由于受到无明烦恼的污染，把一切看成是真实的存在。所以，通俗地说世俗谛就是常人的一种认识或所理解的道理，或凡夫从时间上由于经验或习惯所观察的事物原理，包括因果、轮

回、造业、行善、学佛、成就、堕落，还有物质、精神、时间、空间、运动等等。《俱舍论》说："彼物未破析时，以世想名，施设为彼。施设有故，名为世俗。依世俗理说有瓶等，是实非虚，名世俗谛。"《成实论》说："俗谛谓但假名，无有自体，如色等因缘成瓶，五阴因缘成人。"中观学派以缘起性空的基本理论出发，解释说"世俗谛者，一切法性空，而世间颠倒故，生虚妄法，于世间是实。"（龙树《中论·观四谛品》）由世俗的名言概念所认识的都属于世俗谛。胜义谛，又译"真谛""第一义谛"，胜和义是针对对象而说的，"谛"是真实不虚诳义，即圣人由究竟处所体验的事物的真实情况，或者在有真实性智慧的人面前胜义境不虚诳。《中论·观四谛品》说："若物异此，名胜义谛。谓彼物觉，彼破不无，及慧析余，彼觉仍有。应知彼物，名胜义谛。"世俗谛的"谛"和胜义谛的"谛"，虽然是同一个字，但意思不同，世俗谛的"谛"义是在实执面前谛实，而胜义谛的"谛"义是在真实义智面前的谛实。在龙树这里，世俗谛是肯定事物存在的道理，胜义谛是否定事物有其实质的道理，两者相辅相成，互为作用，缺一不可。瑜伽行派认为，世俗谛是世俗的认识活动和对对象的理解，胜义谛是佛教智慧及其对对象的理解。无著的《显扬圣教论》卷二说："世俗谛者，谓名句文身及依彼义一切言说，即以言说所解了义；又曾得世间心及心法，及彼所行境界义。""胜义谛者，谓圣智及彼所行境界义，及彼相应心心法等。"

[11] 婆罗尼斯：又译"波罗奈斯"，曾名"贝拿勒斯"，译言"江绕城"，为古印度北部恒河流域罗河与奈斯河之间的一城名，位于今天印度的瓦腊纳西，为"迦尸国"的都城。玄奘《大唐西域记》卷七记载：该国"周四千余里。国大都城西临殑伽河。长十八九里，广五六里。闾阎栉比居人殷盛，家积巨万室盈奇货。人性温恭俗重强学，多信外道少敬佛法。气序和谷稼盛，果木扶疏茂草霍靡。伽蓝三十余所，僧徒三千余人，并学小乘正量部法。天祠百余所，外道万余人，并多宗事大自在天。

或断发，或椎髻，露形无服涂身以灰，精勤苦行求出生死。大城中天祠二十所，层台祠宇雕石文木，茂林相荫清流交带，石天像量减百尺，威严肃然懔懔如在。大城东北婆罗痆河西有窣堵波，无忧王之所建也，高百余尺，前建石柱，碧鲜若镜光润凝流，其中常现如来影像。”季羡林等《大唐西域记校注》（下）说：婆罗尼斯位于水陆交通中心，人口繁多，工商业非常发达。释迦牟尼佛成道后在这里活动的时间比较多，进行过初转法轮。阿育王在这里筑造了窣堵波。

［12］野兽栖息的森林：亦称“仙人住处”“仙人鹿耶”“鹿野苑”等。佛陀初转法轮的地方，佛教四大圣地之一，古属婆罗尼斯，位于婆罗尼斯河东北5余里处，在今瓦腊纳西城西北约10公里处，现名萨拉纳塔（Sarnath）。当年，释迦牟尼在菩提伽耶修道成佛后，西行200公里来到鹿野苑为阿若憍陈如、阿说示、跋提、十力迦叶、摩诃男拘利等五比丘说法，为初转法轮。佛陀最初居住的精舍名叫“穆拉甘陀库底精舍”（Mūlagandhakuī vihāra），他在这里摄徒传法，并把他们派遣到各地弘法，使佛教从这里逐渐传播开来。后来，在历代王朝的大力支持下，鹿野苑成为佛教中心。公元7世纪初期，活动在这里的僧人上千人。玄奘《大唐西域记》卷七记载：“婆罗痆河东北行十余里至鹿野伽蓝，区界八分连垣周堵，层轩重阁丽穷规矩，僧徒一千五百人，并学小乘正量部法。大垣中有精舍，高二百余尺，上以黄金隐起作庵没罗果。石为基阶砖作层龛，翕匝四周节级百数，皆有隐起黄金佛像。精舍之中有鍮石佛像，量等如来身。作转法轮势。精舍西南有石窣堵波，无忧王建也。基虽倾陷尚余百尺，前建石柱，高七十余尺。”但是，到了13世纪包括寺院在内的佛教建筑被伊斯兰军摧毁。

［13］四谛：又称“四圣谛”，指佛陀初转法轮所讲的苦、集、灭、道四谛，是佛教四种神圣的真理，全部教义的总纲。苦谛，《杂集论》卷六说：“谓有情生及生所依处，即有情世间、器世间如其次第若生，若生

处，俱说名苦谛。”认为世俗世界的一切恶，其本性是苦。这种苦来自两方面，一种是现实社会造成的；另一种是精神之苦，共有八种，即生苦、老苦、病苦、死苦、求不得苦、怨憎会苦、爱别离苦、五阴盛苦。集谛之“集”是聚合义，指造成各种痛苦的原因和根据。《杂集论》卷六说：“谓诸烦恼及烦恼增上所生诸业，俱说名集谛，由此集起生死苦故。”由于自心的“无明”，造成错误的行动，即因惑造业，业与烦恼是造成苦的原因。灭谛，“灭”有解脱、涅槃之义，断除产生一切苦的原因，通过修行得到解脱，实现涅槃。道谛，指修行灭苦的方法与途径。四谛的关系是：集谛为苦谛之因，苦谛是集谛之果，两者为世间生死的因果关系；道谛为灭谛之因，灭谛是道谛之果，两者为出世间的因果关系。佛教认为，苦应知，集应断，灭应证，道应修。

[14] 灵鹫山：是梵文“耆阇崛山”的意译，位于中印度摩羯陀国首都王舍城的东北侧，为著名的佛陀说法之地。山顶形状类似于鹫鸟，故名。龙树的《大智度论》卷三说：“耆阇名鹫，崛名头。问曰：何以名鹫头山？答曰：是山顶似鹫。王舍城人见其似鹫，故共传言鹫头山，因名之为鹫头山。复次，王舍城南尸陀林中多诸死人，诸鹫常来啖之，还在山头，时人遂名鹫头山。是山于五山中最高大，多好林水圣人住处。问曰：已知耆阇崛山义。”玄奘《大唐西域记》卷九记载：“宫城东北行十四五里，至姞栗陀罗矩吒山。接北山之阳，孤摽特起，既栖鹫鸟，又类高台，空翠相映，浓淡分色，如来御世垂五十年，多居此山广说妙法。频毗娑罗王为闻法故，兴发人徒，自山麓至峰岑，跨谷凌岩，编石为阶，广十余步，长五六里。中路有二小窣堵波，一谓下乘，即王至此徒行以进；一谓退凡，即简凡夫不令同往。其山顶则东西长、南北狭，临崖西埵有砖精舍，高广奇制，东辟其户，如来在昔多居说法，今作说法之像，量等如来之身。”传说，佛陀曾长期在这里居住，宣说《法华经》《大品般若经》《金光明最胜王经》《无量寿经》等，与他同时代的摩羯陀国

频婆娑罗王为了从其闻法，修了一条石级路直至山顶。遗留的佛教古迹较多。

［15］吉祥米积山：亦称“吉祥聚米山”，梵文“室利达那耶陀迦”的意译，位于灵鹫山之东，摩揭陀国上茅城附近。根据藏传佛教说法，释迦牟尼佛曾在这里为香巴拉的月贤王等人说时轮法，后来在这里修建了大佛塔。五世达赖喇嘛在其《西藏王臣记》中说：“岁次壬辰年三月十五日，于室利达那耶陀迦（即吉祥米聚山），为护持一切秘密法藏之月贤法王演说《吉祥最初佛时轮金刚根本续经》，凡一万二千颂。法王迎请佛经至占婆罗（藏译音为香巴拉），于玛拉耶苑中，创建圆满具足佛陀身、语、意三密所依之大曼荼罗形象，智慧威光，赫赫有灵，幻舞游戏，变化多端，为有情眼目作大庆会，使迦拉波城（为香巴拉国都城名）所有众生俱得共享金刚密乘之法缘。”

［16］戏论：佛教名词，指错误而无意义的言论。佛教经典多有解释，《佛遗教经》（大正藏12上）说：“汝等比丘！若种种戏论，其心则乱，虽复出家，犹未得脱。是故比丘！常急舍离乱心戏论，若汝欲得寂灭乐者，唯当善灭？戏论之患，是名不戏论。”《瑜伽师地论》卷九十一说：“此中能引无义思惟分别所发语言，名为戏论。何以故？于如是事勤加行时，不能少分增益善法，损不善法，是故说彼名为戏论。”世亲在《佛性论》中说戏论可以分为三种和九种，三种戏论是贪爱、我慢、诸见；九种是通计我、约计是我、计我应生、计我不更生、计我有色应生、计我无色应生、计我有想应生、计我无想应生、计我非想非非想应生。如果言语不当就会导致二十种过错，菩提流支翻译的《大宝积经》卷九十二《发胜志乐会》说：“佛言弥勒：初业菩萨戏论过失无量无边，我今略说有二十种。云何名为二十种过？一者于现在生多诸苦恼，二者增长嗔恚退失忍辱，三者为诸怨对之所恼害，四者魔及魔民皆生欢喜，五者未生善根皆悉不生，六者已生善根能令退失，七者增诸斗诤怨竞之心，八者造作地狱

恶趣之业，九者当得丑陋不善之果，十者舌不柔软言词謇涩，十一者所受教法不能忆持，十二者于未闻经闻之不悟，十三者诸善知识皆悉舍离，十四者诸恶知识速当值遇，十五者修行于道难得出离，十六者不悦意语数数常闻，十七者在在所生多诸疑惑，十八者常生难处不闻正法，十九者修行白法多有障碍，二十者于所受用多诸怨嫉。弥勒，是为菩萨耽着戏论二十种过。”

［17］毗舍离城：亦称“吠舍离”，意译“广严”，为古印度离车毗部族的国名和首府，位于今印度比哈尔邦首府巴特那之北，即甘达克河左岸哈齐普尔以北 29 公里木扎伐浦尔地方的巴沙尔。释迦牟尼时代，毗舍离是一座非常著名的城市。佛陀临终前带领弟子来到这里，身患重病，最后在其附近的拘尸那城去世。佛陀去世后耶舍带领七百比丘僧在这里进行第二次经典结集。

［18］善逝如来藏：“善逝”，又作“好去”，是梵文“修伽陀”(sugata) 的意译，佛的十大名号（如来、应供、正遍知、明行足、善逝、世间解、无上士、调御丈夫、天人师、佛、世尊）之一，意思是用无量智慧断除一切惑业，见于佛性，趋向涅槃。如来藏，指如来心，即佛性。小乘佛教所说的心性本净，即是后来大乘佛教所讲的如来藏或佛性。《胜鬘师子吼一乘大方便方广经》说：“世尊，如来藏者，是法界藏、法身藏、出世间上上藏、自性清净藏。此性清净如来藏，而客尘烦恼、上烦恼所染，不思议如来境界。”《佛说不增不减经》说：“众生界者即是如来藏，如来藏者即是法身。”《大涅槃经》说：“我者，即是如来藏义，一切众生悉有佛性，即是我义。”《胜鬘经》提出了空如来藏和不空如来藏两种。所以，一般把善逝和如来藏连用，是众生成佛的依据。

［19］依他起性：又作依他起相、缘起自性、因缘法体自相相，唯识学派的三性（遍计所执性、依他起性、圆成实性）之一，指依靠因缘、等无间缘、所缘缘、增上缘等四缘而起的一切现象。《成唯识论》卷八

(大正藏 31·45c) 说:“依他起自性,分别缘所生。”又说 (大正藏 31·46b):“众缘所生心心所体,及相见分、有漏、无漏,皆依他起。依他众缘而得起故。”唯识学派认为,因缘 (他) 只是“识”的流转,也就是人们心中的前一观念和后一观念刹那生灭的因果关系,其中的第一因是阿赖耶识中的种子,借其他各种助缘产生一切法。因此,依他起性是他根性,为假有法,即相对的实在,依“依他起性”而立“生无性”。觉囊派认为,“三性”原则是认识他空思想的方法,依他起性是能执所执(主客观) 法中的“识”,为生无自性,是实有、有的空性。

[20] 阿赖耶识:又称“阿陀那识”“阿梨耶识”“异熟识”“根本识”“一切种子识”“藏识”“第八识”等,唯识学派所说的八识之一。“阿赖耶”,本义为“谷物的种子”,意译为“藏识”,即含藏一切法的种子不失坏,被看成是一切识的种子。它是从小乘佛教犊子部的“补特伽罗”、上座部的“有分识”、大众部的“细意识”发展来的。《大乘阿毗达磨经》说:“由摄藏诸法,一切种子识,故名阿赖耶,胜者我开示。”《入楞伽经·佛性品第一》说:“大慧!阿梨耶识者名如来藏,而与无明七识共俱,如大海波常不断绝,身俱生故;离无常过,离于我过,自性清净;余七识者心、意、意识等念念不住,是生灭法。”大乘佛教后期的其他经典也做了详细的解释。

阿赖耶识有三种含义,一是能藏义,能摄持和保存一切种子;二是所藏义,阿赖耶识是一切“种子”,能生起宇宙有潜在力的所藏处;三是执藏义,阿赖耶识是“识”的流转,但被第七识执为自我。它们是阿赖耶识的因、果、自三相,分别讨论世界产生的原因、结果和阿赖耶识的本性。瑜伽行派把阿赖耶识看成是八识的主导,既是认识的主体,也是认识的客体,为宇宙万有的本源。

[21] 沙门四果:小乘佛教修行的四个阶段,或所获得的四种果位,指须陀洹果 (预流果)、斯陀含果 (一来果)、阿那含果 (不还果)、阿罗

汉果（无学果）。《杂阿含经》797经说："何等为沙门果？谓须陀洹果、斯陀含果、阿那含果、阿罗汉果。何等为须陀洹果？谓三结断。何等为斯陀含果？谓三结断，贪、恚、痴薄。何等为阿那含果？谓五下分结尽。何等为阿罗汉果？谓贪、恚、痴永尽，一切烦恼永尽。""沙门"是梵文的音译，意思是"勤劳""息心"等，原指公元前6世纪到前5世纪古印度反对婆罗门教思潮时的出家者，后来专指佛教僧侣。四果中的预流果，指通过修行认识四谛之理，断除三界见惑等而进入没有烦恼的圣道之流。一来果，指通过修行体悟四谛之理，断除与生俱来的烦恼而达到的果位。不还果，指通过修行完全断除欲界的烦恼而达到的果位。阿罗汉果，断尽三界见、修二惑所达到的果位，为小乘佛教僧人修行追求的最高果位。

［22］大迦叶：亦称"摩诃迦叶""迦叶波"等，意译"饮光"，佛十大弟子之一，"头陀行第一"。他是出生在王舍城附近的婆罗门种姓，先习婆罗门教，后成为佛弟子。他人格清廉，深受佛陀信赖。佛陀入灭后，他统率众师弟在王舍城共同忆诵确定佛典，称为第一次结集，或王舍城结集。

［23］第一结集：又称"王舍城结集""五百比丘结集"。释迦牟尼佛在世时，只有口头传诵的"说法"，没有文字记载的经典。佛入灭后，众弟子集会合诵口述佛经，并进行甄别、审定，此即名"结集"。为什么要进行结集？据佛经记载，释迦牟尼佛去世后，有些弟子十分伤悲，也有些弟子感到快乐，说道："彼长老，佛常言：应行是，应不行是；应学是，应不学是。我等于今，是脱此苦，任意所为，无复拘碍。"迦叶听到这些话后，心里十分难受，为了不使佛陀说法失传，于是召集大家结集佛陀遗教。比较一致的说法是，佛陀去世后三个月，大迦叶召集五百比丘僧在王舍城附近的七叶窟进行结集，由优婆离诵出律藏，阿难诵出经藏。但也有其他不同的说法，《说一切有部毗奈耶杂事》卷三十九、《阿育

王经》卷六、《阿育王传》卷四、《付法藏因缘传》卷一等书认为，摩诃迦叶自行结集阿毗昙（对法）。《十诵律》卷六十、《四分律》卷五十四、《大智度论》卷二等书则认为，结集阿毗昙的人是阿难。大乘佛教的《菩萨处胎经》卷七《出经品》说：五百阿罗汉受大迦叶之教，至十方恒沙刹土，集八亿四千比丘，以阿难为上首，结集菩萨藏、声闻藏、戒律藏；又集胎化藏、中阴藏、摩诃衍方等藏、戒律藏、十住菩萨藏、杂藏、金刚藏、佛藏等八藏。龙树的《大智度论》说当时结集了经、律、论三藏经典。比较可信的说法是第一次结集只结集出经和律，并没有结集出大乘经典。

[24] 阿难：全名“阿难陀”，意为“庆喜”，佛十大弟子之一，长于记忆，被誉为“多闻第一”。他是释迦牟尼的叔叔斛饭王之子，哥哥是提婆达多。据传，佛陀曾经非常希望阿难出家为僧，但几次遭到他父亲的拒绝。直到佛陀55岁时，他才出家随侍佛陀二十几年。佛陀涅槃后，大迦叶召集佛弟子结集佛法，阿难因未证得阿罗汉果位被拒之门外，他为此十分惭愧，便于当夜精进修行，终于在一夜之间证得阿罗汉果，加入了结集佛法的队伍，诵出经藏。王舍城结集后，他去各处弘法，后来接替大迦叶做了佛教僧团领袖，是第二位付法藏师。

[25] 麻衣尊者：梵文名称“商那和修”，第三代付法藏师。《付法藏因缘传》卷二等载，尊者系摩突罗国人，姓毗舍多，在胎六年而生。在阿难处受八万四千法藏，悉忆持之，又游化诸方，于摩突罗国曼陀山化二龙子，于彼处营建僧住处，至黑厮宾现龙奋迅定等五百三味，化度优波鞠多及其弟子，后飞腾虚空作十八变，而入涅槃。《景德传灯录》卷第一说：第三祖商那和修者，以生时身自有衣也。摩突罗国人也，亦名舍那婆斯姓毗舍多。父林胜，母憍奢耶，在胎六年而生。梵云商诺迦，此云自然服，即西域九枝秀草名也。若罗汉圣人降生则此草生于净洁之地，和修生时瑞草斯应。昔如来行化至摩突罗国，见一青林枝叶茂盛，语阿

难曰：此林地名优留茶，吾灭度后一百年，有比丘商那和修，于此地转妙法轮。《付法藏因缘传》说："是故阿难临当灭度，而告之曰：佛以法眼付大迦叶。迦叶以法嘱累于我，如我今者涅槃时至，以法宝藏用付于汝。汝可精勤守护斯法，令诸众生服甘露味。商那和修答曰：奉教，我当拥护如斯妙法。"他曾经是个商人，受阿难付法后，一心修持传法，长期在罽宾摄徒弘扬佛法。

［26］小护：梵文"优婆掬多"的意译，第四代付法藏师。又译"忧波鞠多""优婆优多""优婆崛多"等。为中印度摩突罗国鞠多长者之子，自幼聪慧，颇具辨才。17岁出家，听商那和修等人说法，当下证得须陀洹果（预流果），又观诸法苦、空、无常，证得阿那含果（不还果）。20岁时，受具足戒，苦修证得阿罗汉果。据《付法藏因缘传》和《阿育王传》记载：优婆掬多曾长期在摩突罗传法，指导很多弟子证得阿罗汉果位。阿育王获悉他在摩突罗国优留曼荼山的那罗拔利阿兰若处为众说法，想前去看望，优婆掬多以其居处狭隘，遂率众一万八千人来到华氏城为阿育王说法，后来做了阿育王的帝师。他曾为阿育王作诗偈："三宝值遇难，王应常供奉，世尊付法藏，于王及我等，当守护佛法，为摄受众生。"并向阿育王提出在蓝毗尼、菩提伽耶、鹿野苑、拘尸那迦等地为佛陀及佛弟子舍利弗、大迦叶、目犍连、阿难建造舍利塔供养的建议，阿育王采纳其建议，造八万四千塔，弘扬佛法。

［27］有愧：即第五代付法藏师"提多迦"，摩伽陀人（又说是摩突罗人）。《付法藏因缘传》卷五载："商那和修临涅槃时，以法付嘱忧波鞠多，而作是言：昔婆伽婆以无上法，嘱累尊者摩诃迦叶，欲令众生执大明炬，永离诸苦受涅槃乐。迦叶次付吾师阿难，阿难转复嘱累于我，我欲灭度委付于汝。汝若于后欲涅槃者，摩突罗国有善男子，当出于世，名提多迦，久修愿行辩才无尽，汝当于后度令出家，可以法眼悉嘱累之。忧波鞠言：唯然受教。逮至尊者，忧波鞠多化缘将讫意欲涅槃，观提多

迦出世未也，思惟便知犹未出世。尔时尊者忧波鞠多将比丘众往诣其舍，渐渐转少乃至单己，其父长者问言：大圣，岂无眷属何以独行？忧波鞠多答曰：长者，我出家人无有给侍，若有人者当见垂惠。长者复言：我乐居家不能为道，若后生子必相奉给。忧波鞠言：善哉斯意，当守此心勿令变悔。而此长者数生诸子，年皆童稚辄便命终。最后生子名提多迦，颜貌瑰玮，聪明黠慧，善能受学诸论经记，过去修行深种善本。忧波鞠多往从索之，长者欢喜手自付与，将至僧坊度令出家，年满二十为受具戒。初白之时断见谛结得须陀洹，第一羯磨薄淫怒痴获斯陀含，第二羯磨欲界结尽得阿那含，第三羯磨寻时断除三界烦恼，建立梵行成阿罗汉。三明远照六通具足，游步隐显自在无阂。忧波鞠多而告之曰：慧日世尊慈悲普覆，欲济众生生死大苦，以无量劫所集之法，嘱累尊者摩诃迦叶，作大明灯照诸痴暗，普令一切皆得修学，断绝爱网出欲淤泥。迦叶次付阿难比丘，阿难灭后嘱累吾师商那和修，商那和修以付于我。如是相续常转法轮，洒甘露味疗烦恼渴。然我今者所作已办，涅槃时至灭度不远，以此法宝持用付汝，汝可于后受持顶戴，勤加守护无令漏失，演法光明照愚痴闇。”(元魏西域三藏吉迦夜共昙曜译）《景德传灯录》和《指月录》等都有同样的说法。他长期在中印度摄徒传法。

[28] 十非事：即十事非法。佛陀在世时，针对僧人中出现的一些问题制定戒律来约束，但担心以后弟子们纠缠于微细小节而妨碍佛教发展，叮嘱弟子阿难说：“吾灭度后，应集众僧，舍微细戒。”果然，佛陀去世百年后，弟子们开始围绕戒律发生争执，迦叶作为佛的年长弟子决定“随佛所说，当奉行之，佛不说者，此莫说也”。当时迦叶的决定遭到东方的跋耆族比丘们的反对，他们于每月的初八、十四、十五日用钵盛水，坐在人群中乞白衣施钱，提出了十条新的主张，称为“十事”，即角盐净、二指净、他聚落净、住处净、赞同净、所习净、不搅乱净、饮阇楼疑净（可喝未发酵的棕榈酒）、无缘座具净（可用随意大小的座具）、金

银净（可以接受金银财物）。西方长老耶舍对跋耆族比丘们的做法很不满意，于是带领西方比丘来到毗舍离城辩论，否定“十事”非法。从此，佛教分裂成上座部（西方师）和大众部（东方师）。

［29］耶舍：又译“耶舍陀”，意译“多闻”“名称”。婆罗门种姓，佛教著名的长老，生活在西印度，严格恪守佛律。一次，他到东部弘法，看到跋耆族比丘们不守佛规，随意在大街接受人们的布施，感到非常气愤。于是回到西印度，带领弟子来到毗舍离城主持召开第二次结集大会，被南传佛教尊为上座部的创始人。

［30］第二次结集：又称“七百人结集”或“毗舍离城结集”。这次结集因西方长老僧耶舍、三菩伽等人发现东方的跋耆比丘僧所为非法，从而引起佛教内部关于戒律的不同意见，召集东西方比丘僧共同解决。玄奘在《大唐西域记》卷七有详细记载。见“十非事”条。

［31］欧提毗舍国：古印度一国名，位于今印度的奥里萨。据多罗那他的《印度佛教史》记载，欧提毗舍国是当时东方三大国之一，传说文殊菩萨现比丘相时，到过欧提毗舍旃陀罗克什达的家中。该国的具体情况，文献缺载。

［32］大天比丘：音译“摩诃提婆”，被尊为印度佛教大众部的创始人。关于他的生平有上座部、大众部和制多山部三种不同的说法，上座部所说的大天是生于佛灭百年后中印度磨吐罗（秣窦罗）的商人之子，曾犯杀父、杀母、杀比丘等三逆罪，后来心生忏悔，一日来到摩揭陀的鸡园精舍闻一比丘僧讲“若人造重罪，修善以灭除，彼能照世间，如月出云翳”。因此出家为僧，勤奋研习三藏经典，皈依者颇多。阿育王知道后，召请入宫，令其说法。大众部则认为，大天是一位精通三藏的大德，曾提出自己的五种新主张。制多山部说：大天生于佛灭后二百多年，曾习外道法，后入佛道，从大众部出家，博学多闻，行状高迈，居制多山，教化门徒。《大毗婆沙论》和《异部宗轮论》等都有记载。此处的大天是

指佛灭后200多年出生的，曾提出“五事”。

[33] 妙贤尊者：音译“苏跋陀罗”“须跋陀罗”。印度佛教有两个名苏跋陀罗的人，一个是释迦牟尼佛的弟子，世寿120岁。另一个即是本书所说的苏跋陀罗，生平不详。

[34] 五事：亦称“大天五事”。最早见于《发智论》,《异部宗轮论》《大毗婆沙论》等都有记载，但说法不尽相同。《大毗婆沙论》卷九十九说，大天比丘因对原始佛教的修行理论不满，认为阿罗汉果位并不完美，仍然有五种局限，即五事。一是“欲所诱”，认为阿罗汉仍有正常人的生理机能和情欲。二是“无知”，阿罗汉虽然依无漏道修行，断尽了三界一切烦恼，然而由于无知仍然有污染与无染污，阿罗汉指断除了有染污无知，心里仍存疑惑。三是“犹豫”，阿罗汉对四谛的法理认识仍然不彻底，在判断真理是非即“处非处”时仍有犹豫。四是“他令入”，阿罗汉对自己的果位不能“证知”，必须在别人的指点下才能知道。五是“道因声故起”，已经获得阿罗汉果位的人仍然有痛苦，甚至发出“苦哉”的声音，这种声音对认识佛教的真理有帮助。

[35] 十八部：佛陀入灭百年后，僧团内部围绕戒律和教义进行讨论，由于各人的看法和理解不一，导致分裂。据大乘佛教北传的汉语系佛教认为，佛灭后二百年时，从大众部先后分出一说部、说出世部、多闻部、说假部、制多山部、西山住部、北山住部、鸡胤部（灰山住部）等八部，加上本部大众部，共九部。佛陀入灭三百年时，从上座部分出说一切有部、雪山部、犊子部、化地部、饮光部、经量部、法上部、贤胄部、正量部、密林山部、法藏部，加上前面九部，共二十部。南传佛教认为，释迦牟尼去世后一百年至四百年间，先后从上座部分出化地部、犊子部、说一切有部、法藏部、法上部、贤胄部、密林山部、正量部、饮光部、说转部、经量部等十二部；从大众部分出鸡胤部（牛家部）、一说部、制多山部、多闻部、说假部等六部，两者相加共十八部。藏传佛

教的说法略有不同，有二十部和二十二部说。

［36］第三次结集：亦称“华氏城结集”。关于这次结集，北传佛教很少有记载，大量见于南传佛教的《大史》《岛史》和《善见律毗婆沙》等之中。佛陀入灭236年前后，由阿育王召集在华氏城，即摩揭陀国波吒厘子城之阿育僧伽蓝举行结集。据载当时有大量外道僧为了得到供养求取衣食混入佛教，使佛教队伍非常混乱，佛教的比丘僧伽不同他们一起举行布萨会和自恣会，因此阿育王园寺（鸡园寺）七年没有举行布萨会。为了处理僧伽的混乱和佛教内部出现的一些争论，阿育王请来自己的老师目犍连子帝须尊者平息争论，举行布萨会。之后选取了一千位通达三藏的阿罗汉合诵“法藏”，历时九个月完成，使古佛经最后定型。结集后，阿育王分别派遣末阐提和摩诃提婆等诸长老分赴罽宾、摩醯娑曼陀罗等地弘宣佛法。

［37］对法藏：梵文“阿毗达磨俱舍”的意译，又称“阿毗昙”。“阿毗”，意为“对”；“达磨”，意为“法”；“俱舍”，意为“藏”，合起来的意思是“对法藏”或“无比法藏”“大法藏”。世亲的《俱舍论》卷一《分别界品第一》说：“其论者何？谓对法藏。何谓对法。颂曰：净慧随行名对法，及能得此诸慧论。论曰：慧谓择法，净谓无漏。净慧眷属，名曰随行。如是总说无漏五蕴，名为对法。此则胜义阿毗达磨。若说世俗阿毗达磨，即能得此。诸慧及论慧，谓得此有漏修慧，思闻生得慧及随行，论谓传生无漏慧教。此诸慧论，是彼资粮，故亦得名阿毗达磨。释此名者，能持自相，故名为法。若胜义法，唯是涅槃。若法相法，通四圣谛。此能对向，或能对观，故称对法。已释对法，何故此论名对法藏？颂曰：摄彼胜义依彼故，此立对法俱舍名。论曰：由彼对法论中胜义，入此摄故，此得藏名。或此依彼，从彼引生，是彼所藏，故亦名藏。是故此论，名对法藏。”（玄奘法师译）它是部派佛教时期用来解释和论证佛经义理的一种体裁，成就佛教智慧的手段。一般指经、律、论三藏中

的经藏。北传佛教和南传佛教各有七部“阿毗达磨”（对法），其中北传佛教的七部是：《法蕴足论》《集异门足论》《施设足论》《识身足论》《品类足论》《界身足论》《法智论》。《阿毗达磨俱舍论》是“藏”，藏传佛教非常重视世亲的《阿毗达磨俱舍论》，尤其是格鲁派把它列为必修的五部大论之一。

[38] 经部师：亦称“经部”“经量部”，梵文音译“修多罗婆提耶”，部派佛教十八部或二十部之一，以呾叉始罗国（位于今巴基斯坦的拉瓦尔品第）的鸠摩罗多（童寿）为祖师。据载，它是佛入灭后400年左右从说一切有部分出的，不满阿毗达磨论书，提出以经为正量，不依律和论。以《阿含经》为准则，用《法句经》所说的“四谛”解释为重点，建立本派学说，认为人体内部有“一味蕴”（受、想、行、识）的细意识，在此根本上长出“根边蕴”（色蕴），由此构成众有情。意思是外界一切事物的存在（蕴）和认识的对象（处），不过是人们思想和认识过程中的感觉材料，都是唯名假有，只有人们的认识（界）才是实有的，而且是事物固有的体性。经部与说一切有部的差别是：经部认为一种现象的产生和灭亡是因果关系，先因后果，即因果异时的刹那灭；说一切有部认为事物的生灭是同时进行的，即因果同时。藏传佛教重视经部的思想，把它看成是印度佛教四大部（有部、经部、中观部、唯识部）之一。

[39] 唯识宗：亦称“瑜伽行派”，大乘佛教两大学派（中观学派）之一，因主张“万法唯识”，故又称“唯识学派”。汉传佛教称其为“大乘有宗”。该派尊弥勒为始祖，实际创始人是无著、世亲兄弟二人。基本思想是“三界唯心”“万法唯识”，认为世界的本质是“空”，但是这个“空”是有差别的，它有一种产生一切事物现象的“可能力”（种子），超乎了所知和不知，是一种纯意识，由这种“识”所显现的外界都不真实。为了更进一步说明，提出了八识（眼识、耳识、鼻识、舌识、身识、意识、末那识、阿赖耶识）、三有性、三无性、转依说等。八识中的阿赖

耶识是根本识，为产生一切的种子。该派在无著、世亲之后出现了许多学者，如被称为“一分家”的安慧、“二分家”的难陀、“三分家”的新因明创始人陈那、“四分家”的护法等人。以六经（《华严经》《楞伽经》《大乘密严经》《解深密经》《大乘阿毗达磨经》《如来出现功德庄严经》）和十一论（《瑜伽师地论》《辨中边论》《大乘庄严经论》《分别瑜伽论》《显扬圣教论》《摄大乘论》《大乘阿毗达磨集论》《百法明门论》《大乘五蕴论》《唯识二十论》《唯识三十论》）为根本经典。

［40］萨乐和尊者：又译“沙罗诃”“萨乐诃”“萨日哈”“萨惹哈”等，异名“大婆罗门罗睺罗跋陀罗”，汉传佛教中不见此人，藏传佛教尊其为密教的创始人之一，中观学派龙树论师的上师，大手印密法的始祖。据文献记载，他出生于东印度的一个婆罗门家庭，本名“罗睺罗跋陀罗”（Rahulabhadra）。关于他生活的年代有多种说法，藏传佛教认为是一或二世纪的人，与龙树同时代。学术界则有6世纪、8世纪、9世纪等几种观点。罗睺罗·桑克里提亚说：“大乘佛法达到鼎盛时期，东部地区，世亲、陈那和法称使大乘佛教取得很大进展，以致它出现了一个新的发展方向。萨罗诃巴成为这个新方向的接续者，由他而诞生了真言乘、金刚乘和易行乘。”他曾经在中印度的那烂陀寺学习，勤奋刻苦，成为一名受人尊敬的阿阇黎。后来，修习密法，取得了很大的成就。据统计，已发现的作品有32种，结集成《双行诗库》，包括112颂附梵文注解本、112颂不附梵文注解本（13世纪手写本）、师觉月得自尼泊尔的1101年手写本、20首的残本（尼泊尔宫廷图书馆手抄本），另外发现的有50多首修行诗。

［41］龙树论师：梵文称“那伽阏剌树那”，或“那伽曷树那”“那伽阿周陀那”。中观学派的创始人，被藏传佛教尊为密教大师，集密法的主要传承人。公元2世纪左右南印度人，婆罗门种姓，自幼接受婆罗门思想教育，“世学艺能、天文地理、图纬秘谶及诸道术，无不悉练”。从

说一切有部出家，但对有部的一些经典并不满足，博览其他典籍，精通经、律、论三藏，经常周游列国，与外道僧进行辩论获胜。有关他的传说很多，有说曾入雪山佛塔，得到老比丘僧授予的大乘经典；又说进入龙宫，得大龙菩萨的经典。按照藏传佛教的说法，龙树从龙宫带出《般若经》，并参与了新的《般若经》的诵出与结集。他大力宣传般若空性法，提出了“八不缘起”的中道观，创立了中观学派。他的著作很多，其中显教方面有《根本般若中观论》《宝行王正论》《回诤论》《七十空性论》《六十颂如理论》《大智度论》《十二门论》《十住毗婆沙论》《法界赞》《妙吉祥胜义赞》《菩提资粮论颂》《菩提心释》《诸经集要》《亲友书翰》等，密教方面有《集密五次第论》《集密根本续释》等。据不完全统计，藏文译著约有118种，其中赞颂19种，密教著作51种，显教著作48种。弟子提婆发扬并发挥了其学说。

［42］无著论师：梵文音译“阿僧伽”，印度大乘佛教瑜伽行派的创始人之一，藏传佛教所说的“六庄严”（龙树、提婆、无著、世亲、陈那、法称）之一。古印度西北部富娄沙富罗国人，自幼出家，先习小乘佛教的说一切有部法，不能满意，后从弥勒学大乘空观学和瑜伽法，深究《瑜伽师地论》，尽解其义，阐述“唯识、法相”之学，形成了自己的理论。真谛翻译的《婆薮槃豆法师传》说：“婆薮槃豆是菩萨根性人，亦于萨婆多部出家。后修定得离欲，思惟空义不能得入，欲自杀身。宾头罗阿罗汉在东毗提诃观见此事从彼方来，为说小乘空观。如教观之即便得入，虽得小乘空观意犹未安，谓理不应止尔因此乘神通，往兜率多天咨问弥勒菩萨。弥勒菩萨为说大乘空观。还阎浮提如说思惟，即便得悟于思惟时地六种动既得大乘空观，因此为名，名阿僧伽。阿僧伽译为‘无著’。尔后数上兜率多天咨问弥勒大乘经义，弥勒广为解说随有所得。还阎浮提，以己所闻为余人说，闻者多不生信。”著作有《摄大乘论》《顺中论》《大乘阿毗达磨集论》《显扬圣教论》《金刚般若经论》《六

门教授习定论》等。

[43] 兜率天宫：又译“兜率陀”“兜率哆”“都史多”“睹史多”“斗瑟哆”“珊睹史多”等，意译“妙足”“知足”，是一生补处菩萨的住处，也是传说中弥勒菩萨的住处，佛教所说的一种净土。《佛本行集经》卷六说：“时兜率陀有一天宫，名曰高幢，纵广正等，六十由旬。菩萨时时上彼宫中，为兜率天，说于法要。是时菩萨，上于彼宫，安坐讫已，告于兜率诸天子言：汝等诸天，应来聚集，我身不久，下于人间，我今欲说一法明门。……护明菩萨见彼天众聚会毕已，欲为说法。实时更化作一天宫，在彼高幢本天宫上，高大广阔，覆四天下，可憙微妙，端正少双，威德巍巍，众宝庄饰。一切欲界天宫殿中，无匹喻者。……彼大微妙师子高座，菩萨坐上，告于一切诸天众言：汝等诸天，今此一百八法明门，一生补处菩萨大士在兜率宫欲下托生于人间者，于天众前要须宣畅说此一百八法明门，留与诸天，以作忆念，然后下生。”《佛说观弥勒菩萨上生兜率天经》有更为详细的描述。又说兜率天宫有内外两院，佛弟子弥勒菩萨先佛入灭后，上升到兜率天宫居住内院，经四千岁（相当于人间五十六亿七千万岁）下生人间，在华林园龙华树下成佛，为未来佛。

[44] 慈氏五论：亦称“弥勒五论”，佛教所说的弥勒有两位，一位是佛弟子、未来佛弥勒，另一位是瑜伽行派的始祖。此处是指瑜伽行派始祖，约生活在350年—430年之间。汉藏佛教都提到弥勒所著的五部大论，但不完全相同。藏传佛教所指的五论是《现观庄严论》《大乘庄严经论》《辨中边论》《辨法法性论》《究竟一乘宝性论》。汉传佛教所说的五论是《瑜伽师地论》《分别瑜伽论》《金刚般若论》《现观庄严论》和《辨法法性论》。

[45] 世亲论师：梵文名的音译为“婆薮槃豆”，无著的异母弟，唯识学派的创始人之一。曾于说一切有部出家，博学多闻，精通诸典籍。

《婆薮槃豆法师传》说："第二婆薮槃豆，亦于萨婆多部出家。博学多闻遍通坟籍，神才俊朗无可为俦，戒行清高难以相匹。"后来，他到阿逾阇国师事佛陀蜜多罗，一次其师在与外道僧的辩论中失败，他替师辩论获胜，并撰写《七十真实论》破斥外道的《僧伽论》。他精通说一切有部的阿毗达磨论，根据《阿毗达磨大毗婆沙论》，并吸取经量部的学说完成了《阿毗达磨俱舍论》。据载，他早年不信大乘教法，后受兄长无著再三派人劝导，改修大乘法，对般若和法华研究颇深。据《大宝藏论——布顿佛教史》说：他从兄长听了《十地经》和《阿差末经》后，改修大乘的。著作除了《阿毗达磨俱舍论》外，还有《唯识二十论》《唯识三十颂》《大乘成业论》《大乘百法明门论》《摄大乘论释》《大乘五蕴论》《佛性论》《止观门论颂》《中地经论》《大乘庄严经论释》《辨中边论释》《金刚经论释》《净土论》等，为《华严经》《般若经》《法华经》《大涅槃经》《维摩诘经》《胜鬘经》等做过注，有"千部论主"之称。

［46］二取：指能取和所取。"能取"是指认识对象的主体，如心、意识等。"所取"，指认识的对象，即外境。《显扬圣教论》卷五说："能取义者，谓五内色处，心、意识及诸心法；所取义者，谓外六处。"（大正藏 1·502 中）有时也指常见和断见。

［47］胜乐本尊：亦称"上乐本尊"或"胜乐金刚"。"胜乐"既是一种密法，也是本尊的名称，属于无上瑜伽部母续类法。作为本尊的胜乐金刚其形象常见的有一面二臂、一面四臂、四面十二臂、单腿舞立等。其中的一面二臂胜乐金刚上身青蓝色，头戴用骷髅做成的五佛冠，顶髻有摩尼宝，由半月装饰。下身灰蓝色，腰系虎皮裙。两臂拥抱红色的明妃金刚亥母，左右二手分别拿金刚铃和金刚杵，颈挂用五十颗人头做成的璎珞项链。双耳挂着硕大的耳环，手腕套着镯子。左腿微屈，脚下踩着蓝色的大自在天头；右腿侧直，脚下踩着红色女性大自在天胸口。金刚亥母一面二臂，头发半披，全身赤裸头戴骷髅五佛冠，项挂五十颗人

头串成的项链；左手捧着盛满鲜血的头盖骨，右手持金刚钺刀；右腿放在胜乐金刚腰间，左腿与胜乐金刚平行站立。四面十二臂胜乐金刚像最为常见，几乎每个寺院中都有。

第二节　觉囊派密法传承

一、佛陀如何宣讲

《时轮根本续》说："非常清净殊胜法，本初解脱如来佛。一切贤良诸大德，愿我成就妙吉祥。"根据这种说法，以前佛在般若乘中讲到了义法性如来藏圆满理论。这里，佛在讲大密无上乘法时，提出了清净法性、本来大解脱、善逝如来（佛性）以及普贤、胜义诸相本质，以此相善解阿赖耶法性，这即是密教他空大中观。证达空乐双运（bde-stong-zung-vjug）[1]本性的方法有六种，重点是金刚身的脉、气、明点等殊胜方便，为大密无上大法库，佛以毗卢遮那佛（rnam-par-snang-mdzad，大日如来佛）[2] 身大转轮和法界语自在等身形安住，向不共密乘的一切殊胜弟子开示并加以摄益，不久便可将其安置在殊胜双运之位。又，佛陀住世的某个时候，他的弟子阿罗汉们飞向他洲，飞来飞去，被乌仗那[3]国王因陀罗菩提(o-rgyan-yul-gyi-rgyal-po-ain-dra-bhu-ti)[4]看见，由于距离遥远没有看清楚是什么，于是问随行的各位大臣："这些红鸟群是什么？"众臣回答道："陛下，这些不是鸟，而是大仙人佛陀的声闻弟子。"因陀罗菩提王听后非常仰慕，渴望见到佛。众臣看出了国王的心意，劝道："距离遥远难以到达。"国王叹着气，不断进行祈祷，第二天正午佛陀和五百阿罗汉被其诚心所打动，来到乌仗那国，国王隆重接待供养，请求成佛的方便。佛陀说："国王，希望你舍弃贪欲，随行三学（bslab-gsum）[5]和般若六度（phar-phyin-drug）[6]。"国王说："我与众夫人共行五妙欲（vdod-lnga）[7]，以此寻求成佛的方便。"以诗祈求道：

在赡部洲[8]美丽花园，
变成狐狸也如成仙；
舍弃妙欲的解脱法，
无论何时也不愿学。
乔达摩！[9]

刹那间，（佛陀和他的）声闻弟子们隐身不见，只听从天空发出声音说：

此处无八补特伽罗（gang-zag-brgyad），
也没有声闻[10]与独觉[11]；
文殊菩萨神通广大，
变幻为声闻与独觉。

据说，这时候毗卢遮那佛转轮王等化成无量大曼荼罗（dkyil-vkhor-chen-po）[12]，为因陀罗菩提王传授灌顶，使其成就双运之身；授予国王一切续部法典，国王大加弘传，并写成卷册保存，最后与众夫人隐身化去，即成就受用圆满身。从此，经由众多男女瑜伽自在者的不断传承，弘扬本初佛大毗卢遮那佛等现证方便道法。另外，依赖受用殊胜佛事业之相的吉祥金刚瑜伽母、金刚手菩萨、文殊金刚等无量身相所成的各位自在传授大密乘的捷道法，证得原始自然俱生智，犹如幻术一般，出现了非常多的持诵解脱贤劫明咒的人，他们全是通过密乘他空大中观自然乐空俱生胜义殊胜诸相智、善巧方便甚深道而证得果位的。

特别是无上续部之王时轮秘密教法的捷径是我们的鲜花，天降的法缘，这与《正说文殊菩萨名号经》(vjam-dpal-gyi-mtshan-yang-dag-par-brjod-pa）所说的“第一佛无因，智身即天成，殊胜初三身，五身之本性”的意思相同。《时轮根本续》说:“大手印不变之乐，从不变所生之身，皈依于部主时轮，名为遍知智慧身。”意思是究竟了达经义和一切本性、如来藏，佛在无上密乘位如何讲解无为法、自然智的三身或五身性、大手印殊胜不变乐性、遍知智慧身、时轮基果无别性，即佛如何宣讲生起圆满二次第道所证的方便。《时轮根本续》说:“佛于灵鹫山，宣讲般若法；佛于迦札迦（dpal-ldan-vbras-spungs)，讲说秘密法。”在共同化机方面(对于普通弟子)，佛陀在灵鹫山讲般若法；在不同化机方面（对于特殊的弟子)，佛陀在迦札迦山[13]讲密法。

关于讲解以《时轮根本续》为主的密乘一切续部，《时轮根本后续摄续》说:“(佛陀）在吉祥迦札伽大塔用第十力（stobs-bcu）讲授帮助弟子们（成佛）的一切经续。”根据这种方法，在印度南部吉祥山（dpal-gyi-ri）附近的达那室利洲（dha-na-shrivi-gling)，传说迦那迦牟尼佛(gser-thub)[14],还是饮光佛（vod-srungs)[15]之时，一天，天降谷雨，大天神们非常兴奋，合力建立吉祥迦札迦城十万佛塔[16]。吉祥米积塔塔瓶内的圣物下面变幻出佛在《时轮根本续》中所说的吉祥星宿的一千六百二十尊坛城本尊像，和《时轮根本摄续》所说的法界语自在或时轮身、语、意圆满坛城七百二十二尊，即从时轮本尊正面口意金刚宣讲《时轮根本续》等无上续部法，从其余面之口三金刚讲后三续部。当时请求续部的应化弟子有月贤[17]等香巴拉[18]九千六百万个城市的无量具缘众生和天龙(lha-klu)[19]、夜叉（gnod-sbyin)[20]、大种（vbyungs-po)[21]等非人的无数有情者。

密乘经藏方面，翻译成藏文的事续部主要经典中属于如来部(de-bzhin-gshegs-pavi-rigs）的经典有《三三昧耶庄严经》《文殊根本续》等；莲花部（pad-mavi-rigs）经典有《不空绢索修习细轨》《十一面观世音陀罗尼咒》等；金刚部（rdo-rjevi-rigs）经典有《金刚手菩萨殊胜明续》；宝生部（nor-buvi-rigs）经典有《增绿天母陀罗尼》《布禄金刚陀罗尼》；夜叉部（lnga-rtsen-gyi-rigs）经典有《麦卡莱陀罗尼》；世间部（vjig-rten-phal-pavi-rigs）经典有《天龙大种所献陀罗尼》等。

行续部中身部（skuvi-rigs）经典有《毗卢遮那佛神变加持经》《不动金刚陀罗尼》等；语部（gsung-gi-rigs）经典没有藏文译本；意部（thugs-kyi-rigs）经典有《金刚手灌顶续》。

瑜伽部中父续类（pha-rgyud）经典有《真实摄略经》《金刚顶经》等；母续（ma-rgyud）类经典有《吉祥第一殊胜续》《金刚心要庄严经》。

无上瑜伽部分父续和母续，其中父续中属于有贪随持续（chags-can-rjes-vdzin-gyi-rgyud）的经典有《集密根本续》《黑红阎摩德迦续》《毗卢遮那佛神变加持经》《幻网经》等；《大威德根本续》《七分别》等属于父续中的决断嗔续类（zhe-sdang-can-tshar-gcod-kyi-rgyud）经典；《文殊菩萨幻网经》等属于随持有痴续类（gti-mug-can-rjes-vdzin-gyi-rgyud）经典。

母续中属于胜乐金刚部类的经典有《胜乐根本续》《喜金刚根本续》《佛顶骨续》《玛哈玛雅续》(《摩诃摩衍续》）等,《金刚四座续》属于大日如来部经典,《部种世间怙主续》属于莲花部经典,《金刚甘露续》属于宝生部经典,《无上度母续》属于马头明王部经典,《佛等加行续》《月秘明点续》属于金刚心部经典。时轮类经典既可属于胜乐金刚部，亦可属于金刚心部（rdor-sems-kyi-rigs），这里把它归在金刚心部中。

如果把无上瑜伽续分成三部，是在父续、母续之上增加无二续（gnyis-med-kyi-rgyud）。这样，佛把所讲一切经续托付给月贤王（zla-ba-bzang-po），他在公开场所宣讲，使无数人、非人证得了他们所希望的成就，但这些法在其他人世间暂时没有传播。在香巴拉，月贤王把一切密教经典用文字记录形成经卷，并以注释《时轮根本续》的方式广弘密法。从此，七法王（chos-rgyal-bdun）[22]、二十五位具种王（rigs-ldan-nyer-lnga）[23]、十一位有轮王（vkhor-lo-can-gyi-rgyal-brgyud-bcu-gnyis）[24]等传播密法，即《时轮根本续》所授记的四十三位法王[25]在位之时，在密乘殊胜福田广弘佛法，使一切圆满；弟子们深刻领会了义大中观密意，勤奋钻研，深究本性。

二、密法以后如何发展

1.密法在印度的发展

总之，在印度与大莲花王（rgyal-po-pad-ma-chen-po）[26]同时代或者稍后，文殊菩萨化成一名比丘来到欧提毗舍国[27]月护王（rgyal-po-zla-ba-bsrung）[28]的宫殿传授《真实摄略续》(de-kho-na-nyid-bsdus-pa)。之后很短的时间内，诃梨旃陀罗王（ha-ri-tsandra，,即孔雀王朝缔造者旃陀罗笈多王）[29]降生于旃陀罗王族中，依靠修炼密乘道获得成就，其受用与天神相等，最后和千名侍从一起证达持明地。

下面介绍密法（时轮教法）传承：

第一，吉祥萨乐和或婆罗门大罗睺罗，据说他目睹金刚瑜伽佛母显现，开始分别法性义，吟唱多首多哈（do-ha）[30]金刚歌，使国王等五千人亲眼见到真实义，身体也变成了持明身，以神通飞上天空后隐身不见。大手印表示为心瑜伽者，出现几十万瑜伽师，在各方传法，利益众生，即身成佛，去往他界。

第二，龙树论师，出生于南印度毗达巴哈地方（bee-da-rbha，古印度南部的一个地方）的婆罗门种姓，为萨乐和的学生。七岁时由于身体多病，父母不忍心，教他与仆人外出流浪，最后来到那烂陀寺（nav-len-dra），轨范师罗睺罗医治好了他身体疾病，授给出家戒，教学佛经，使他对于大小乘佛教诸经藏、各明处无不通晓。后来修大孔雀明王咒等，学会了小丸眼药制造等多种技术，修得起死回生的成就法，把一切非人作为侍从，炼成了避谷成就（bcud-len-grub-pa）[31]的金刚身。传说龙树论师幻术极高，神通广大，曾通过明咒之力来到密乘他土，从智慧空行者那里学得口诀，获得多部密教经典和修行方法。想到龙与人的广大利益，暂时移居龙境（龙宫），请出《十万般若颂》，著成解释佛陀中转法轮与末转法轮密意的《中观理聚六论》（dbu-ma-rigs-tshogs-drug）[32]和《赞颂集》（bstod-tshogs），决定了究竟胜义智慧法身，为佛教广做善事。后来，在吉祥山和夜叉母等侍从一起修炼密法，住了二百年，成就了三十二相（mtshan-bzang-so-gnyis）[33]好。传说最后由于把自己的头颅布施给别人，六百岁差七十一岁去世。

第三，龙树的弟子大成就师夏哇日（shav-bav-ri，猎人），生于印度一个舞蹈者世家。曾向龙树求得胜乐灌顶，刻苦修炼证得要义，面见菩萨洛哲仁青（智慧宝）后，随行修炼，成就双运法，犹如在南部山上追捕野兽，做利益佛法众生之事。以后，继续修炼密乘道，证得自然俱生智。龙树师徒在世之时，前后依止各种密乘道修行的人上千，其中百人成就持明。这样的人虽然很多，但是他们非常深沉而且保守秘密，在未成就持明之前谁也不认识谁。所以，知道上师向弟子传法的人很少，但是以任一续部毫无阻碍地修炼获得业缘与成就的人很多。

2.时轮法在印度、西藏的传承

阿阇黎毗都哇（pi-to-pa），生于印度摩诃波罗王（ma-hi-bav-la）[34]时代，金刚手授记一位化缘者，他以神通到达香巴拉，把许多续部经典请到宝贝山（ratana-gi-ri）向多名弟子讲授，最后获得隐身成就。时轮教法在印度和西藏传播，形成了许多不同传规，其中比较殊胜者要推卓译师[35]所传的时轮法。根据卓译师所说，在香巴拉难胜具种王(rigs-ldan-rgyal-dkav)[36]时代，出现了时轮的教法传承人都夏钦波（dus-zhabs-chen-po，大时轮足）。

第一代法王，都夏钦波，他是圣地印度一位学修阎摩德迦法的瑜伽师之子，精通文殊金刚一切经咒，亲见文殊菩萨显现，按照本尊授记前往北印度，途中遇到了具种王的化身，给他传授了灌顶。他花了六个月时间修行甚深瑜伽法，获得神通后来到香巴拉，亲自拜见了具种王，聆听《时轮根本续》等续部和《三菩萨释》(sems-vgrel-skor-gsum)[37]等多种甚深教法，将其中的一些内容牢记在心，把另一些写成经卷，请到圣地印度。他一般以修定为主，曾以眼观法制服外道魔军，显示了多种神通，最后成为虹身。

第二代法王，都夏钦波的弟子都夏穷哇（dus-zhabs-chung-ba，小时轮足），梵语名称为室利跋陀罗（shri-bha-dra，吉祥贤善），他学识优异，并有无碍预知神通，以讲说制伏对手，使教法传遍世间。

第三代法王，绛曲桑波（byang-chub-bzang-po，菩提贤），都夏穷哇之子，曾于那烂陀寺[38]主修时轮、集密、胜乐、大威德等无上瑜伽部密法，修成了风息瑜伽（rlung-gi-rnal-vbyor）[39]。

第四代法王，迦湿弥罗班智达达哇贡波（zla-mgon）[40]，他是绛曲桑波的弟子，据说他在呼吸一次的时间内能记住十六偈颂，修行时轮等密咒法，证达持命瑜伽（srog-vdzin）[41]，能控制大小便的流通。曾用期克印(sdigs-mdzub)[42]使盗贼身体僵硬，法力巨大。他前后三次来过西藏，传授《集密五次第明灯》、《中观理聚六论》、《地部五论》（sa-sde-lnga）[43]等，尤其弘传时轮教法。

时轮教法在西藏的传承：

第五代法王，卓译师喜饶札（vbro-lo-shes-rab-grags，慧称），他曾于班智达月护（月怙主）座前聆听全部（时轮）教法，成为一名非常优秀的上师。

第六代法王，喇嘛拉杰贡巴·贡却松(lha-rje-sgom-pa-dkon-mchog-bsrung,修行宝护)，他从月护受灌顶，学习续部、讲说、口诀等。

第七代法王，上师周顿·南木孜（sgro-ston-gnam-brtsegs，天积），他从班智达月护学得灌顶法与圆满《注释续》。

第八代法王，大成就师域摩·弥觉多吉（yu-mo-mi-bskyod-rdo-rje，不动金刚，大约生于第一饶迥），他没有法缘，依止周顿·南木孜五年，学到了其所有的灌顶、续部、口诀等密法。后住伍由[44]的嘉乃（vu-yug-gi-rgyal-gnas）地方修行，著书甚丰，开密教他空之宗。

第九代法王，曲杰旺秋（chos-kyi-dbang-phyug，法自在），域摩·弥觉多吉之子，二十岁之前已经掌握了父亲所传的一切教诫。

第十代法王，南喀俄色（nam-mkhav-vod-zer，虚空光），曲杰旺秋之长子，精通显密经论，著有《光鬘》等多部论著。

第十一代法王，曲杰旺秋之女觉本姆，她是姊妹三人中利益教法传承和众生的第二女，传说是因陀罗布底（或因陀罗菩提）的夫人勒迦夏迦拉（li-kashamka-ra）的化身，熟记了全部时轮续释，修炼从父亲处听来的六支瑜伽法，一天内圆满修成了十相（rtags-bcu）[45],修行至第七日时，气入中脉，终成一名大成就师，对时轮教法的传播做出了巨大贡献。

第十二代法王，赛莫且哇·南喀坚赞（se-mo-che-ba-nam-mkhav-rgyal-mtshan，虚空幢），是觉本姆的兄长，修炼六支瑜伽法[46],自证悟与智慧中冒出。曾从南喀俄色和觉本姆学习《时轮根本注释续》和《灌顶总示教法释莲花》，获得了“成道者”的称号。晚年，创建了后藏伍隆赛莫且寺（vo-lung-se-mo-che），故名。

第十三代法王，坚萨哇·喜饶俄色（vjam-gsar-ba-shes-rab-vod-zer，智慧光），他按照文殊菩萨（妙音菩萨）的授记，跟随赛莫且哇·南喀坚赞学习时轮灌顶法，通过修行究竟证悟，做了江都尔寺（kyang-vdur）的讲经师，发展讲修事业。其后，扩大了时轮教法的传播范围。

第十四代法王，遍知却古俄色（chos-sku-vod-zer，法身光），他跟随坚萨哇全面学习时轮灌顶传承法、口诀，具有很高的证悟能力。在闻习自在智法时，见到了金刚上师，仅用半天时间就修得智慧。他能流利地用梵语诵读《集密根本续》，能以梦中去光净天的方法修法诵经，能同时显示许多身形。

从遍知却古俄色的弟子贡邦巴·突结尊追（kun-spangs-pa）至大觉囊巴·笃补巴之间，密乘他空中观见派的传承犹如流水长传不断。

上面将时轮教法在西藏的师承关系简单做了介绍，详细如《时轮教法史》所说。贡钦钦波笃补巴以后的传承要在后面介绍。

有诗赞道：

密乘法性光明清净界，
圆满慧身大海诸技能，
远离戏论诸相具殊胜，
凡彼各个唯是自证境。

注释：

［1］空乐双运：亦译“乐空一体”，密教无上瑜伽部修行所要达到的一种境界或感受。“空”即“空性”，最基本的解释是指一切事物的虚幻不实，认为一切现象都是因缘和合而起，其本身没有独立发展的能力或独立的实体，假而不实。大小乘佛教各派对“空”的解释分歧较大，小乘佛教一般是从事物现象的生灭变化方面去分析说明事物的存在与不存在，而大乘佛教讲人法二我空，现象本身即是空。大乘佛教的两大学派中观和瑜伽行派虽然各自从不同的方面去解释，但是都否定客观世界。中观学派从因缘法自身讲空，认为“因缘所生法，我说即是空”。瑜伽行派重点从“万法唯识”讲空，肯定思维意识的真实存在，认为一切现象都是“识”的变化。密教经典也讲“空”，与无上瑜伽部各类经典所解释的“空”有差异。觉囊派主张“胜义有”的“他空见”，认为事物有其真实的体性，不能说是性空，由于人们的虚妄分别，把增加上去的东西说成空，这种空即是“他空”，也就是说事物本真是“自”，加在上面的虚妄分别是“他”。觉囊派的根本经典《时轮根本续》所说的“空”是指

"因"，此"因"是一种证达空性的智慧。"乐"指快乐，修行的一种体验，时轮经将他看成是"果"，即大乐智慧，或是一种方便，它生起于"空色身"，空色与不变大乐合为一体，即是空乐双运。

［2］毗卢遮那佛：大日如来佛的音译，又音译为"卢舍那""遮那"等，意为"光明遍照""大日"，故又称"遍照佛"。显教经典和密教经典的解释各不相同，显教一般把大日如来看成是报身佛，尤其是《华严经》视其为莲花藏世界的教主，如《八十华严》卷八说："至此世界，名娑婆，以金刚庄严为际，依种种色风轮所持莲华网住；状如虚空，以普圆满天宫殿庄严虚空云而覆其上，十三佛刹微尘数世界周匝围绕，其佛即是毗卢遮那如来世尊。"而密教把毗卢遮那佛看成是理智一体的法身佛，汉传佛教的唐密尊其为教主，在五方佛中居中央，以《金刚顶经》和《大日经》为主绘制的金刚界曼荼罗和胎藏界曼荼罗中，他的形象不同。藏传佛教中毗卢遮那佛的地位没有其他佛、菩萨、本尊重要。

［3］乌仗那：藏文"邬坚"的音译，梵文名Udyāna，意为"飞行"。汉文典籍中有不同的译名，《法显传》和《魏书》译"乌苌"，《洛阳伽蓝记》作"乌场"，《大唐西域求法高僧传》作"乌长那"，也有作"乌茶""乌你也曩"的。为北印度犍驮罗国北方的古国，《佛学大辞典》解释：相当于今兴都库什山脉（Hindu kush）以南之丘陵地带。东隔信度河（印度河）与乌剌尸国及迦湿弥罗国相对，即今斯瓦特河上游。玄奘《大唐西域记》卷三记载："乌仗那国周五千余里，山谷相属，川泽连原。谷稼虽播，地利不滋，多葡萄，少甘蔗。地（土）产金、铁，宜郁金香。林树蓊郁，花果茂盛。寒暑和畅，风雨顺序。人性怯懦，俗情谲诡，好学而不功，禁咒为艺业。多衣白氎，少有余服。语言虽异，大同印度。文字礼仪，颇相参预。崇重佛法，敬信大乘。夹苏婆伐窣堵河，旧有一千四百伽蓝，多已荒芜。昔僧徒一万八千，今渐减少。并学大乘，寂定为业，喜诵其文，未究深义，戒行清洁，特闲禁咒。律仪传训，有五部

焉：一法密部，二化地部，三饮光部，四说一切有部，五大众部。天祠十有余所，异道杂居。坚城四五，其王多治瞢揭厘城。城周十六七里，居人殷盛。”佛教将它看成是四大圣地之一，《大方等大集月藏经》记载，佛陀嘱咐习音天子与其五百位眷属、华光乾闼婆王及其三百位眷属、善怖紧那罗王及其一百眷属、迦罗婆提夜叉王及其五百位眷属、郎浮罗龙王及其三百位眷属、遮曼池阿修罗王及其一百位眷属、曼陀果鸠盘茶王及其一百位眷属，还有呵梨帝天女、染贤天女领导着五百位眷属等安住在乌仗那国，并敕命他们共同来护持这空行的圣地——乌仗那国土。这里曾有许多部派佛教的僧人活动，大乘佛教兴起后又留下不少胜迹。藏传佛教中，乌长那出现的频率较高，尤其是密教曾盛行于这一地区，著名的密教大师莲花生就出生在这里，经常提到的因陀罗菩提王曾经是该国国王。历史上有不少僧人来到这里求法。

[4] 因陀罗菩提：梵文的音译，是藏传佛教所说的乌长那国国王，金刚乘密法的开创者之一。但是，传说中出现了几个因陀罗菩提王，一个是释迦牟尼悟道成佛后，领众弟子去北印度传法时摄收的，另一个是收养莲花生的因陀罗菩提王，在很多书里，往往把两个因陀罗菩提看成是同一个人。玄奘在《大唐西域记》卷三提到乌长那王，说：“我（佛）涅槃后，乌长那国上军王宜与舍利之分。”季羡林先生考证说：上军王是释迦牟尼去世前后的乌长那国王，但其他经典中未提及此人，无从查考。他说：“就其内容来看，它显然是神话传说，很可能是乌长那国的佛教信徒们为了抬高自己在佛教中的地位而臆造出来的。”显然，上军王不是因陀罗菩提王，即使是也是臆造的。公元七世纪左右的因陀罗菩提被视为莲花生的养父，《莲花生传》说：在菩提伽耶西方的乌长那国境内的达那郭夏（Danakosha）湖中，有座小岛，岛上出现了一朵由诸佛加持力所成的千瓣莲花，莲花中端坐着一个八岁的孩童，手握金刚杵和莲花，相好、随行庄严。当时乌长那国的因陀罗菩提王因膝下无子，在一次外巡

中发现了莲花中的孩童，于是领回王宫，命名为莲花生（Padmakara）。《莲花生大士全传》第二编说：贞观十六年时，乌仗那国王达摩因陀罗诃斯，曾遣使者献上龙脑香等贡物，并上表给唐太宗说："大福德至尊！一切王中上乘的天宝车，能破除一切黑暗。您就譬如帝释天王一般，能降伏阿修罗王。我由于宿世所种的善根，得以生为释迦种姓。现在，以此表上拜至尊，并献上龙脑香等贡物。"其中的达摩因陀罗诃斯是因陀罗菩提王吗？资料缺乏，无从查考。也许藏传佛教所说的因陀罗菩提王是乌长那众多信佛国王的一个缩影，实际上并没有这个人。

［5］三学：亦称"三无漏学"，佛教教义，指戒学、定学、慧学。戒学，即戒律，它是用来防止身、语、意三不净业的。佛教的戒律很多，有三皈五戒、沙弥戒、比丘戒、比丘尼戒、大乘菩萨戒、密教戒等。八正道中的正语、正业、正命等三种包括在戒学中。定学，即禅定。"定"者，由修戒律的进度而得到的另外一种功用的境地，即通过修定观悟佛理，断除一切惑业烦恼。八正道中的正念、正定属于定学内容。慧学，即智慧，通过它消除烦恼，达到解脱。一般分世俗谛慧、胜义谛慧、中道谛慧三种。三学的关系，以戒为实践，以定为直观，以慧为理性，三者相互补充。《涅槃经》说："与戒共修之定，其果大而利益亦大。与定共修之慧，其果大而利益亦大。与慧共修之心，于欲漏、有漏、见漏、无明漏等之诸漏全得解脱。"但是，在具体处理三者的关系时，出现了许多问题，有的只重视戒学，不重视后二学；有的只修定，忽视戒学和慧学；有的重慧学，不重戒定二学。藏传佛教中也曾经出现过这样的问题，阿底峡和后来的宗喀巴强调三学的重要性，认为戒学是定慧二学的基础，三者缺一不可。

［6］六度：亦称"般若六波罗蜜多""六波罗蜜多"，六种从生死此岸到涅槃彼岸的方法与途径，指布施、持戒、忍辱、精进、禅定、智慧。《大品般若经》卷一说："菩萨摩诃萨以不住法住般若波罗蜜中；以无所舍

法应具足檀那波罗蜜，施者受者及财物不可得故；罪不罪不可得故，应具足尸罗波罗蜜；心不动故，应具足羼提波罗蜜；身心精进不懈怠故，应具足毗梨耶波罗蜜；不乱不昧故，应具足禅那波罗蜜；于一切法不著故，应具足般若波罗蜜。”布施，梵文音译“檀那”，指施与他人以财物、体力、智慧等，是为他人造福，为自己积累功德以致解脱的一种方法。《六度集经》卷一说：“慈育人物，悲愍群邪，喜贤成度，护济众生，跨天逾地，润弘河海。”瑜伽行派提出了财施、法施和无畏施三种。持戒，音译“尸罗”，为禁止一切不符合佛教教义的思想和言行所作的规定，以约束信徒，也是一种修行的方法。佛教的戒律很多，几乎每一派别都有自己的戒律，必须严格持守。忍辱，音译“羼那”，有忍受、认可的意思。般若翻译的《大乘理趣六波罗蜜多经》说：“善男子当知生死涅槃，悉皆平等以无分别，是名安忍波罗蜜多。复次，若有愚下狂乱众生，来骂辱者，安忍受之。譬如醉象难可禁制，应以铁钩而调伏之。嗔心醉象亦复如是，以忍辱钩而制御之，令其调伏名为安忍波罗蜜多。”忍辱的重点是安于苦难和耻辱。精进，梵文称“毗梨耶”，指在断除烦恼、修证空性的过程中不懈怠地努力，一切都以精进为本。《大乘理趣六波罗蜜多经》说：“所谓修余五种波罗蜜多，皆精进力而能成就。精进波罗蜜多谓身口意，此三善业皆因精进方得发生。于三业中意业最胜，菩萨摩诃萨修习意业有二种心，一者精进二者退转。所谓发起菩提心是精进，止息菩提心是退转。”禅定，亦名“静虑”“三昧”“三摩地”“定”，音译“禅那”，指精神集中、观想特定对象而获得悟解的一种思维活动。智慧，音译“般若”，修行到达彼岸，或修行证达空性、实现涅槃的智慧。龙树在《大智度论》卷一百说：“般若波罗蜜是诸佛母，诸佛以法为师，法者即是般若波罗蜜。”六波罗蜜多是修行的六种方法和途径，能帮助众生解除内心的悭贪、毁犯、嗔恨、懈怠、散乱、愚痴等六种弊端。

［7］五妙欲：亦称“妙五欲”，指色、身、香、味、触五境的功能，

或其对眼、耳、鼻、舌、身所起的作用。《大毗婆沙论》一百七十三卷说："五妙欲者：谓眼所识可爱可憙可乐如意能引欲可染着色，乃至身所识可爱可憙可乐如意能引欲可染着触。云何眼所识色妙欲？答：若色、欲界眼触所生爱所缘境。云何耳所识声妙欲？答：若声、欲界耳触所生爱所缘境。云何鼻所识香妙欲？答：若香、鼻触所生爱所缘境。云何舌所识味妙欲？答：若味、舌触所生爱所缘境。云何身所识触妙欲？答：若触、欲界身触所生爱所缘境。问：意所识法、何故不立妙欲耶？答：皆是爱所缘者，立妙欲。"在藏传佛教里，五种感觉器官所产生的欲望，其象征分别是铜镜、琵琶、海螺水、果实、丝绸。

［8］赡部洲：即南赡部洲，亦称"阎浮提""琰浮洲""南阎浮提""南阎浮洲""阎浮提鞞波"等，佛教传说中的四大洲之一。"阎浮"，一种树的名称；"提"，全称"提鞞波"，意为"洲"，因位于世界的中心须弥山的南面，故称"南阎浮洲"或"南赡部洲"。《阿含经》说："南面有洲，名阎浮提，其地纵广七千由旬，北阔南狭。"《长阿含经》说："《阿毗昙论》：有赡部树，生此洲。北边泥民陀罗河南岸，正当洲之中心。北临水上，于树下水底，南岸下，有赡部。黄金古名阎浮檀金，树因金而得名，洲因树而立号，故名赡部。"《大智度论》卷三十五说："如阎浮提者，阎浮树名，其林茂盛，此树于林中最大，提名为洲。"《俱舍论》卷十一说："大雪山北，有香醉山，雪北香南有大池水，名无热池……于此池侧，有赡部林，树形高大。其果甘美，依此林故，名赡部洲。"生活在此洲的人身多长三肘半，也有长四肘者，人寿百岁，中间夭折的多。尽管环境、福报、寿命不及其他三洲，但由于每个人勇猛、忆念、梵行三种特性，所以优胜于其他三洲。如《世记经》说："阎浮提人有三事胜。何等为三：一者勇猛强记，能造业行；二者勇猛强记，勤修梵行；三者勇猛强记，佛出其土。"按照佛教的传说，南赡部洲是人类的起源地，其上形成的第一个城叫赡婆城，接着逐渐形成其他的城池。

［9］乔达摩：梵文 Gautama 的音译，又称“瞿昙”“俱谭”“瞿答摩”等，意为“地最胜”“泥土”“地种”“暗牛”“牛粪种”“灭恶”，亦称“日种”“甘蔗种”等。佛教创始人释迦牟尼的族姓，他本名“悉达多”，全称乔达摩·悉达多。关于此姓的来源，迦留陀伽翻译的《十二游经》说：“昔阿僧祇劫时，菩萨为国王。其父母早丧亡，让国持与弟，舍国行求道。遥见一婆罗门姓瞿昙，菩萨因从婆罗门学道。婆罗门答菩萨言：解体所著王者衣服，编发结莎为衣，如吾所服受吾瞿昙姓。于是菩萨受服衣被体，瞿昙姓，洁志入于深山林薮崄阻坐禅念道。婆罗门言：卿是王者，久在尊贵筒于勤苦。夏可饮水食众果蓏，冬可还城邑街里乞食。还其树下禅思勿毁。菩萨其所乞食还其国界，举国王者下及庶民，无能识菩萨者，谓以为小瞿昙。菩萨于城外甘果园中，以作精舍，于中独坐。时国中五百大贼，劫取官物逃走。路由菩萨庐边，踪迹放散，遗物在菩萨舍之左右。明日捕贼追寻贼者，踪迹在菩萨舍下，因收菩萨，便将上问，谓为菩萨国中大贼。前后劫盗，罪有过死。王便敕臣下：如此之人，法应以木贯身立为大标。其身血出流下于地，是大瞿昙于深山中。以天眼彻视见之，便以神足飞来问之：子有何罪其痛酷乃尔乎？疮岂不伤毒忍苦若斯？菩萨答曰：外有疮痛，内怀慈心，不知何罪横见诛害。大瞿昙言：卿无子姓，当何继嗣忍痛如此？菩萨答言：命在须臾，何陈子孙。于是国王使左右以疆弩飞箭射而杀之。大瞿昙悲哀涕泣，下其尸丧棺敛之。于是取土中余血以泥团之，各取左右持着山中还其精舍。左面血着左器中，其右亦然。大瞿昙言：子是道士，若其至诚，天神当使血化成人。却后十月，左即成男，右即成女。于是便姓瞿昙氏。”后来人们习惯于称佛陀为“乔答摩”，而其父亲姓释迦族，又称释迦牟尼，即释迦的圣人或释迦族的宝贝。

［10］声闻：梵文音译“舍罗婆迦”，意为“弟子”，指听释迦牟尼佛讲苦、集、灭、道四谛法而觉悟的人，一般指佛在世时的弟子，也就是

听闻释迦牟尼佛的声音而悟道者。大小乘佛教对声闻的解释不同，因此有了小乘声闻和大乘声闻。大乘佛教的《法华经》提出了五种声闻，即决定声闻、退化声闻、应菩提声闻、增上慢声闻、大乘声闻。

［11］独觉：亦称“缘觉”，音译“辟支迦佛陀”“辟支佛”，指不从他人闻听，独自觉悟的修行者；也指观悟十二因缘之理得道者。世亲在其《俱舍论》中提出了步行独觉和麟角喻独觉两种；《华严经》提出了缘觉之缘觉、声闻之缘觉、菩萨之缘觉三种。缘觉者只有自利心，没有利他之心，最后归于“灰身灭智”(将肉身焚烧成灰，将心智灭除，身心都归于空寂无为的涅槃界)，被大乘佛教视为钝根人。

［12］大曼荼罗：音译“摩诃曼陀罗”“摩诃曼吒罗”“摩诃漫荼罗”“摩诃蔓陀罗”“摩诃曼拏罗”“摩诃满荼逻”等，意为“大坛场”“大坛城”“大轮圆”“大聚集”等，佛教所说的四曼荼罗（大曼荼罗、三摩耶曼荼罗、法曼荼罗、羯摩曼荼罗）之一。在古印度，一般把画为圆形或方形的修法地方或坛场称为曼荼罗，以防止修法、传授灌顶时魔众侵入。从法理方面解释，“曼荼”是本质的意思，“罗”意为“成就”，表示佛陀自觉的一种境界。大曼荼罗，既表示由地、水、火、风、空、识六大所形成的一切现象，即宇宙的全体形象，又表示佛菩萨的相好庄严身，如雕刻、铸造、绘制的佛像等。汉传佛教的唐密分金刚界曼荼罗和胎藏界曼荼罗两种。藏传佛教把曼荼罗分为内曼荼罗、外曼荼罗、秘密曼荼罗和空性曼荼罗四种；从色彩与形制分为布画曼荼罗、彩沙曼荼罗、立体曼荼罗。

［13］迦札迦山：指“米积山”，梵文的音译为“跋逻者离山”，《大唐西域记》作“跋逻末罗耆厘山”，意为“吉祥山”或“黑峰山”。玄奘法师说：此山在乔萨罗国“西南三百余里，至跋逻末罗耆厘山，岌然特起，峰严峭险，既无崖谷，宛如全石。”布尔吉研究认为，此山位于今马尼克杜尔格以南400多公里，克里希那河南岸。藏文文献说位于古印度南部的达那室利国。据藏传佛教典籍记载，佛曾在这里向月贤王等人说

时轮教法。由于资料缺乏，无从查考。见前注“吉祥米积山”条。

[14] 迦那迦牟尼佛：又作“拘那含牟尼”“羯诺迦牟尼”等，意译“金寂”，过去七佛（过去劫的毗婆尸、尸弃、毗舍浮等三佛，现在劫初的拘留孙、拘那含牟尼、迦叶、释迦牟尼）的第五位佛。他出现的时间，据《长阿含经·大本经》说：“过去九十一劫时，时世有佛名毗婆尸如来。复次，过去三十一劫有佛名尸弃如来。复次，即彼三十一劫中有佛名毗舍婆如来。复次，此贤劫中有佛名拘楼孙，又名拘那含，又名迦叶，我亦今于贤劫中成最正觉。”他的父亲名叫大德，是一位国王；母亲名善胜，婆罗门种姓。曾在乌暂婆罗门树下修道成佛，宣法布道，弟子三万多，其中优秀弟子二人，是舒槃那和郁多楼。《高僧法显传》说：古印度王舍城之北为拘那含佛出生的地方。

[15] 饮光佛：即迦叶佛，过去七佛的第六佛。据《长阿含经·大本经》说：他是古印度摩揭陀国王舍城人，父亲名梵德，母亲叫财主，婆罗门种姓。他出生在现劫时，曾在尼拘律树下修道觉悟，摄徒两万多人，其中上首弟子有提舍、婆罗婆二人。传说，他是释迦牟尼前世的老师。

[16] 迦札迦十万大佛塔：即南印度吉祥山的米积大佛塔。据《印度佛教史》记载：“给吉祥米积的塔建立围墙，围墙内建立一百零八座佛殿。”《红史》注释中说：“吉祥米积塔，为印度东方靠近缅甸的林参城中心的一座佛塔，此废墟至今尚在。具体位于何处，现无从查找。”

[17] 月贤：是梵文 Suchandra 的意译，藏传佛教所说的香巴拉国王，从佛闻听时轮教法、整理《时轮根本续》者。其父名叫日光（Suryaprabha），母亲名尊胜（Vijaya），释迦族。传说曾带领北方香巴拉国的人到南印度吉祥山听佛陀讲授时轮金刚法，然后回到香巴拉用文字记录《时轮根本续》一万二千颂，并为之作注六万颂。同时，在迦波罗城南建造时轮大曼荼罗，为众人传授时轮大灌顶，被尊为传承时轮教法的第一人。据史书记载，释迦牟尼修道觉悟的第二年，即时轮历的元年三月，在伐

折罗波那南部吉祥聚米塔内大乐地，化现大曼荼罗，佛陀入定于吉祥时轮三摩地，向入坛眷属佛菩萨、请问者香巴拉国日光王之子即金刚手化身月贤王，以及其他九十六王等众有缘徒众，说《时轮根本续》一万二千颂。汉传佛教典籍中见不到有关月贤王的任何记载。

[18] 香巴拉：亦称“香格里拉”，是藏文 sham-bha-la 的音译，藏传佛教所说的净土世界。据藏文书籍说：香巴拉位于古印度北部的雪山丛林中，形如八瓣莲花，周围被雪山环抱，有翠绿的草原、茂密的森林、沼泽与湖泊星罗棋布。香巴拉的中心是都城迦波罗宫殿，用各种珠宝建成，面积十二踰缮那（由旬），宫殿中央是具种王的寝宫宝座，富丽堂皇，宫殿周围分布着大小池塘。具种王拥有很多大臣和军队，可以乘骑的狮子、大象、骏马无数，物产丰富。宫殿南面的玛拉雅园林占地面积十二踰缮那，中央有月贤王用五种珠宝建成的高四百一十二尺的时轮身、语、意立体坛城，其周围分布着历代具种王建造的坛城。花园东面有如意湖，仿佛初八的月亮；西面有白莲湖，月牙形。六世班禅巴丹益希的《香巴拉指南》详细描述了进入香巴拉的路线和地理环境、人口、生活、风俗、王统、佛教传播等情况。

[19] 天龙：指天众和龙众。天即护持佛教的天神，主要有大梵天、帝释天、多闻天、持国天王、增长天王、广目天王、金刚密迹、摩醯首罗、散脂大将、大辩才天、大功德天、韦驮天、坚牢地神、菩提树神、鬼子母神、摩利支天、日宫天子、月宫天子、娑竭龙王、阎摩罗王等二十天。龙是专管行云降雨、消除热恼的，有五龙王、七龙王和八龙王之分。五龙王是善住龙王、难陀婆难陀龙王、阿耨达龙王、婆楼那龙王、摩那苏婆帝龙王。八龙王指广财龙王、莲花龙王、力游龙王、安止龙王、大莲龙王、护贝龙王、具种龙王、无边龙王。

[20] 夜叉：又作“药叉”，意为“能啖鬼”，天龙八部之一。原为印度婆罗门教的半神半鬼者，由生主补罗底耶所生，或生于大梵天的脚掌，

为财神俱毗罗的侍从，守护吉罗娑山的园林和山中的财富。佛教中的夜叉为毗沙门的眷属，住在忉利天，形象丑陋，能食人。《维摩诘经》卷一将夜叉分为地夜叉、虚空夜叉和天夜叉三种，其中地夜叉由于施财，不能在空中飞行，天夜叉因施车马，能飞行。龙树在《大智度论》卷十二分地行、虚空、宫殿三种夜叉。地行夜叉可以享受各种欢乐、音乐、饮食；虚空夜叉力量极大，所至如风；宫殿夜叉有各种娱乐便身之物。

［21］大种：构成色法或宇宙的五大元素，即地、水、火、风、空。有时只指地大、水大、火大和风大。地为坚性，水为湿性，火为热性，风为动性，颜色分别为黄、白、赤、黑，形状分别为方形、圆形、三角形、半月形。地能受持万物，水能聚物，火能熟物，风能使物生长。

［22］七法王：指传说中香巴拉国早期的七代法王：金刚手菩萨化身月贤、地藏菩萨化身天自在（帝释）、大威德明王化身威严、除盖障菩萨化身月施（月授）、昏昧明王化身天大自在（帝释自在）、傲慢明王化身众色（杂色）和虚空藏菩萨化身天具自在（帝释聚），每一位王各统治一百年，宣讲时轮法。

［23］二十五具种王：亦称“二十五位救度王”或“二十五代法胤”，传说中香巴拉国七法王之后的二十五位国王，他们是妙吉祥称、白莲花王、贤善、尊胜、善友、宝手、遍入藏、日称、妙贤、尊胜海、难胜、日轮、众色、月光、无边、护国、护吉祥、狮子、镇服（勇猛）、巨力（大力）、不灭、人中狮子、大自在、无边尊胜、勇武轮王。其中的第一位妙吉祥称是天具自在王之子，被称为文殊菩萨的化身。传说他为了传讲时轮金刚法，召集日车等许多不同法种的梵净仙人，合编为一个金刚法种，在香巴拉的迦波罗宫设立大时轮坛城传授时轮教法。之后，他把《时轮根本续》结集成《时轮根本略续》《吉祥时轮根本续后续心要》《时轮续王略摄心要》等，撰写了《三瑜伽心要显明论》等，这些著作比较完整地保存在藏文《大藏经》中。白莲花王是妙吉祥称之子，他遵照

父王的嘱托注释《时轮根本续》，完成了《时轮根本续无垢光疏》《时轮根本续心要无垢光明论》和《吉祥胜义愿文》，三部都有藏文译本，受到藏传佛教僧人的高度重视。传说第十代尊胜海王登位的时间藏历胜生纪元前403年（624年）恰逢伊斯兰教创立。403年，藏文称“麦喀加措”，意为“火空海”，从此到难胜王传法的最后一年（1026年）止，中间经过了403年。传说难胜王于806年继位，建立作用派的历首，在位221年。

［24］十一位有轮王：传说是未来的香巴拉王，具体名称不详。藏文书籍中提到圆满时的十王，就是有轮王。他们是勇武轮王之长子离欲、饮光、鱼（Matsya）、惊（Kurma）、亥（Varaha）、人狮子（Narahari）、侏儒（VAmana）、烧竭炎摩（Yamadagm）、能悦（Rama）、黑天（Krshar），如果加上勇武轮王的幼子帝释主，共十一位。

［25］四十三位法王：传说中香巴拉国的国王，即七代法王、二十五位具种王、十一代有轮王。

［26］大莲花王：音译“摩诃帕德摩·难陀”(Mahapadma Nanda）或“摩诃钵土摩”，意译“大红莲难陀”，简称“大莲花王”。相传他是童龙王朝国王摩诃难丁庶出的儿子之一，他消灭了其他兄弟，最后建立自己的王朝，即难陀王朝，首都在中印度的华氏城，今比哈尔邦的巴特那。多罗那他的《印度佛教史》说：大莲花王时期是印度佛教十八部分裂时期，“摩揭陀国，有圣大施（摩诃睹耶伽）者，守护教法。于华氏城，难陀王子大莲花王（摩诃钵土摩）供养一切僧众之时，上座龙之随行比丘，名坚意者，宣扬五事，大兴争论，此由四部分裂成十八部之始。大莲花王建立伽蓝二十四所。”(王沂暖译)

［27］欧提毗舍国：梵文的音译，古印度原孔雀王朝时期一城名，只见于藏文史书，汉文书籍缺载，具体位置不详。多罗那他的《印度佛教史》多处提到，如第十一章说：“与大莲花王殆同一时代而少后之时，于欧提毗舍国，有月护王出。”

[28] 月护王：梵文音译“旃陀罗笈多”，古印度孔雀王朝的创建者（公元前324年—前300年在位），出身于难陀王朝统治下的摩揭陀。关于其种姓有两种说法，一种认为他属于四大种姓的第二大刹帝利种姓，另一种说出身于最贱的首陀罗种姓。据史料记载：公元前327年，马其顿国王亚历山大大帝在消灭波斯帝国之后，侵入了印度西北部。公元前325年，他从印度河流域撤走，在旁遮普设立了总督，留下了一支军队。约在公元前317年，旃陀罗笈多举兵进攻摩揭陀，消灭了难陀王朝，合并邻近几个国家，建立了孔雀王朝。又说：公元前321年，旃陀罗笈多在考底利耶的协助下攻克了摩揭陀的都城华氏城，自立为摩揭陀国王。之后，组织一支庞大的军队，进攻亚历山大大帝在印度河流域的营地，攻占了旁遮普。接着又攻打其他国家，领土日益扩大。据说，他出身于一个世代饲养孔雀的家族，所以将王朝取名为孔雀王朝。不管怎样，有关旃陀罗笈多的传说比较多，但这并不能否定他是一位真实的历史人物，是孔雀王朝的创立者。

[29] 诃梨旃陀罗：即孔雀王朝的开创者旃陀罗笈多王的异称。

[30] 多哈：藏文do-ha的音译，藏文“多哈”是梵文的音译，指“歌”“歌词”“道歌”“情歌”。古印度传达教理的一种方法，藏传佛教噶举派始祖玛尔巴从印度求学回来后，经常以唱歌（多哈）向弟子传达佛法，其弟子米拉日巴继承了这种做法，每到弟子问法时，以吟唱道歌传授。

[31] 避谷成就：相当于中国道家的金丹术，古印度婆罗门教一种健身疗病的方法，即凭借花草、药石延年益寿之术，是用某种特殊的草药和密咒仪轨制成的药丸，服之可长生不老。传说龙树修得此法。

[32] 《中观理聚六论》：大乘佛教中观学派的创始人龙树的六部著作，指《中观论》《七十空性论》《六十正理论》《回诤论》《广破论》和《宝行王正论》。《中观论》，简称《中论》，是龙树一切论著的根本，

全文五百颂，二十七品，讲缘起、实相中道法，提出了八不缘起。在印度有青目、无畏、德慧、安慧、佛护、清辨、月称、天奋、德吉祥等人的注疏。《七十空性论》用七十颂解释《中论》第七生住灭品，说空性的道理，有法尊法师的汉译本。《六十正理论》，全文六十颂，解释缘起空性。《回诤论》重点回答正理派和说一切有部的提问，以阐明空性理。《广破论》，亦译《精研论》《细磨研论》，针对正理学派的理论展开辩破，没有汉文译本。《宝行王正论》，亦称《宝鬘论》，讲述作为国王应该如何行使。

[33] 三十二相：亦称“三十二大士夫相”“三十二大丈夫相”等，指佛不同于凡俗的三十二种显著特征。竺法护译《宝女所问经》卷第四《三十二相品》第九说：“如来由是逮得三十有二大人之相遍布于体。今粗举要：如来之相，足安平立大人之相者，乃往古世坚固劝助而不退转，未曾覆蔽他人功故。如来手足而有法轮大人相者，乃往古世兴设若干种种施故。如来至真指纤长好大人相者，乃往古世则说经义救护众生令无患故。如来手足生网幔理大人相者，乃往古世未曾破坏他人眷属故。如来手足柔软微妙大人相者，乃往古世而以惠施若干种衣细软服故。如来而有七合充满大人相者，乃往古世广设众施供诸乏故。如来之膝平正无节、肠如鹿大人相者，乃往古世奉受经典不违失故。如来之身其阴马藏大人相者，乃往古世谨慎己身远欲法故。如来之身颊车充满犹如师子大人相者，乃往古世广修净业修行备故。如来至真常于胸前自然“卍”字大人相者，乃往古世蠲除秽浊不善行故。如来肢体具足成就大人相者，乃往古世施以无畏安慰人故。如来手臂长出于膝大人相者，乃往古世人有所作佐助劝故。如来身净而无瑕玼大人相者，乃往古世奉行十善无厌足故。如来脑户充满弘备大人相者，乃往古世其有病者，苦干种药瞻视疗故。如来师子步大人相者，乃往古世植众德本具足备故。如来四十齿白大人相者，乃往古世志性等仁于众生故。如来牙齿无有间疏大人相者，

乃往古世设人诤斗令合和故。如来颔牙大人相者，乃往古世则以微妙可意之物而兴施故。如来清白美好发眉大人相者，乃往古世善自护己身口心故。如来广长舌大人相者，乃往古世所言至诚护口之过故。如来矗矗大人相者，以无量福供养究竟，心行仁和与众生愿使得覆盖。如来梵声哀鸾之音大人相者，乃往古世言语柔和，与众人言护口节辞，无央数人闻其所语无不悦故。如来瞳子绀青色大人相者，乃往古世常以慈目察众人故。如来之眼如月初生大人相者，乃往古世无粗暴志心性和顺故。如来眉间白毫大人相者，乃往古世咨嗟歌诵闲居之德众人行故。如来顶上肉髻自然大人相者，乃往古世敬奉贤圣礼尊长故。如来肌体柔软妙好大人相者，乃往古世心念念集法品藏故。如来身形紫磨金色大人相者，乃往古世多施衣服卧具床故。如来之体一一毛生大人相者，乃往古世离于集会众闹之故。如来之毛上向右旋大人相者，乃往古世尊敬于师受善友教稽首从故。如来头发绀青色大人相者，乃往古世愍伤群黎,不以刀杖而加害故。如来之身平正方圆无有阿曲大人相者，乃往古世己身众生，劝化安之令定意故。如来之脊如大钩锁普有威曜巍巍之德大人相者，乃往古世为诸正觉，兴立形像缮修坏寺。其离散者劝使和合，施无畏惧；其诤讼者化令相顺故，女欲知之。吾往世时，行于无量不可计会众德之本。如来宿世奉行如斯，乃能致此三十有二大人之相。”这是说三十二相的来源。藏传佛教指：千辐轮、足善住、手足缦网、手足细软、七处充满、指纤长、跟圆长、身广洪直、足踝端厚、身毛上靡、紧泥耶腨、立手摩膝、势峰藏密、身金色、皮肤细滑、身毛右旋、眉间白毫、狮子上身、肩头圆满、肩膊圆满、得最上味、身分圆满、乌瑟腻沙、广长舌、得梵音声、狮子颌轮、牙齿鲜白、牙齿平整、牙齿齐密、四十齿、目绀青、牛王睫。又说是：顶上肉髻相、眉间白毫相、睫如牛王相、目色绀青相、两颊隆满相、常得上味相、舌广而长相、声如梵王相、四十牙齿相、牙齿紧密相、牙齿齐白相、上身如狮相、身形端直相、身广长等相、身色金黄相、身放光明相、一孔一毛相、身毛上靡相、两肩圆满相、两腋充满相、七处隆满相、皮肤润泽相、手指细长相、手足柔软相、指间缦网相、垂手过膝相、象马阴藏相、腨如鹿王相、足趺高满相、足跟广平相、足下平满相、足下轮形相。经典的排序各不相同。

[34] 摩诃波罗王：意为“大护王”，古印度摩揭陀国王，摩醯波罗王之子，在位41年，其间大施供养欧达丹普梨寺僧人。据多罗那他《印度佛教史》记载：“供给五百比丘和五十位说法者的生活，并建立该寺的下院郃鲁婆娑寺，在那里也供给五百仙陀婆声闻的生活。在毗讫罗摩尸罗，一仍旧贯，作为应受供养者的中心。在吉祥那烂陀也设置几处法产。在苏摩补梨、那烂陀、三辛等寺也设置很多法产。”

[35] 卓译师：即卓·喜饶扎，译言“慧称”，藏传佛教后弘期初期著名的佛经翻译家，约生活于11世纪。他从小出家为僧，在后藏地区拜师学法，用功非常勤奋。后来，外出求学，先后在迦湿弥罗、尼泊尔、印度拜多位高僧大德为师，刻苦学习梵文，历经数载。回藏后从班智达达哇贡波（月怙主）专心学习时轮教法，并进行实修，成绩显著。他一生以翻译佛教经典为己任，收录在藏文《大藏经》的译经多达三十余部，其中收在《甘珠尔》的有《时轮根本摄续第五品》《善住摄略本续》《时轮根本续灌顶总论》；收在《丹珠尔》的有《金刚道场释》《密意语疏》《说灌顶经广疏》《本续王时轮灌顶品释》《时轮成就法十一支》《三瑜伽光明心要》《六支瑜伽优婆提舍》《辨四次第》《吉祥轮律仪勇者成就法》《金刚瑜伽母成就法》《吉祥大黑天成就法》《俱生成就》等，开创了时轮教法“卓系”。觉囊派所传的时轮教法是以“卓系”为主，强调实修的重要性。

[36] 难胜具种王：亦称“贵种白胜王”，香巴拉国二十五位具种王之第十一位。据传他806年继承王位，1026年卸位，在位时间221年，建立了“作用派”的历首。作用派，亦称“实用派”，古印度一个派别，

其创立的历法比较实用，故名。《时轮根本略续》吸收了作用派的算法。

[37]《三菩萨释》：指香巴拉三位国王所作的三部密教典籍。据时轮教法热系开创者热·曲饶译师说是金刚手菩萨所著的《胜乐根本续第一品释》、金刚藏菩萨的《金刚心要》和白莲花王的《时轮根本续无垢光疏》。藏文《大藏经》中收录了这三部著作，分别由娘·定埃增桑波和达哇贡波翻译。有时，三菩萨释亦指金刚手菩萨的化身月贤王的《时轮根本续广疏六万颂》、文殊菩萨的化身妙吉祥称的《吉祥时轮续后续心要》和观世音菩萨的化身白莲花王的《时轮根本续无垢光疏》。

[38]那烂陀寺：梵文 Nālandā 的音译，意为“施无厌寺”，古印度最大的佛教中心，位于现在比哈尔邦邦巴腊贡附近，又说在今拉查基尔(Rajgir)北方约 11 公里处之巴达加欧(Baragaon)。据载，始建于公元 5 世纪，由笈多王朝的帝日王为北印度的比丘曷罗舍槃舍建造的，后经历代国王的不断扩建，才具玄奘所见的规模。《大唐西域记》卷九“那烂陀僧伽蓝”条载:“从此北行三十余里至那烂陀（唐言施无厌）僧伽蓝，闻之耆旧曰：此伽蓝南庵没罗林中有池，其龙名那烂陀，傍建伽蓝，因取为称，从其实议。是如来在昔修菩萨行，为大国王建都此地，悲愍众生好乐周给。时美其德号施无厌，由是伽蓝因以为称。其地本庵没罗园，五百商人以十亿金钱买以施佛。佛于此处三月说法，诸商人等亦证圣果。佛涅槃后未久，此国先王铄迦罗阿逸多（唐言帝日）敬重一乘遵崇三宝，式占福地建此伽蓝，初兴功也穿伤龙身。时有善占尼干外道，见而记曰：斯胜地也，建立伽蓝当必昌盛，为五印度之轨则逾千载而弥隆。后进学人易以成业。然多欧血，伤龙故也。其子佛陀毱多王（唐言觉护）继体承统聿遵胜业，次此之南又建伽蓝。呾他揭多毱多王（唐言如来)。笃修前绪，次此之东又建伽蓝。婆罗阿迭多（唐言幼日）王之嗣位也，次此东北又建伽蓝。功成事毕，福会称庆，输诚幽显，延请凡圣。其会也，五印度僧，万里云集，众坐已定，二僧后至，引上第三重阁。或有问曰：

王将设会先请凡圣，大德何方最后而至？曰：我至那国也，和上婴疹饭已方行，受王远请故来赴会。问者惊骸，遽以白王。王心知圣也，躬往问焉，迟上重阁，莫知所去。王更深信，舍国出家，出家既已，位居僧末，心常怏怏，怀不自安。我昔为王，尊居最上，今者出家，卑在众末。寻往白僧，自述情事。于是众僧和合，令未受戒者以年齿为次，故此伽蓝独有斯制。其王之子代阇罗（唐言金刚）嗣位之后，信心贞固，复于此西建立伽蓝。其后中印度王于此北复建大伽蓝。于是周垣峻峙同为一门，既历代君王继世兴建，穷诸剞劂诚壮观也。帝曰：本大伽蓝者，今置佛像，众中日差四十僧，就此而食以报施主之恩。僧徒数千并俊才高学也，德重当时声驰异域者，数百余矣。戒行清白律仪淳粹，僧有严制众咸贞素，印度诸国皆仰则焉。”义净的《大唐西域求法高僧传》等都有记载。全寺分八大院，最盛时住寺僧人有一万多人，修学大乘中观、唯识二学及小乘十八部、吠陀、因明、声明、医方、术数、天文历法等，尤重唯识学，培养一大批学有成就的大德高僧。公元8世纪，随着笈多王朝的没落和印度教的勃兴，再加上波罗王朝前后在东印度修建了几座寺院，重视传讲密法，因此那烂陀寺开始衰微。直到1193年突厥人巴克赫提亚尔·卡尔积带兵侵占那烂陀寺，寺院和图书馆遭受严重破坏，大批僧侣逃往别处避难，从此那烂陀寺渐渐变成废墟。

[39] 风息瑜伽：是藏文rlung-gi-rnal-vbyor的意译，又称“持风瑜伽”“持气瑜伽”，简称“气瑜伽”，觉囊派的核心法六支瑜伽（或六加行法）之一。它是以修行用来调整呼吸、通过呼吸控制神经系统和生命能量的一种方法。具体的修行方法是：保持命气入脐、心、喉、额、海底轮、水、火、风曼荼罗，明点住命气（心轮），不外放。依止行风，念气入中脉形成宝瓶气后，在心轮、喉轮、眉间轮和顶轮也形成宝瓶气，气系中脉明点，修行令其坚固。为了进一步发挥效力，诵长“humv”字，猛力引下泄气向上，诵短“hum”吸气。方法有两种，一种是身体端坐，

两手置于大腿内侧提足胫骨；另一种是用外持气方法，诵长“humv”引气，在两下门（肛门、阴部）流动，猛力扬举。然后，用同样方法引气至两胭（膝部的后面），在“humv”字上截断，用手力向上提二胫，于两胫产生中气力，多次松紧束缚下门，上气在口、鼻之间轮流，经喉轮推向脐轮，发出噎气。或者脚尖立地，两臂如翅展，两手向前后张开，这种方法叫做三和气法。间或，左右上下气和合，叫“运气”；左右上下气融入中脉，叫“持风”。

[40] 达哇贡波：藏文全称“喀钦·达哇贡波”，意思是迦湿弥罗人月怙主，梵文名“苏罗耶迦都”(Somanatha)，译言“月怙主”。公元11世纪后期至12世纪初期，印度著名的佛学大师，迦湿弥罗人，婆罗门种姓，时轮教法的重要传承人。早年跟随父亲学习婆罗门教，后受母亲影响改修佛法。据《青史》等藏文史籍说：十二岁那年，其母把他送到迦湿弥罗班智达婆罗门足处学佛。当时，大时轮足的一位弟子名叫戒生慧给婆罗门足送来了《灌顶略说》和《灌顶作法》的释论，婆罗门足把书交给月怙主，由于月怙主天生聪明，又有极强的理解能力，所以在很短的时间内掌握了两论的全部意思。也说：他早年专心修般若学和因明学，记忆力超群。后来结识了戒生慧，接受灌顶，始修密法。为了得到真传，从北印度来到中印度，从小时轮足学习时轮教法，修炼六支瑜伽，成就显著。曾三次来到西藏传法，同卓·喜饶扎等人合译了不少经典。著作有《时轮无尽明灯教授释论》和《根本智论》等。

[41] 持命瑜伽：亦作“命气瑜伽”，简称“命气”，六支瑜伽之一。修行方法十分复杂，通过修炼出现五相：身相、气相、心相、见相、梦相，最后通达空性与心性，体悟“脉”的本性是光明，“气”的本性是空。

[42] 期克印：佛教修炼密法时的一种手印。从藏文字面意思解释是降魔印，或止恶印，一般中指和无名指弯曲，拇指按压弯曲的二指上，其余二指伸直。

[43]《地部五论》：亦称《五部地论》或《十七地论》，是《瑜伽师地论》的别名，瑜伽行派的根本经典。关于作者，藏传佛教和汉传佛教有不同的说法，前者认为由无著所作，而汉传佛教则说弥勒口述，由无著记录。汉文本由玄奘法师翻译，内容主要讲瑜伽师修行所经历的境界——十七地。全书分五部分，第一部分“本地分”(卷一至卷五十)，解释十七地瑜伽禅观境界境、行、果三相；第二部分“摄抉择分”(卷五十一至八十)，解释十七地的要义；第三部分“摄释分”(卷八十一至八十二)，解释有关十七地经典的仪则；第四部分“摄异门分”(卷八十三至八十四)，解释相关经典，特别是《阿含经》的名义与差别；第五部分“摄事分”(卷八十五至一百卷)，论述三藏的要义。十七地，指五识身相应地、意地、有寻有伺地、无寻唯伺地、无寻无伺地、三摩呬多地、非三摩呬多地、有心地、无心地、闻所成地、思所成地、修所成地、声闻地、独觉地、菩萨地、有余依地、无余依地，涉及境、行、果三方面的内容。藏文本由智军等人合译，共一百三十卷。

[44] 伍由：又作“乌郁”“吴宇”“务庸”“乌宗”“乌尤”等，地方名称，即今西藏自治区日喀则市南木林县邬郁河流域的“邬郁”。最早见于《敦煌吐蕃历史文书》,“虎年”条说：大臣钦陵于乌郁查订清查后备军之名册。吐蕃时期，莲花生大师曾在这里活动，留下了许多佛教胜迹。后来，设乌郁林喀宗（简称“乌郁宗”)，《西藏图考》有“乌雨灵喀城”之记载。

[45] 十相：佛教名词，指瑜伽士修行过程中出现的十种相状。第一，持地气，火烟在眼前飘动；第二，持火气，出现光如萤火虫相；第三，持水气，出现光如阳焰相；第四，持风气，出现如火燃相；第五，持空气，出现如彩虹相；第六，见依心之如来身；第七，见六种住处；第八，彩虹绕身相；第九，出现一排排天眼相；第十，能知他心，能忆昔地。

[46] 六支瑜伽法：又称“六加行法”，源于古印度婆罗门教的《慈

爱奥义书》，指调息、制惑、禅那、静虑、思择、三摩地。佛教吸收婆罗门教的瑜伽方法后进行了改造，密教经典都做了解释。《时轮根本续》在其他经典的基础上又做了进一步的发挥，时轮教法的传承人阇楼波专作《六支瑜伽论》。觉囊派把六支瑜伽作为主修密法。第一，收摄，即把分散的眼、耳、鼻、舌、身五识及其认识的对象色、声、香、味、触五境摄集在一起，以超越普通人的认识，达到一个很高的境界。在修行过程中，出现烟相、阳相、荧光相、灯相、炽燃相、月相、日相、罗睺星相、局部相、全局相等十相，它们是情器世间的法体，也是脉界的主体。第二，禅定，是一种特殊的思维活动，即集中精神观想对象，以达到开发智慧的目的。一般分分别、慧辨、欢喜、快乐、专一等五部分进行修炼，通过专修，观自性法身，以智慧消除一切烦恼戏论。第三，行风，又称“运气”“命勤”。《胜乐根本续》说：行风瑜伽者，截断左右气道，使命气进入中脉，直至饱满形成宝瓶气，实在不能守时放出。第四，持风，又叫“风息”“持气”，见前注“风息瑜伽”条。第五，随念，亦称“作念”，通过修炼证悟空乐一体。第六，三摩地，即“等持”或“等引”。通过修炼所得的智慧证悟知与所知一体，一切现象空性。多罗那他提出了心住、遍明、灯燃、电光、宝光等五种三摩地。《时轮后续心要》总结说：“瑜伽师以收摄见三时诸法至天空中央，以禅定心专注于此，舍弃诸外相。以修行风断命气日月之行，而行于黑暗，控制气息出入，又以持气支持明点。随念修所现之影像如水中月，于空中发巨光，三摩地修炼明点，金刚至顶门间，充满清净乐。”

第二章 觉囊派在西藏的形成过程

第一节　觉囊派在上部卫藏地区的形成

一、觉囊派修行胜地

在雪域西藏的中心地带，千山环绕的中央，极其神圣的持地山（sa-vdzin-dbang-po，须弥山别名）[1]仿佛密林王吉祥山（nags-rgyal-dpal-gyi-ri，南印度一山名）。在如拉克茹（ru-lag）[2]和叶茹（gyas-ru）[3]的交界处，觉囊（jo-nang）[4]这个地方从外面看去仿佛胜地灵鹫山，从里看像普陀洛伽（布达拉），秘密如同北方乐土香巴拉，空性若吉祥迦札迦法界语自在的坛城，胜义如智慧佛坐在狮子宝座上，在"厄旺"(E-wam，智慧空与方便大乐)[5]双运自性犹如百万修行地中间的妙高山(lhun-po)[6]一样高大，声名如日月般响亮，如此美丽的地方尽人皆知，是个绝妙的修行圣地。这里具有自性功德，是天神、仙人、持明们（rig-vdzin）的依止处，汇集了山王须弥山的威德，根基坚固，形象优美，有药域、森林严饰，如意之果挂满枝梢，馥郁香气飘满各方，彩云飘浮，细雨绵绵，流水潺潺，到处是飞禽走兽，把此地装扮得十分美丽。修行之处寺院林立，外形如五股金刚杵(rdo-rje-rtse-lnga)[7]，内若转轮王[8]座，两侧陈设的国政七宝（rgyal-srid-sna-bdun)[9]和吉祥八徽（bkra-shis-rtags-rdzas)[10]形状各异，光彩熠熠，美丽无比，希奇圆满。这里的大护法女神是从很早以前亲睹佛祖尊容立誓保护修持、护爱佛法的具有法力的天女那曼杰莫（nags-sman-rgyal-mo)[11]，她与十万天女共同戏乐，统治着天龙八部（lha-srin-sde-bgyad)，以大神通保护修行处，永远不会散失舍离。莲花生大师曾到过胜地吉祥觉囊，其后努钦·南喀宁波（snubs-chen-nam-mkhav-snying-po)[12]、昂木哲·鲁易坚赞(ngam-vbre-kluvi-rgyal-mtshan)[13]、那囊巴·楚臣迥乃（sna-nam-pa-tshul-khrims-vbyung-gnas)[14]等人也来这里修行。卓弥译师（vbrog-mi-lo-tsav-ba)[15]的弟子大瑜伽母贡却（dkon-mchog）曾长住此地，修行成就了虹身（vjav-lus)。八十年后，玛久桑结日麻（ma-cig-sangs-rgyas-ri-ma）来到这里长期修行，护持噶当与大圆满修行院。之后不久成就师达尔强仁青桑波（vdar-phyar-rin-chen-bzang-po）莅临此地，开始修行时看见巨大的岩洞下面有十五尊无我佛母和胜乐本尊，岩洞上面莲花生大师现身，被委任为莲花灌顶法主。他修得无碍法力，创立了以修集密五次第法为主的新旧密法的修行院。这位成就师虽然未能闻听人间其他上师的教授，但当他阅读《三菩萨释》(sems-vgrel-skor-gsum）时，深领其义，究竟了六支瑜伽（sbyor-ba-yan-lag-drug）的修炼。像这个由许多殊胜大德加持过的地方，虽然在以前未出现我们本派的教法传承师，但是总的来说，它是胜过西藏许多修行处的一个无与伦比的胜地。

二、如何执持宗规

在觉囊，以前的修行院传承不断的某个时期，具种王的化身克增桑波（mkhas-btsun-bzang-po）到过此地，接着来这里的有究竟证相的大成就师尚贡邦·突结尊追（zhang-kun-spangs-thugs-rje-btsun-vgrus，1243年—1313年），别名叫贡邦钦波·贡德桑波（接前面传承）。

第十五代法王贡邦钦波·突结尊追（悲精进），藏历水兔年（1243年）出生在多格当哇恰尔（mdog-gi-dang-ba-phyar）地方，他曾到过萨迦、达尔（mdar）等卫藏地区的多所寺院，对显密教法了解较深，胜过曲米巴·僧格贝（chu-mig-pa-seng-gi-dpal）等一大批知识渊博的学者。在达尔和顿姆日（don-mo-ri）修行传教，担任坚萨·喜饶欧色创建的江都尔寺的教法师，学到了遍知却古哇（kun-mkhyen-chos-sku-ba）所有的一切教诫。尤其在已经掌握的热译师（raw-lugs）所传的时轮教法的基础上，从遍知却古哇（却古俄色）闻习卓译师（喜饶扎慧称）所传的时轮灌顶、注释续及六支瑜伽教授，修得广大智慧。

总之，贡邦钦波闻习了六支瑜伽方面十七种不同的教授口诀，亲证受用。通过修炼六支瑜伽中的“运气”，使五大气有力，心中验证涌现，每只手有十个人难以抵挡的气力。每当这时，凡在卧室的人有的发冷颤抖，有的人发热不止，站立不稳，卧室晃晃荡荡，可他过门穿墙自如。有一次生命受到危害，遍知却古哇以神通知道后，前来消除了违碍，使他继续修炼，究竟证悟，看见了十一面观世音菩萨等无数本尊现身。后来他结束学习和讲经，放弃一切，前往山中静修，长期向拉萨大昭寺的释迦牟尼佛像[16]和十一面观世音菩萨像[17]祈祷，得到了观世音菩萨亲自讲解百教授记。居住赛卡尔琼（se-mkhar-chung，后藏一地名）期间，心中想起自己是成就师赛顿普明（se-ston-kun-rig）的转世，老施主们认识他。在他开始撰写《续部心要》(rgyud-kyi-snying-po）之初，出现善相；准备撰写《时轮根本摄略续释心要》时不断祈祷，同时亲见历代具种法王（香巴拉国的历代国王），并给他授教，出现善相三次。当时，十二永宁地母（brtan-ma-bcu-gnyis）[18]中的主母那曼且莫（nags-sman-rgyal-mo，林药佛母）再三请求他去觉囊，他回答说:“去觉囊的时机尚未成熟，这次不去，三年后一定去。”其间，他去拉萨（lha-sa）[19]、叶尔巴（yer-pa）[20]等前藏地区传法利众，汇集以前的内外因缘。三年后，他应杰（spyi）、扎（brag）、纳（nags）三寺堪布和僧徒们的共同请求，前往殊胜之地觉囊。据说，当时常住这里修行的高僧有三十人。贡邦钦波·突结尊追来到觉囊后的第一年住在桑宗（seng-rdzong），之后应曲布人（vkhyog-po）之请前去讲经，在曲布空行具乐寝殿自始至终证得善相，并且完成了《时轮根本摄略续释心要》，用文字记录了当时传讲的六支瑜伽耳传口诀，亲见时轮本尊，得到授记，这是西藏最早的《六支瑜伽广本讲义》(sbyor-drug-khrid-yig-rgyas-pa)。

从此，他莅临吉普德丹（skyid-phug-bde-ldan）[21],亲见瑜伽自在布拉哇巴[22]现身，着手编写道果法方面的《梵母新序文书》(vkhrugs-sdeb-yig-cha)。他从修习新旧密乘法门弘扬佛法，从其他地方和宗派中召集六百名大修行者在身边，教他们修炼，全部得到了良好的证悟，领悟了密乘他空大中观空乐双运自性的殊胜方便法六支瑜伽。他多次讲解《时轮根本续广释》，每年讲授两次《时轮根本摄略续释心要》。晚年，主持吉普德丹寺（skyid-phug-bde-ldan）二十一年，讲授了义修行传承教法，从此我们的教法传承称为“吉祥觉囊派（dpal-jo-nang-pa）”。他委任绛赛钦波·嘉哇益希为法座继承人，他说：“这里已经没有应教化之人，要去别土。”临死前几个月，由于绛赛钦波嘉哇益希患病，他再次主持法务。他临去世时，由于各位弟子祈祷，又生活了半月。他于七十一岁的阴水牛年（元皇庆二年，1313 年）仲春二十五日凌晨无疾而终，善逝兜率天宫(dgav-ldan)。这时候正值萨迦五祖（sa-skyavi-gong-ma-rnam-lnga）[23]中的法王八思巴晚年或稍后。

第十六代法王贡邦巴的继承者绛赛·嘉哇益希(byang-sems-rgyal-ba-ye-shes，佛智)，藏历火蛇年（南宋宝祐五年，1257 年）生于多康地区，小时候作过噶玛拔希（karma-pa-shi）[24]的徒子，由于噶玛拔希脾气粗暴，嘉哇益希非常害怕,(噶玛拔希看到这种情况后）说：“不要那样。”因此而消除了对噶玛拔希的害怕心理，依止习经多年，学到了噶玛拔希所有的一切教诫，进行实践体验，效果不明显。上师噶玛拔希说：“（你）可以去不同的地方（ri-khrod，山间修行处）修行，不要拘泥于某一派，一定会遇见一位好上师。”遵从师傅的教导，他来到夏尔哇·绛央钦波活佛（shar-pa-vjam-dbyangs-chen-po）跟前闻习许多显密教法。一次，见到曲杰贡邦·突结尊追，敬仰之心油然而生，跟随修炼六支瑜伽法，证悟圆满。贡邦钦波把自己宝瓶中所有的知识全部传授给了绛赛嘉哇益希，当他提出要返回山间修行地时，绛央钦波（突结尊追）不同意，因此留下来创建了德庆寺（bde-chen-dgon），在修行六支瑜伽的同时讲授佛法，意住大慈悲自性中，所以得名为“绛赛钦波”（大菩萨）。后来，他奉突结尊追之命，出任觉囊寺住持，在两所寺院（觉囊寺和德庆寺）护持发展修行事业，练就了一顶礼便能知见本性法身的特殊技能。他主持法王贡邦钦波的寺院（觉囊寺）八年后传位给克增·云丹嘉措，藏历铁猴年（元延祐七年，1320 年）仲春十日上午在普摩曲宗禅院（phug-mo-chos-rdzong）圆寂，享年六十四岁。

第十七代法王克增·云丹嘉措（mkhas-btsun-yon-tan-rgya-mtsho，功德海），他是绛赛钦波的朋友、弟子和法位继承人，藏历铁猴年（南宋景定元年，1260 年）出生在多格卡尔娘（mdog-gi-mkhar-snying）地方的一个旧密咒师家中，曾在多座寺院求学，其中在达尔寺学经时间最长。后来，从学于多名密教上师，尤其从夏尔哇·绛央钦波习经，成为绛央钦波心传大弟子和支法上师。他为了求学，曾奉绛央大师的指示准备去汉地，但是因念起与曲杰贡邦巴师徒建立的师生关系，放弃东行而来到觉囊寺跟随贡邦钦波·突结尊追闻习甚深道教授，在二十一天时间当中，彻底圆满证得夜脉瑜伽（mtshan-movi-rnal-vbyor）十相（rtags-bcu）。在修炼白昼瑜伽（nyin-movi-rnal-vbyor）之时，获得身体跃动的体验，一次能跳跃一射箭长的距离及抛出石子的距离，并且不受山谷河流阻挡跳跃到觉囊寺，这些都是在修炼七天期间发生的。当他清醒以后已经成为一个大平等性者（mnyam–nyid–chen–po），神通无碍。凡是教法没有他未闻听过或不知道的，他是圆满究竟的大德身，其戒律的芳香到处飘散。他起初按照《续部》所说的依止上师的方法依止贡邦法王，以后绛赛钦波继承贡邦钦波的法座，他又像依止贡邦钦波·突结尊追那样依止绛赛钦波。绛赛钦波去世后，他主持觉囊寺，护持修法传承（道统）之教。七年后，他任命贡钦钦波笃补巴为觉囊寺住持。卸任后约两年，即阴火兔年（元泰定四年，1327年）仲秋五日逝往净土，终年六十八岁。

三、笃补巴及其弟子

第十八代法王贡钦笃补巴·喜饶坚赞（dol–po–pa–shes–rab–rgyal–mtshan，慧幢），他通达融合显密两种教法的究竟真实大中观的本性般若乘位，掌握了如来藏与密乘殊胜位本初佛[25]等所讲的甚深了义密意，即一界正智圣者如是现证的方便因果各乘大库，在西藏以从不依赖其他的无垢经教之道发展不退了义轮妙语，并广为弘传，使西藏成为第二个密教净土香巴拉。这位善施空前新善相功德的作者、完成第二佛的宏化与事业的大法王，开启了自在大法王了义中观之轨。这位具种王的化身遍知法王觉囊巴，他的名字叫笃补巴·喜饶坚赞贝桑布（1292年—1361年），我们的福德所获得的上师缘份，是稀有之地。《大法鼓经》（rnga–mo–chevi–mdo）等授记说："离车族（li–tsa–biv）[26]童子（亦称离遮毗族童子）世界见喜，未来之时将于迦尤日山（ka–yo–ri）成为持吾名之比丘。"《尊胜佛母续》（gtsug–tor–rnam–par–rgyal–pavi–rgyud）说："如来涅槃后，一千五百年，如我比丘生，持教赭面国（gdong–dmar）[27]。流水绿树地，迦尤日山城，父名智自在（ye–shes–dbang–phyug），母叫楚臣坚（tshul–khrims–rgyan，戒严），子具佛名号，树我教法幢，持幡吹法螺。"这样在几部经续中多次预言的贡钦笃补巴以佛陀历辈做法出世，善护徒众。从胜义谛上说，这是他在无边无际的虚空之中，从很早以前已经证得无上菩提，又于此土以殊胜方便的奇异转生来利益众生。

（一）笃补巴的本生

拥有遍观十力的语露，
犹如胜义无畏的狮声，
赠以大菩萨见喜名字，
持有佛子禀性而殊胜。

此偈是说笃补巴原是离遮毗族童子世见喜。

殊胜大密乘的坛轮，
有白莲幻变的乐舞，
种姓离漏转趋双运，
布施大乐开转法轮。

此偈是说笃补巴以前的第一次化身是白莲尊者（pad-ma-dkar-po，白玛噶波）。

须弥山上得妙智，
是佛密意深库主，
龙树藏世教庄严，
贤哲宝鬘极美丽。

此偈是说笃补巴以前的第二次化身是龙树藏（klu-sgrub，龙树宁波）。

吸吮帝释甘露香气飘，

殊胜菩萨禁戒彼处持，
妙法增胜般若最上库，
凡彼大乘种姓欢喜祥。

此偈是说笃补巴以前的第三次化身是法胜（chos-vphags，却帕）。

雪域宝地诸疆域，
正法统治护大地，
拉萨松赞以善业，
重建大地皆圆满。

此偈是说笃补巴以前的第四次化身是吐蕃赞普松赞干布。

拂洲铜色须弥山，
密咒禁戒欢喜宴，
调伏罗刹护趣界，
持明师尊莲花生。

此偈是说笃补巴以前的第五次化身是莲花生大师（白玛迥乃）。

所做希有诸神变，
遍观化机诸界根，
四身自在自性中，
早已证悟之佛陀。

此偈是说笃补巴在先世已经成佛，为教化众生而降世。

（二）笃补巴的事迹

如是以偈略述上师本生，现在概要叙述贡钦觉囊巴于此浊时作为三界（khams-gsum）[28]法王示现的事迹。其中又分为：初期自利、中期利教益民、末期事业圆满。

1. 先述初期自利之情形

笃补巴·喜饶坚赞，藏历阳水龙年（元至元二十九年，1292 年）生于阿里笃补班仓（dol-po-pan-tshang）[29]地方的迦尤日镇（ka-yo-rivi-grong-khyer），父亲名叫益希旺秋，母亲名叫拉姆楚臣坚（lha-mo-tshul-khrims-rgyan），降生的情形如同第二佛子顿珠（don-grub）[30]一样希奇。他家世代信奉旧密法，幼年在本地依止喇嘛杰当巴（skyi-stengs-pa）等多位上师闻听宁玛派教法和《中观理聚六论》等，通晓工艺学。十一岁时，从堪布楚臣宁波（tshul-khrims-snying-po）等人受沙弥戒，取名为“喜饶坚赞”，学习藏文拼读及经典注释等。十四五岁，经师要求他在寺院做杂事。次年，在洛吾堆（glo-bo-stod）遇见了前去雅孜（ya-rtse，又译“亚泽”）[31]的杰顿·嘉央扎巴大师，从其闻习三鬘方面的实践口诀及教法。杰顿·嘉央扎巴返回途中，他又去拜谒，随其学习密法及因明论著《集量论》(tshad-bsdus)[32]。二十一岁时，他孤身离家来到喇嘛杰顿巴处学习《现观庄严论》《量决定论》《俱舍论》《入行论》，以及多种密法，为期一年半，掌握了《四部大论》(gzhung-bzhi）及其注释本的全部内容。为准备讲经，他前往达那（rta-nag）[33],随从阿阇黎仁钦益希（rin-chen-ye-shes）修炼石子避谷术（rdevuvi-bcud-len）三个月，同时闻听了一遍慈氏法讲解。之后主持讲经三个月。他在很短时间内闻习了广、中、略三种《般若经》，全部牢记心中。在巡回卫藏多所寺院辩经时，他以其智慧技能、学识仪态和所掌握的《十万般若颂》等多部经典的知识词语，引经据典，舌战群雄，因此被僧徒赞誉为“遍知者”，得名为“贡钦”(kun-mkhyen，“遍知者”)。

总之，笃补巴·喜饶坚赞前后师从三十多位大师闻习显密教法，其中的大部分时间师事杰顿·嘉央扎巴，认真学习显密乘大小经典和七十余种灌顶教诫。时轮教法方面，他最初也是从这位大师学习的，精通时轮灌顶传承、口诀等。在讲授教法几年后，他请求曲龙（chos-lung）僧团的堪钦索南扎授近圆戒，全面闻习《戒律本经》及其注释，精通经义，成为一名身大德（sku-btsun-pa）。

三十岁时，他来到觉囊寺办事，敬仰觉囊派的修行方法。此后，他到拉萨大昭寺和楚布寺，与噶玛·让雄多杰（chos-rje-rang-byung-ba）[34]多次讨论佛法，让雄多杰在经典的讲论方面不如上师笃补巴，但是具有很高的实践能力和预知神通，他为笃补巴预言说："你很快就会在见地、修行、说法诸方面比现在更加殊胜。"

三十一岁（1322 年），他再次来到觉囊寺，从克增·云丹嘉措闻习许多灌顶法及教诫，专修六支瑜伽。除了特定的求教时间外，他不与任何人见面，住在喀觉德丹寺（mkhav-spyod-bde-ldan）苦心修炼，修通六支瑜伽中的收摄、禅定二支法。上师抓紧时间讲授，他请求上师解除迷惑，加强修持，按续部经所说出现了通达命脉运气的征象。此后，他前去拉萨祈愿，住在叶尔巴的一座楼房中静修了一段时间。然后返回后藏的杰普（skyid-phug）为上师贡邦曲扎贝又讲授一遍《时轮根本续广释》，根据克尊钦波云丹嘉措的指示，为五十名善知识讲解《时轮根本续广释》一回。

2. 中期利益教法及众生的情形

此后，笃补巴遵照上师（云丹嘉措）的严切指示，出任觉囊寺住持，这年他三十五岁（1326 年）。克增钦波·云丹嘉措非常高兴，在将近两年的时间里不分昼夜地给他传授灌顶，讲解教理、注释续等他所掌握的一切教法。一般来说，贡钦笃补巴从杰顿·嘉央扎巴和克增钦波·云丹嘉措闻习了无数难以记名的教法，认真全面地阅读了一遍能够见到的翻译成藏文的所有经典论著，毫无混淆地掌握了各种经义。他住喀觉德丹寺期间，心中生起了他空的殊胜见修，数年间未向其他人说过。以前，曲杰贡邦钦波·突结尊追预言：“此处将会出现弟子超过师傅，徒孙超过弟子，徒孙的弟子超过徒孙的情景。此人将在现在的桑丹贡玛（bzang-ldan-gong-ma）地方讲经，将来在中部兴建佛塔。”根据这种预言，贡钦笃补巴到觉囊寺数年后，奠基开始建造十万佛塔（sku-vbum-chen-mo），登上桑丹贡玛的法座，根据自己的理解和讲授技巧向十余名善知识讲授十部心经的注释，整理了许多零星的他空见佛语。经书及法语遍布各方，由于普通学者很难理解，纷纷前来请教和辩论。他耐心讲解，使每个人的疑团犹如雪落大海即刻溶化，前来见他的人都对教派理论获得真实理解，都产生了敬仰之心。对于从远处捎来口信和写来驳辩书者，他给予符合佛教理论的答复，使他们获得定解。后来，教派中的争论平息，他应四方善知识的敦请，撰写《山法了义海论》(ri-chos-nges-don-rgya-mtsho)[35]等介绍教派理论方面的著作共十六部，解释《时轮根本续》章节方面的文章十八篇,《般若经注疏》、祈愿文二十五篇，大慈悲法方面的文章二十三篇，赞颂方面的文章十四篇，介绍十万大佛塔的文章五篇，金刚鬘灌顶方面的文章三篇，书牍八篇，祈愿文三篇，吉祥颂方面的四篇等，前后写作的书籍很多。由于他通达如来一切教法和了义大中观显密教理，用无垢清净经教科判，使因果乘一切法门鲜明。修建十万大佛塔之际，昆虫非常多，他通过诵咒做佛事，弹指间昆虫全部消失。当时，天空布满了彩虹，无水的地方流出了绵绵溪水，仅用一天时间就装置了无量宫与伞盖殿的屋顶。每当出现暴风骤雨时，他都念诵咒语，使暴雨立刻停止。大家多次看见他同时在法座前说法，又在工匠处安排工作，在卧室内静修，身体能同时出现在三个地方。甚至有几次看见他身体同时出现在八个地方，人和非人敬献修建十万佛大塔[36]的顺缘，认真做工，以稀奇神通毫无困难地圆满完成了内外工程，出现了无数妙好善相的吉兆，以盛大的开光喜筵庆祝建成了福德的圣土。他先后在人无法到达的觉囊、普摩曲宗和吉尔哇普的岩面上修建了多尊佛塔，其中的几尊现在还能看到。

当初笃补巴大师来到觉囊寺时，从觉囊沟口仰望天空看见时轮圆满坛场，此后无数次看见本尊神，这些于此不做详细说明。他和圣观世音菩萨谈话犹如与常人拉家常一样，像仆人一样役使宝帐怙主（gur-mgon）、多闻子（rnam-sras）等众多本尊；每次向本尊敬礼发愿，都有佛部文殊、金刚部金刚手、莲花部观世音菩萨，以及圣度佛母、药师佛、弥勒佛轮流出现，也无数次看见了空行海、幻网经、大小律仪、金刚亥母、金刚界等的坛城[37]。当他发无量光佛刹土誓愿时，亲见无量光佛刹土。在卧室德哇坚举行莲花生大师初十供（gu-ruvi-tshes-bcu-mchod-pa）法会时，亲睹阿阇黎莲花生与空行众前来祝赞吉祥；在修建佛塔之时，看见了他火化的人前往极乐世界的情景。居住彭松（spun-gsum）期间，为本尊神布伽玛（lha-jo-bo-bhugma）开光时，从西方的虹光中出现八瑞形象，非常明亮，各种颜色的鲜花直接降落。半夜时分就连十万大佛塔内渗进一滴水那样细小的事情他都能立即知道，还能准确地预知皇帝福田施主权势变化、局势动荡等。他早就料到蒙古使者要来迎请，当使者到达西藏时，他却隐居在娘若（nyang-ro）、哇尔普（bar-phug）、纳都玛（na-du-ma）等僻静地方达四年之久，后来听到皇帝降下圣旨，准许他可以不去朝廷，他才高兴地从隐居处回到觉囊寺。

他任觉囊寺住持十七年，其间大部分时间住在寺院里，讲授经典，指导修炼密法；修建了十万大佛塔，讲经说法，布施僧众，礼佛供神。为集中在寺院里的许多学者传授灌顶、讲授显密教法。在招收僧人方面，他主持举办的修行法会，参加的人数最少时也有上千人，参加一般法会的人数少则两千人，多则无法计算。只要是请求他讲授密法，听讲者没有一个人不能掌握善行的要点。当发生灾荒时，他授给弟子多种苦行，师徒不更食，把食具全部布施给受难者。

后来，他的心传弟子鲁布译师（klubs-lo-tsa-ba）和上师乔勒南杰（phyogs-las-rnam-rgyal）住持觉囊寺期间，大师外出到过许多静修地。他经常静修发愿，讲授甚深道密法，广做利益众生之事。

这样，笃补巴大师中期说法、建塔、修缮各地寺庙的事迹非常多。他曾在昂仁（ngam-rings）[38]建立寺院，设立讲经院（vchad-nyan-graw-tshang）。在患病的十二天当中看见了佛土和难以计数的本尊神。仁顶（rin-sding）铁桥有一个恶魔，主人向他请求说："若因忌讳不愿将魔烧死，就请把它带走。"发出拘禁牌后，笃补巴大师在铁桥的这一边发出命令，对岸的铁链自动断裂，此岸的桥石迸裂。这样的奇异现象非常多。当前藏军队开到后藏[39]时，数日内他只讲修心法，当他念诵一些忍耐的咒语时，约有一百名士兵进寺，向他身上射箭、抛石头，用各种武器砍刺，但他安然无恙，稳固而坐，使那些士兵心生敬仰，忏悔赎罪。又有一次，他在萨迦寺庭院内传授灌顶，外面响起智慧降临的乐声，使在寺院里进行忏悔的人们也能感觉到智慧降临。他每传授一次灌顶，都有智慧降临。夏·扎巴僧格（sha-grags-seng，噶玛噶举红帽系第一世活佛[40]）等大德一致认为他是（香巴拉）具种王的化身。琛·洛桑扎巴（vchims-blo-bzang-grags-pa）多次亲眼看见他是圣者观世音菩萨的真身，侍从南喀绛曲（rnam-mkhav-byang-chub）目睹他是文殊菩萨的化现，佛金刚藏和心地纯洁的男女修行者们见他身上有佛陀那样的相好等奇异之相，不可思议。事实上，因为笃补巴大师是观世音菩萨的化现，有与具种王白莲花法王（rings-ldan-pad-ma-dkar-po）[41]一样的本性，所以有具种王化身的美称。由于他显现为时轮教法之主，因此与他同时代的大多数善知识几乎全都听他讲过时轮的多种教法。据说，从他听完灌顶教诫、口诀的有几千人，得到灌顶和全部教授的有上万人，闻听殊胜上部灌顶法和汇集各种教授而生起体验者不可计数。

总之，笃补巴大师从一切教门弘扬佛法，尤其在他的指导下，藏地的一切山洼都有金刚瑜伽行者在修行，在所有的讲经寺院回响着从《心经》(snying-povi-mdo）和《宝性论》(rgyud-bla-ma）开始讲的不退还法轮的教语如来藏（bde-gshegs-snying-po）狮子声，根据《大法鼓经》授记，在八十余年中教法如是常住。之后，由于有许多追求高明见解而又贪恋不了义世俗法性的人出现，他的教法不如以前有名，但是直到劫末(dus-kyi-tha-ma)，修行金刚瑜伽、如来藏佛性的传统仍然保持不断。在大师的中期弘法过程中出现如此多的奇事，都是大师的恩惠。

当初，笃补巴大师在萨迦寺专心闻习佛法时，多次讲授《四大柱》(ka-chen-bzhi)[42]和《中观理聚六论》(tig-tshogs-drug)、《入中论》(dbu-ma-vjug-pa)、《慈氏五论》的后四论（byams-chos-phyi-ma-bzhi)。除这些之外，他前后又讲了十部不同的经典。后来他静心修行，再也没有修建讲经院，而是多次为集中在那里的许多求学者讲授《慈氏五论》《中观理聚六论》《般若经》《般若心经》《三菩萨释》《灌顶概论》《呼金刚续那饶广释》等，每次对《中观论》《入行论》《集学论》《呼金刚三续》《空行海续》《金刚鬘续》《集密五次第明灯》《红黑大威德根本续》等都要讲授两遍。他根据每个人的愿望，多次讲授坛城仪轨，传授《金刚鬘》《胜乐根本续》《喜金刚续》《集密根本续》《阎摩德迦续》《金刚界续》《马头明王续》《金刚橛》等新旧密法灌顶，还多次讲解陀罗尼的内涵和意义。常讲的主要经典有《般若波罗密多经》《现观庄严论》《究竟一乘宝性论》《时轮根本续灌顶品》《三菩萨释》等，认为一切乘的了义都是从这些经典提出的。但是，他有时专心于修炼密法，说法之时不假思索地引经据典，除了来讲经院和安排其他事务，他大部分时间是入修甚深瑜伽法。随从们对他说："以上师您这样的智慧，如果有堪钦布顿大师（bu-ston-pa）的证观精进和专心讲说听闻，一定会像佛陀再世一样。"他回答说："一般来说，学习这些经论，并非仅为了理解，而是从多资粮门积累资粮并通过修行而加深了解。现在摄集精要之时，只有专心修行才有大功德。”

笃补巴大师晚年，经过西部的曲隆（chos-lung）、伍由（vu-yug）、尼木（snye-mo）、南木堆龙（gnam-stod-lung）等地，莅临拉萨居住了十一个月。前藏的各大上师、善知识、地方官员、普通信徒等纷纷前来拜见，所到之处认真讲授甚深道金刚瑜伽法，为众士夫发菩提心，讲解六字真言。在拉萨期间，每当有鬼魔作害时，他发给令纸即可帮助人们免遭其害，据说每天来向他请求令纸的人很多，最多时一天有上百人。传授甚深道教授七次，每次参加听讲者有一百、二百、五十人不等。最后一次被称为大教授（vkhrid-mo-che），听讲者有大德一千八百余人。他指导无数僧人修行甚深道密法，就连乞丐也深受感动，对佛法生起信仰。他在大道、街市、僻静处等不同地方为数千人传授最上秘密灌顶，不要说是人，就连路旁的狗等生灵也表现出智慧降临的多种仪态。另外他还讲授了一遍《时轮根本续释》《现观庄严论》，两遍《灌顶概论》《呼金刚续那饶广释》，三遍《中观理聚六论》，十遍《般若波罗蜜多心经》，无数次《山法了义海论》等。从尼木到拉萨途中，他传授六支瑜伽的运气法（srog-rtsol），使二百多人修行得到证悟。他从拉萨动身返回觉囊寺时，前来礼拜的人马成群结队，站满了江塘山坡(skyang-thang-sgang)。途经拉萨河下游、羊卓（yar-vbrog）[43]和年楚河上游（nyang-stod）等地时，为当地寺院僧人和信众宣讲密法，并且预言：“在香布孜阿（sham-po-rtse-lnga）会出现许多证得如来藏佛性者。”

关于贡钦笃补巴与第二佛布顿大师的讨论，据说布顿大师[44]不能与他辩论。有这样一个故事，以前布顿大师想去觉囊寺参观十万大佛塔，晚上梦见走到觉囊沟口时，听到贡钦笃补巴口念“帕”(phags）字，这时他从梦中惊醒，所以未能看到大佛塔。贡钦笃补巴无论到什么地方，前来请求发菩提心和求教六字真言的人非常多，他为不少人授予沙弥、沙弥尼、出家、近圆等戒。大约从去世前五年开始就停止了大小便，早上猛厉火暖乐涌起，没有昼夜、时段差别，不吃东西也不饿，吃了也能消化。因此，他有时许多天不吃饭，也不感觉到饥饿，但身上仍然有力量。有时一天不吃饭，即使多吃了也没有不消化的现象。像他这样精通佛法的尊者和普通人绝对不同，具有密法教主金刚手菩萨的特性。

3. 后期事业圆满的情形

贡钦笃补巴返回觉囊寺后将近两年时，登上了大法会的首座，他对僧众说："《山法了义海论》是你们的法缘。"身上光彩明亮，天空响声不断，花雨飘落，虹光遍布。笃补巴大师说："西藏夏热冬寒，我不习惯，今年要去找一个温暖的地方。"近侍欧珠贝（dngos-grub-dpal）请问道："去何热土？"大师回答说："去极乐世界（bde-ba-can）。"[45]弟子们以为是去卧室德哇坚（意为"极乐世界"）。大师对侍从说："去把各位老僧大德叫来秘议。"各位老僧大德齐聚大师座前听受教诲。大师语气沉重地说：

白发铁钩置于我头上，
皱纹之绳紧束我身体，
七马之主（rta-bdun-rgyal-po）[46]已达西山口，
今年我要从此地出发。
此地如猴如鱼如孔雀，
如猴之时你等大弟子，
如我正行见修及行果，
但愿多出持教比丘僧，
广布佛陀一切妙法宴。

他做了如此不可思议的预言后，在藏历铁牛年（元至正二十一年，1361年）孟冬上弦初六日初更时色身摄于法界，终年七十岁。当时，大地摇动，虹光闪耀，花雨飘落，奇相显现，众僧连续七天诵经为他祈祷。这期间，从哇尔普（bar-phug）到绛（vjad）地方之间的雅鲁藏布江水双倍增长。密教经典中说：

诸佛的眉间白毫，
如鱼享受月甘露，
秘密隙尘天尽日，
凡此如同顶髻宝。

正如这种说法，诵经祈祷结束时，菩提心从头顶涌出。在饮一杯茶的时间内，雅鲁藏布江水在觉囊河沟口倒流，刹那间河床显露，人们能从上面来往通行。火化大师的遗体时，烟全部化成了虹光，陶土色的光明遍布，天空发出了许多器乐声，香气飘荡。火化后的脊梁骨呈现时轮手印，额骨呈现大密马头明王像，右肩上出现不动金刚佛像，后颈窝上凸起佛颅，手指骨化成观世音菩萨像和大空五字等多尊语塔，还有右旋白海螺等意塔、舍利资粮等。如此奇异现象多不可言。

（三）笃补巴的弟子

觉囊派大师贡钦笃补巴有十三位如同佛和菩萨化现的嫡传弟子，加上十三位弟子的一位门徒共十四人，对他们的事迹下面略作介绍。

1. 虚空藏菩萨（nam-mkhav-snying-po）[47]的化身贡邦曲扎贝（kun-spangs-chos-grags-dpal，法称祥），藏历阴水羊年（元至元二十年，1283年）生于热隆（raw-lung）[48]，降生时出现了许多奇兆。五岁时，开始学习知识。七岁进入佛门，钻研《律经》《俱舍论》《量决定论》及声明学，获得了智者（mkhas-pa）的地位。二十一岁时，巡回前后藏地区各大寺院辩经，并从多位学者闻习佛法。二十三岁，莅临觉囊寺从云丹嘉措受近圆戒。二十五岁，拜见了贡钦笃补巴，从其学习教法，在顿巴·益希班觉（ston-pa-ye-dpal）献给他的却藏寺（chu-bzang-dgon-pa）[49]设立讲经院讲经。他曾作为笃补巴的代表去内地传教。有《佛法基道果论》《续部分别论》以及历算方面的著作多部。他精通翻译，曾翻译了《文殊宝室利欲见》等经典。水兔年（元至正二十三年，1363 年）被罪恶的绛巴僧底（byang-pa-sing-dhi）所害，临终时出现许多奇相，享年八十一岁。

2. 除盖障菩萨（sgrib-sel）[50]的化身译师洛追贝（blo-gros-dpal,慧祥），藏历阴土猪年（元大德三年，1299 年）生于多麦（mdo-smad）地区，一直到五岁都未吸吮过母乳，自晓嘛呢和诵经。十五岁以后，已经学通《现观庄严论》《释量论》《俱舍论》《律经》等论著，获得美名，开始巡回前后藏地区各大寺院辩经。二十五岁时，他在扎仁木（brag-ram）跟随邦译师（dpang-lo）[51] 学习声明学，当他听到邦译师说贡钦笃补巴的名字后，仰慕之情油然而生，不久便来到觉囊寺谒见笃补巴，请教所有翻译成藏文的佛经注疏。四十一岁时，被委任为觉囊寺住持，事业宏伟。他的著作较多，内容涉及经典注释、义理介绍、密法、历算等诸多方面。水蛇年（元至正十三年，1353 年）即藏历十二月初八日圆寂，终年五十五岁。

3. 弥勒菩萨（byams-pa）[52]的化身萨桑玛底班钦(sa-bzang-ma-ti-pan-chen)，藏历阳木马年（元至元三十一年，1294 年）生于阿里地区，出生后不久即行走三步，口诵弥勒菩萨化身利益众生之偈。从四岁开始念读《慈氏五论》；从十五岁起，刻苦攻读佛典，获得了大学者的称号，继续从师闻习灌顶、经教、口诀。二十五岁，莅临夏鲁寺（zhaw-lu），从堪钦受近圆戒，在夏鲁寺夏季法会上听讲《空行海续》时，听其他学僧介绍贡钦钦波笃补巴的事迹，由于敬仰之心不由自主地来到觉囊寺师事贡钦笃补巴，学得其所有的知识，成为精通一切知识的上首弟子之一。另外，他还从贡邦曲扎贝（kun-spangs-chos-grags-dpal）和译师洛哲丹巴（lo-tsav-blo-btsan）学习其他多种教法，长期在达哇坚赞（zla-ba-rgyal-mtshan）所献的萨桑噶丹寺（sa-bzang-dgav-ldan-dgon）说法。在强林（byams-gling），应第巴多拉巴（sde-pa-dol-pa）的敦请，建立了觉囊吉祥标准塔。他的著作有佛经方面的注释、《声明论广释》《入行论释》《取舍明论》《算浅本论》等。火龙年（明洪武九年，1376年）娄宿月（藏历九月）十五日去世，终年八十三岁。

4. 普贤菩萨（kun-tu-bzang-po）[53]的化身止贡译师嘛呢迦室（ma-ni-ka-shri，国师），藏历阴土牛年（元至元二十六年，1289年）生于吉普（skyer-phu）。三岁时，用桑止达语（sam-skri-ta）[54]读诵《普贤行愿王经》。十五岁开始刻苦钻研《现观庄严论》《量决定论》《俱舍论》《律经》等四部大论和梵语，成为一名非常优秀的译师。他主持止贡寺[55]期间，制定了各种管理办法，实行严格管理。二十一岁，他谒见了前去聂塘[56](snying-thang）的贡钦笃补巴，闻习时轮灌顶法等无量甚深法，成为笃补巴的大弟子。他曾与二十五名博学者辩论获胜，以经教决定他空见。在居住觉囊寺的八年时间里主要讲授《时轮根本续释》。藏历水兔年（元至正二十三年，1363年）孟春（藏历五月）初十日在大鹏身禅院（mkhav-lding-phung-povi-ri-khrod）圆寂，享年七十五岁。

5. 金刚手菩萨（gsang-bdag）[57]化身尚顿嘉沃索南扎(zhang-ston-rgya-po-bsod-nams-grags，福称），藏历阳铁龙年（元至元六年，1340年）生于吉曲河[58]下游（skyid-shod）地区。从六岁开始入寺学习，十四岁时已经掌握了《现观庄严论》《量决定论》以及声明学，巡回拉堆（la-stod）、夏鲁等寺院辩经时，听上师让雄巴（rang-byung-ba，噶玛噶举派黑帽系第三世活佛）说到贡钦笃补巴的事迹，产生敬仰之心，于是来到贡钦笃补巴大师座前听讲热译师、卓译师所译传的时轮灌顶等无数甚深教法，证悟圆满。另外，请求讲授了《三菩萨释》。六十四岁时，他在拉旺哇

(lha-dbang-ba）所献的白地寺（dpal-steng-dgon）[59] 修建了佛殿和三所依[60]，主持寺院十五年，主要讲授《时轮根本续释》等，贤能弟子很多。著作有《时轮根本续释难》等。藏历土狗年（明永乐十六年，1418 年）孟夏（藏历四月）十八日去世，享年七十九岁。

6. 译师仁青桑波（rin-chen-bzang-po）[61]的化身塘波且·贡噶本（thang-po-che-kun-dgav-vbum，万喜），藏历阴铁羊年（元至顺二年，1331 年）生在朗堆（ging-stod）地方。十二岁时，已经掌握了《现观庄严论》《量决定论》《俱舍论》《律经》的内容，被称为“辩论王”（rtsod-rgyal）。之后，他闻习时轮灌顶教授及经论注解，被尊称为“合格的十部论师”（dkav-bcu-tshad-ldan，意为“十难论师”，一种学位）。当时，他阅读了《佛法总释祈祷文》，感戴贡钦笃补巴大师，来到觉囊寺跟从笃补巴大师学习，全面掌握了甚深灌顶教授，并且听讲其他显密经论。四十八岁，他作为仁青桑波大师的法位继承人主持达纳寺（rta-nag）六年，讲授《时轮根本续释》等甚深法，弟子很多。五十七岁时，应邀来到雅隆（yar-lung），阿阇黎益希班觉（ye-dpal）把寺院托付给他，他负责修建了三所依（rten-gsum），开讲《时轮根本续释》。著作有《金刚鬘精要》等。藏历水马年（明建文四年，1402 年）五月初八日往逝法界，享年七十二岁。

7. 文殊菩萨（vjam-dpal）化身曼曲卡哇·洛追坚赞（sman-chu-kha-ba-blo-gros-rgyal-mtshan，慧幢），藏历阳土虎年（元至元四年，1338 年）出生在西藏拉萨河下游的堆隆地区。十三岁开始刻苦攻读共通学处（thun-mong-rig-gnas）和《四部律典》(vdul-lung-sde-bzhi)[62]。三十岁时，已完全掌握了《量决定论》的一切词义，被尊为“辩论王”。之后，他根据梦中金刚亥母[63]授记，在萨迦寺拜见了应邀前来讲经的贡钦笃补巴大师，闻习时轮灌顶、经教注释等。四十八岁时，从曲扎贝学习多种灌顶法，从译师洛追贝闻习《三菩萨释》等密法，请求曲杰乔勒南杰[64]讲授了时轮灌顶传承法和注释续，共同利益众生。在接受温·伦珠贝（dbon-lhun-dpal）所献的扎西曼曲禅院（bkra-shei-sman-chuvi-ri-khrod）之后，主持讲经，培养僧徒。他按照梦中的吉兆，请求萨桑玛底班钦讲授弥勒教法，指导没有佛教知识的人掌握教语、因明、密法，使他们从经教辩论中得胜。后来，他在曼曲寺修建了三所依，著有《喜金刚续第二品释》。藏历水蛇年（明永乐十一年，1413 年）某月初十日上午圆寂，终年七十六岁。

8. 无著论师化身曲杰仁钦楚臣（chos-rje-rin-tshul-ba，法王宝戒），藏历阴木鸡年（元至正五年，1345 年）生于恰藏（bya-rdzin，又译“恰章”）地方。从八岁开始进入佛门，依止多名大德精修显密经义，听闻许多灌顶、口诀，尤其根据上师让雄巴的授记，来到觉囊寺师事贡钦笃补巴，闻习显密教法，证悟殊胜。后来，他向贡邦曲扎贝、译师洛追贝和萨桑玛底班钦请求教法。五十八岁时，堪布诺桑（mkhan-po-nor-bzang）把堆隆南杰寺（stod-lung-rnam-rgyal-dgon）献给他，他接管后在寺院内修建了三所依，在贡塘寺（gong-thang）[65]讲授六支瑜伽法，以《现观庄严论》《量决定论》立宗答辩，驳倒了多位因明大师。后来，他再次来到南杰寺讲授《时轮根本续释》。著作有《入二资粮道广释》《入二资粮道略论》等。当内地（汉族地区）的使者来西藏迎请法王时，他在拉萨的释迦牟尼佛殿塑造了法王身像。藏历火猴年（明永乐十四年，1416 年）五月十六日伴着各种证相去世，终年七十二岁。

9. 阿扎雅提婆（Arya-de-wa）[66] 的化身噶绒哇·拉耶坚赞（gha-rung-ba-lhavi-rgayl-mtshan，天幢），藏历阴土羊年（元延祐六年，1319年）出生于德塘（sde-thang）地方。他从小就开始跟随多位大德刻苦钻研《现观庄严论》《量决定论》《俱舍论》《律经》等论著。二十岁时，已经掌握了四部大论的全部思想。后来，在贡塘与多位班智达辩经，驳倒对方。另外，从许多大成就者闻法，在听到贡钦笃补巴的名字后前去拜见皈依，请求传授了许多显密教法，净相倍增。从曲扎贝、译师洛追贝、曲杰乔勒南杰、涅温巴（nya-dbon-pa）等人听讲不少教法。阿阇黎曲扎贝（chos-grags-dpal）将噶绒寺（gha-rung）交给他管理，他主持寺院多年，大力发展讲经授教事业。绛曲桑波堪布将乃钦南喀佐寺（gnas-chen-nam-mkhav-mdzod-kyi-dgon）献给他，他在那里建塔造像，雕印经卷，讲授《时轮根本续释》等密典。藏历铁蛇年（明建文三年，1401年）六月初八日伴着一切证相圆寂，终年八十三岁。

10. 释迦友（shavkya-bshes-gnyen）[67]的化身曲杰平措贝（chos-rje-phun-tshogs-dpal，圆满吉祥），藏历木龙年（元大德八年，1304年）生在澎域（vphan-yul）[68]。从十六岁开始跟随多位学者学习《现观庄严论》《量决定论》《俱舍论》《律经》等论著，熟通各种经典。曾听上师让雄巴、多丹扎巴僧格（rtogs-ldan-grags-pa-seng-ge）闻习许多灌顶教授。当时阅读了《山法了义海论》后，非常仰慕贡钦笃补巴，急忙去那塘寺（snar-thang）[69]谒见了贡钦笃补巴，闻习时轮灌顶和六支瑜伽法，证悟殊胜，唱起忆念前世的道歌，并且在上师身前多次闻习《续释》等甚深教诫。他应邀去桑浦寺（gsang-phu-dgon）[70]时，笃补巴大师唱歌予以教诲。其间向布顿大师等著名学者请教过教法。此后，他在桑浦等寺院讲经说法；在拉萨的色拉、哲蚌等寺院与该寺僧人立宗辩经，受到了参加辩经僧人们的普遍称赞和尊敬。他在澎域创建了迦拉巴禅院（ka-la-pa-ri-khrod），组织人造像、立塔、写经，针对听众的不同情况，多次讲授佛法。著作有《摧破金刚陀罗尼》等。藏历火蛇年（明洪武十年，1377年）六月伴着诸相圆寂，终年七十四岁。

11. 大成就师域摩·弥觉多吉的化身塘顿穹哇·洛追贝（thang-ston-chung-ba-blo-gros-dpal，慧祥），藏历阴水牛年（元皇庆二年，1313年）生于前藏地区，降生时出现诸多本尊前来洗礼等奇兆，一生下即行走一步，口诵前生今世偈语。六岁出家，从师多位善知识，闻习《现观庄严论》《量决定论》《俱舍论》《律经》等四部大论和时轮灌顶传承、口诀，得到了“智者”称号。此后，跟随前去贡钦笃补巴处听法的上师顿月坚赞(don-yod-rgyal-mtshan）师徒来到觉囊寺，在贡钦笃补巴座前闻听时轮灌顶和六支瑜伽法等，证悟殊胜；从笃补巴那里辨认出了以前域摩·弥觉多吉用过的禅带，被确定为域摩哇的真正化身，请教了内外诸法。并且从曲扎贝、译师洛追贝、萨桑玛底班钦、乔勒南杰等人闻习佛法。在堆隆南杰寺（stod-lung-rnam-rgyal）作为前世的法位继承人主持寺院，认真讲授续部密法，事业宏伟。藏历铁羊年（明洪武二十四年，1391年）二月初八日逝世，奇相显现，终年七十九岁。

12. 第十九代法王、贡钦笃补巴的法位继承人、地藏菩萨（sa-snying)[71]的化身乔勒南杰（phyogs-las-rnam-rgyal，遍胜)，藏历阳火马年（元大德十年，1306年）生于西藏阿里地区，父亲是雅察王（ya-tsha-rgyal-po）的一位应供大喇嘛（bla-mchod-bla-chen）。早年隐居数年，专习佛法。后来去洛沃（glo-bo）[72]跟叔父学习密法，钻研《入中论》和《入菩萨行论》。据说，他幼年时在大型法会上讲经，使听讲者都感到惊奇。后来，他独自逃离家乡，经贡塘（gung-thang)、萨迦，最后来到扎仁木(brag-ram)，在一年的时间内学习《现观庄严论》《量决定论》《入中论》等，掌握了三部大论的全部内容。之后，他到贡塘寺居住两年，不断学法，掌握了一切经义。二十一岁，他巡回卫藏地区各大寺院参加辩经，由于博通一切经义，年岁较轻，思想敏锐，在思维辩经、讲说方面没有对手。因此，蔡巴长官噶德（vtshal-dpon-dgav-bde)[73]赠名“乔勒南杰”(意为“遍胜”)。他在蔡贡塘寺(vtshal-gung-thang-dgon）学习蔡巴噶举派教法后，返回到扎仁木，为了研习贡钦笃补巴的中观他空见，前往觉囊寺，谒见了正在转塔的笃补巴大师，两人在拉章（活佛居室）连续谈论佛法七天。他受益非浅，深受启发，对他空见思想有了更深的理解，认为中观他空思想是诸佛的密意、一切佛法的法性，更加明白破斥他空见的各种论点只不过是虚幻的图画，没有任何实际意义，对贡钦笃补巴产生了更加不可退转的信仰。当时，他从贡钦笃补巴闻习了各种教法，领会了《时轮根本续》深意。后来，再次来到觉囊寺，请笃补巴讲授时轮灌顶法，护持甚深道教授，证悟圆满，毫不困难地掌握了《续部广释》。

总之，他前后向贡钦笃补巴聆听灌顶法和其他许多显密教理，做了笃补巴多年的侍从僧。他听布顿大师讲解《般若经》《佛说名号经》。在秀浦寺（shug-phug）担任住持多年，又任昂仁寺僧官（ngam-ring-gi-chos-dpon），著述般若、因明。正当讲听事业兴旺之时，译师洛追贝去世，他受命担任堪布主持觉囊寺达六年之久。在住持昂仁寺和觉囊寺的同时，他还抽时间于赛卡尔琼（se-mkhar-chung）地方静修，数年后贡钦笃补巴去世。不久，他去蔡贡塘等寺院讲授时轮教法，晚年再次担任觉囊寺法座，有关他神通方面的事迹很多。当时传言他七十三岁时身体会有大违碍，因此弟子们请求做消减病厄的法事，乔勒南杰大师说：“可以的话，我能活到八十一岁。”七十九岁时，病情加重，他说：“今年我肯定不会死。”八十岁时他身体好转，可是他说：“现在我一定要走。”果然全都如他所说。乔勒南杰大师的著作有《般若经诠释》等。藏历火虎年（明洪武十九年，1386年）氐宿月（藏历四月）十一日太阳升起时逝往极乐净土，享年八十一岁。

13. 第二十代法王，文殊菩萨化身娘温·贡噶贝（nya-dbon-kun-dgav-dpal，庆喜祥），藏历阴木鸡年（元至元二十二年，1285年）娄宿月（藏历九月）初八日生于娘布（nyang-po）地方，是康区格西娘达玛仁钦（nyang-dar-ma-rin-chen）的侄子。他幼而聪颖，曾多次谒见贡钦笃补巴，聆听教法，熟记于心，是一位对上师十分爱戴的人。二十岁时，因手足患病无法行走，出现了毒龙危害的症状。贡钦笃补巴到萨迦寺时，他由朋友背着去请求加持，经过笃补巴大师的诵咒加持和医治，疾病逐渐痊愈。后来，他刻苦钻研，博通显密经义，成为一位大明自在者（rig-pavi-dang-phyug-chen-po）。他长期跟随乔勒南杰修行，获得体验，并闻习《时轮》等显密教法，圆满证悟。长期在萨迦寺讲经听法，晚年应六百名聪慧弟子请求创建了孜庆寺（rtse-chen-chos-sde）[74]，发展讲修事业，以金汁书写《时轮根本续释》，用金铜铸造了大小多尊笃补巴身像。著作有《释量论广释》《般若经广释》等多部。他的传法弟子很多，传承他宗（格鲁派）的大师洛桑扎巴（blo-bzang-grags-pa，宗喀巴）也是其弟子。藏历土羊年（明洪武十二年，1379年）箕宿月（藏历六月）初六日圆寂，奇兆多现，终年九十五岁。

以上为贡钦笃补巴的十三位嫡传弟子。

14. 贡钦笃补巴的再传弟子、上座巴估勒尊者（gnas-brtan-bha-ku-li）[75]的化身策门巴·索南桑布（mtshal-min-pa-bsod-nams-bzang-po，福贤），藏历阴铁蛇年（元至正元年，1341年）生于吉普（skyed-phu）地方。五岁出家，拜贡钦笃补巴为师，从十七岁至 三十九岁，作为笃补巴的近侍弟子闻习佛法，深领密意。贡钦笃补巴去世后，他转向乔勒南杰、萨桑玛底班钦、娘温·贡噶贝等人学习显密教理，在拉岗寺（lha-sgang）讲经十一年。在接受曲贝桑波（chos-dpal-bzang-po）所献的策清寺（mtshal-chen-dgon，历史不清）后，建立了前辈传法上师的讲规，开讲时轮教法。九十岁时，著《般若现观庄严论释》；九十二岁，讲授《时轮根本续广释》。水牛年（明宣德八年，1433年）一月十日圆寂，奇兆显现，享年九十三岁。弟子有嘉哇觉桑哇（rgyal-ba-jo-bzang-ba）等。

另外，还有贡钦笃补巴的嫡传弟子强巴卡吾切（byams-pa-kha-bo-che）或称弥纳·洛追扎巴（mi-nyag-blo-gros-grags-pa，慧称），他第一次到觉囊寺拜十万大佛塔时看见笃补巴大师坐在大光明中，于是生起不退还敬仰之心，敬献了一匹缎绸、二两黄金、一套袈裟，随学内外教法达六年之久。按照贡钦笃补巴教导，前往多康，在金刚六兄弟住地贡嘎山

(gangs-dkar)[76]脚下创建了弘扬了义教法的寺院，讲经说法。以上是贡钦笃补巴师徒的事迹传略。

注释:

[1] 持地山：佛教所说的“七金山”之一，位于须弥山与铁围山之间。七金山，指逾健达罗山、伊沙驮罗山、朅地洛迦山、苏达梨舍那山、頞湿缚羯拏山、毗那怛迦山、尼民达罗山，即双持山、持轴山、担木山、善见山、马耳山、障碍山（象鼻山）、持地山。双持山距离须弥山最近，持地山最远，从双持山到持地山，每一重金山高度逐次减半，分别是42 000由旬、21 000由旬、12 000由旬、6 000由旬、3 000由旬、1 200由旬、600由旬。阇那崛多翻译的《起世经》卷一《阎浮洲品第一》说：“须弥山下，其次有山，名佉提罗迦，高四万二千由旬，上广亦然，可喜端正，七宝合成，所谓金银琉璃颇梨赤真珠车磲马瑙等。诸比丘，其须弥山、佉提罗迦二山中间，广八万四千由旬，周匝无量，优婆罗、钵头摩、拘牟头奔荼利迦、搔揵地鸡遍覆诸水。诸比丘，次佉提罗迦外有山，名伊沙陀罗，高二万一千由旬，上广亦然，微妙可喜，乃至马瑙等，七宝所成。其佉提罗迦、伊沙陀罗二山中间。广四万二千由旬，周匝无量，优钵罗、钵头摩、拘牟头、奔荼利迦、搔揵地鸡，遍覆诸水。次伊沙陀罗外有山，名游揵陀罗，高一万二千由旬，上广亦然，可喜微妙，乃至马瑙等七宝所成。其伊沙陀罗、游揵陀罗二山中间，广二万一千由旬，周匝无量，优钵罗、钵头摩、拘牟陀、奔荼利迦、搔揵地鸡，遍覆诸水。次游揵陀罗外有山，名曰善见，高六千由旬，上广亦然，可喜微妙，乃至马瑙等七宝所成。其游揵陀罗，去于善见，二山中间，广一万二千由旬，周匝无量，优钵罗、钵头摩、拘拘牟奔荼利迦、搔揵地鸡、遍覆诸水。次善见外有山，名马半头，高三千由旬，上广亦然，可喜端正，乃至马瑙等七宝所成。”七金山的形状是方形，上面住着四大天王的眷属及夜叉

等，它与须弥山之间的内海充满功德水。

［2］如拉克茹：亦称“如拉茹”，藏文的音译，吐蕃时期所划分的五茹之一，相当于行政区划或军事区域。《五部遗教》《弟吴宗教源流》《贤者喜宴》等史书说：其地东至强木尼扎，南至泥婆罗之朗纳，西至拉金雅弥，北至切玛拉恩，以折地之吐尔巴纳为中心。关于其中心位置，学术界说法众多，一说在雅鲁藏布江之北的谢通门县；二说在今拉孜县；还有一种说法认为在今萨迦县，大致相当于今日喀则市雅鲁藏布江以南地区。据载，该茹分上下两部，共辖十个千户所。

［3］叶茹：意为“右翼”，五茹之一。其茹界东至扎之朗玛古浦，南至聂拉木雅波那，西至切麻拉古，北至麦底曲那，以香地之雄巴园为中心。香地，指今日喀则地区南木林县雄雄，管辖范围为雅鲁藏布江以北地区。分上下两部，管辖十个千户。

［4］觉囊：即“觉摩囊”的简称，地方名，位于日喀则地区拉孜县，即雅鲁藏布江之南的平措林，觉摩囊河水自北向南流入雅鲁藏布江。这里被看成是林地佛母居住的地方，13世纪萨迦寺学经的僧人贡邦·托杰尊追来到觉摩囊沟修建了一座寺院，以地名作为寺名，称“觉囊寺”，逐渐形成了觉囊派。

［5］厄旺：藏文 e-wam 的音译，密教用语。“厄”，代表元音，属于阴性，表示左脉（血脉）和智慧空。从佛教义理来说，它表示法性之心，是一切种相和最胜相的空性。“旺”，代表辅音，属于阳性，表示右脉（精脉）和方便大乐，认为心之法性有三大特点：无变异、自证、不变大乐，它就是佛性、真如、如来藏，也是本初佛。厄旺双运，表示空乐一体。

［6］妙高山：亦称“妙光山”，须弥山的别名，原为古印度神话中的山名，后来为佛教所采用，指世界中心。须弥山由金、银、水晶、玻璃四种材料构成，分别叫金城、银城、水晶城、玻璃城。须弥山下部在香水海中，水面以上分两段，下段有四层，第一层名坚手天，第二层名持

鬘天，第三层名恒憍天，第四层为四天王天，是四大天王及其属下居住的地方。上段即须弥山顶为忉利天（又说帝释天），此天与四天王天都是地居，忉利天以上为空居，依次为夜摩、兜率、化乐、他化自在等四天。六欲天之上的初禅天，与六欲天之下的五趣，为一“小世界”。《长阿含经·世记经》第一《阎浮提洲品》说：“须弥山王入海水中八万四千由旬，出海水上高八万四千由旬。下根连地，多固地分。其山直上，无有阿曲，生种种树，树出众香，香遍山林。多诸贤圣，大神妙天之所居止。其山下基纯有金沙，其山四面有四埵出，高七百由旬，杂色间厕，七宝所成。四埵斜低，曲临海上。须弥山王有七宝阶道，其下阶道广六十由旬。挟道两边有七重宝墙、七重栏楯、七重罗网、七重行树。”周围有七香海、七金山。第七金山持地山外有铁围山所围绕的咸海，咸海周围有四大部洲，即东胜身洲、南赡部洲、西牛货洲、北俱卢洲，其中的南赡部洲是人类居住的地方。

[7] 五股金刚杵：亦作“五智金刚杵”“五峰金刚杵”，简称“五股杵”。“五股”表示佛的五智：法界体性智、大圆镜智、平等性智、妙观察智、成所作智。也代表毗卢遮那佛、阿閦佛、宝生佛、无量光佛、不空成就佛。“金刚杵”，原为帝释的电光，后来演变为一种武器。密教中，它是一种象征，表示断除一切烦恼的智慧。《诸部要目》说：“金刚杵者，菩提心义，能断坏二边契中道。中有十六大菩萨位，亦表十波罗蜜，能摧十种烦恼，成十种真如，便证十地，证金刚三业，护金刚智，坐金刚座亦是一切智智。”金刚杵有一股、二股、三股、五股、九股之分，其中的五股金刚杵在密教里表示金刚界的五部，合两头共十股，表示十波罗蜜多。

[8] 转轮王：又作“转轮圣王”，梵文音译“斫迦罗伐剌底曷罗阇”，古印度神话中的圣王，佛教比喻转法轮。传说此王身具三十二相，即位时，由天感得轮宝，以转轮宝降伏四方。《阿毗达磨俱舍论》卷十二说：

"从此，洲人寿无量岁，乃至八万岁有转轮王生。减八万时，有情富乐寿量损减，众恶渐盛，非大人器故无轮王。此王由轮旋转应导威伏一切名转轮王。"他有金、银、铜、铁四王，金轮王有金属制轮宝，领四洲；银轮王有银制轮宝，领东、西、南三洲；铜轮王有铜制轮宝，领东、南二洲；铁轮王有铁制轮宝，领南阎浮提洲。转轮王有七宝：一者轮宝，二者象宝，三者马宝，四者珠宝，五者女宝，六者主藏臣宝，七者主兵臣宝。死后生为天。另外，转轮王有大富、端正姝好、无疾病、长寿等四德，拥有无数珍宝、田宅、奴婢、珠玉、象马、工巧众等，而且相貌端庄，百病不生，安稳长寿。

[9] 国政七宝：亦称"七政宝""轮王七宝"，指金轮宝、神珠宝、玉女宝、主藏臣宝、白象宝、绀马宝、将军宝。传说转轮王曾站在宫顶祷告，突然从东方天空降下金辐轮，威力无比，转轮王巡游天下，有金轮宝导引，可以日行上千由旬。神珠宝，为帝释天所赠，八角形，深蓝色，夜间发光，能照亮方圆八十由旬的地方，能生八功德水，能消除世间所有人的疾病，能实现轮王一切愿望。玉女宝，亦称"王妃宝"，为大臣所赠，身材窈窕，美丽如花，品行善良，无有贪心，身上散发檀香味，口喷青莲味，与民亲近，话语亲切。主藏臣宝，效忠轮王，辅弼左右；神通威力，能掌理地下无数伏藏珍宝，善加守护，供轮王一切所需，犹如多闻子，受用圆满，慈悲众生。白象宝，简称"象宝"，为帝释天所赠，身色纯白，犹如大龙；从北方乘空而来，供轮王骑乘。绀马宝，青色的上等宝马，毛色如孔雀颈部，性情温驯，速度迅捷，能日行赡部洲三周；无有疾病，嘶鸣声充满世界，知理听命，能胜敌方。将军宝，智勇超凡，威德勇猛，善于统兵，守护疆土。七政宝分别表示智慧法轮常转、解脱的坚定信心、欢喜心、三昧耶定、远离妄念、精进、持戒布施等。

[10] 吉祥八徽：即八瑞相，包括吉祥结、妙莲、宝伞、右旋海螺、金轮、胜利幢、宝瓶、金鱼。吉祥结，在古印度文化中与龙族有关，佛

教中表示宇宙的哲学原理和佛陀的智慧悲心。妙莲，莲花是清净的代表，象征出离心。宝伞，即华盖，它显示尊贵，表示佛陀教诲的威严。右旋海螺，曾是战场上的军号，佛教将它作为法螺。传说，释迦牟尼在鹿野苑初转法轮时，帝释天献给他一个右旋海螺，作为吉祥的象征，也表示佛陀宏亮的声音。右旋，与海波、阳光有关。金轮，表示佛法传播，象征佛法像轮子一样传播不停。胜利幢，原为古印度的一种军旗，佛教表示战胜一切邪恶，消除一切烦恼，修成正果。宝瓶，象征着吉祥、清净、财运；密教灌顶时使用的一种法器，内装的净水，代表甘露。金鱼，象征自在、解脱、慧眼。

［11］那曼杰莫：藏语的音译，意为“林药佛母”。觉囊派认为，那曼杰莫是永宁十二女神（十二丹玛女神）之中的主神多吉查姆杰(rdo-rje-drag-mo-rgyal)，又叫“多吉扎姆杰”(rdo-rje-grags-mo-rgyal)、“多吉扎嘉玛”（rdo-rje-grags-rgyal-ma）。“那”的藏文意思是“森林”，“曼”为“药”义，“杰莫”意为“佛母”，全意是住在森林中的佛母。《西藏的神灵和鬼怪》说：十二丹玛女神有四位“勉姆”（sman-mo，药女），“但只有一位女神名字上带有‘sman’字，即多吉勉几玛，而勉几玛也是多吉查姆杰的另一种称呼。”药母（勉母）“住在不同的虚空中，其中有一部分勉姆住在天空，其他一些住在平静的大湖中，绿色的草地上，茂密的森林中”。多吉查姆杰是诸女神的首领，说明守护觉摩囊地方的那曼杰莫女神就是她。

［12］努钦·南喀宁波：吐蕃时期的著名佛经翻译家，曾奉赤松德赞王之命，去印度求法，重点学习密法，翻译了多部经典。多罗那他的《后藏志》说：“赤松德赞王派遣努·南喀宁波、哲·嘉哇洛追、朗周·贡却窘乃等五比丘和土官共六人赴印度。他们在印度拜见了阿阇黎哈本迦罗，哈本迦罗建造半圆形的六十八尊坛城，给六个藏人灌顶，使他们目睹六十八尊胜乐金刚显现。……接着大师把一火一颅法门传给努·南喀宁

波，他在吐蕃宏传。”在其他史籍中未见此人，而大量记载努钦·桑杰益希，他也是赤松德赞时期的人，是否两人为同一个人？他翻译的经典较多，《土观宗派源流》说：在印度大德达摩格尔底的指导下，他和涅·杂涅那古木罗等人合作翻译了《普成王经》《密意集经》《幻变修部八教经》等。赤松德赞去世后，他和白若杂那、鲁耶旺波等人一起念诵《般若经》和《母子经》超度。

[13] 昂木哲·鲁易坚参：即觉热·鲁耶坚参，吐蕃王朝赤松德赞时的九大译师中三青年译师之一，与噶瓦·贝孜（吉祥积）、尚·益希德（智军）齐名。多罗那他说他出生在年楚河流域，即现在的西藏江孜县境内，曾随来吐蕃的无垢友等外僧学法，翻译了大量的显教经典。《后藏志》说：“在诺琼下方，由于雪域西藏的福德，出生了最杰出焦若·禄坚赞（即觉热·鲁耶坚参），他与噶、祥二师并称三译师，人们赞誉他们是世间之眼睛，太阳一般的君子。焦若·禄坚赞的寺庙有三处，即前藏焦若寺、香地焦若寺和年地焦若寺。在苍龙一般的年楚河之畔，后山宛若大鹏翅膀的山坡上，远眺地势低洼，走到跟前是高地，白螺般的中心地方是焦若·禄坚赞的降生地，也是其道场，以出生者之名命名其地，遂得名焦若寺，寺内供奉有神圣的康布天母。”他翻译的经典主要有《毗奈耶》《比丘僧别解脱戒经》《比丘尼别解脱戒经》《沙弥三百颂》《中论》《中论佛护释》《般若灯论释》等，几乎所有的戒律方面的经典都是他翻译的。另外，他还参与编纂《旁塘目录》和《青浦目录》，厘定所译经典。

[14] 那囊巴·楚臣迥乃：吐蕃时期的著名学者，翻译了多部显密经典。出生地与出生时间等不详。

[15] 卓弥译师：指卓弥·释迦益西（994—1078年），藏传佛教后弘期初期的翻译家，著名的佛学家，道果教法的传承人，被萨迦派尊为始祖。出生于西藏日喀则拉孜境内的芒喀地方，曾在章巴江（gram-pa-rgyang）寺从释迦雄努、塞·益希尊追、娘·多杰受戒出家。那时，西藏佛

教很不景气，占据后藏拉堆地区的吐蕃末代赞普朗达玛的后裔扎西则巴贝和他的三个儿子致函坚贡寺的堪布罗敦·多杰旺秋要求派弟子来建寺弘法，罗敦派去弟子释迦雄努和益希尊追。两人从章巴江寺三百僧人中挑选出卓弥、达洛·循努尊追、朗·益希循努三人经过一番培训，派去印度、尼泊尔求学。在印度，卓弥从超岩寺的六大守门师系统学习显密教法，历时八年。之后，从慧王明大师学修密法。由于当时带去的财物已经用尽，卓弥只好回藏筹钱。第二次去印度后，惟从慧王明学习包括道果教法在内的无上瑜伽部密法。1043年，在扎希德（吉祥军）的资助下，修建了芒喀娘古隆寺。从第二年开始连续五年在寺中从来自印度的密教大师坚耶陀罗听讲道果法。他翻译的经续较多，其中有《喜金刚根本续第二品》等。他的弟子昆·贡却杰波建立萨迦寺后，以《喜金刚根本续》为根本经典，开创了萨迦派的核心教法“道果教授”。一般藏传佛教把他和玛尔巴、桂·库巴拉则尊为后弘期初期的三大译师，玛尔巴和库巴拉则二人曾从他学过法。

[16] 大昭寺的释迦牟尼佛像：大昭寺是蒙语“伊克昭庙”的意译，藏语称“逻些楚囊祖拉康”（神变殿），简称“觉康”或“拉萨祖拉康”。始建于公元7世纪的松赞干布时期，规模不大，后经元、明、清历代不断扩建，成为现在的规模。相传原寺主供佛像是尼泊尔赤尊公主带进的释迦牟尼八岁等身佛像，芒松芒赞时谣传唐朝将进兵拉萨，吐蕃恐于唐人带走佛像，于是把文成公主带进的供在小昭寺的释迦牟尼十二岁等身像请至大昭寺，而把供在大昭寺的八岁等身佛像迎至小昭寺。据《王统世系明鉴》和《红史》等说：这尊被称为“觉阿”的佛像铸造于印度，前秦苻坚（昭帝王）时派吕光去印度请来。《嘛呢全集》中关于此像的来历有许多神奇的说法。原像为裸像，1409年宗喀巴大师为了举行祈愿大法会，在帕竹贵族的资助下，对大昭寺进行全面整修，给释迦牟尼佛像穿上五彩锦缎衣，披上彩色飘带，戴上五佛冠，面部涂上金汁，璎珞

饰身，使原来的法身像变成了报身像。坐像高1.5米，造型生动，神态安祥，左手捧钵，右手盖膝，面容慈善，默默含笑。

[17] 十一面观世音菩萨像：又称“天成五位一体像”，被尊为松赞干布的本尊像，供放在大昭寺的释尊殿（觉康）。关于此像的来历有许多生动而神奇的传说故事，说松赞干布受空中本尊神的授记，从眉间化现出一位比丘僧去南方寻找制造佛像的木料。比丘僧用神通来到僧伽罗洲，在大象卧睡的地方找到蛇心旃檀树，树内有天生观世音菩萨像一尊。于是，比丘僧把他带回吐蕃供在新建的大昭寺，松赞干布、文成公主、赤尊公主三人临死时灵识投入像内，五位融为一体，故名“天成五位一体像”。据史料记载，此像很可能造于吐蕃时期，后来经过整修。

[18] 十二永宁地母：亦称“十二丹玛”“永宁地母十二尊”，立誓永远护卫西藏的十二位地祇女神。一般有固定的排列顺序，每一个女神其完整的名字包括称号、居住地和神名三部分。常见的排列是：多吉贡查玛（rdo-rje-kun-grags-ma）、多吉雅玛窘（gyav-ma-skyong）、多吉贡桑玛（kun-bzang-ma）、多吉噶几佐（bgegs-kyi-gtso）、多吉坚久玛（spyan-gcig-ma）、多吉贝几玉（dpal-gyi-yum）、多吉鲁姆（klu-mo）、多吉扎姆嘉（drag-mo-rgayl）、多吉博康窘（bod-khams-skyong）、多吉曼久玛（sman-gcig-ma）、多吉雅玛斯（gayav-ma-bsil）、多吉玉仲玛（gyu-sgron-ma）,其中前四位是四魔女神，次四位是四夜叉女神，最后四位是四女医神,每一位都有自己的活动范围和管辖的区域，坐骑也不一样。藏传佛教各派所说的十二位女神名字、住所、坐骑等不完全相同。

[19] 拉萨：曾称“惹萨”“逻些”，是藏文ra-sa的音译，意为“山羊驮土的地方”。现在的“拉萨”是“lha-sa的音译，意思是神佛居住的地方。因为它以大昭寺而得名，所以此处的拉萨是指大昭寺。

[20] 叶尔巴：亦称“叶巴”“扎耶巴”“扎叶巴”“查叶巴”等，位于西藏达孜县邦堆乡叶巴村叶巴沟，距离拉萨市36公里。原是一个岩

洞，松赞干布的王妃芒氏赤嘉在洞周围建房。公元8世纪，莲花生在洞内修行，使叶尔巴和青浦、协扎成为吐蕃三大著名的修行处。这里发生过许多大的事件，也有不少高僧在这里修行过。整座寺院依山而建，主要建筑有据说是吐蕃时期建的祖拉康和14世纪克珠杰主持修建的桑阿林，周围分布着法王洞、祖师洞、月亮洞、拉隆洞等上百个修行洞。

[21] 吉普德丹：既是地名，也是寺院名称，觉囊派早期的一所寺院，位于觉囊寺附近。

[22] 布拉哇巴：亦作“毗哇巴”“毗缚巴”“毗瓦巴”，译言“法护”或“吉祥法护”，古印度佛教八十四位成就师之一。据藏文史籍说，生于佛灭后1020年，即波罗王朝的德瓦波罗王时期，东印度人。曾在那烂陀寺和东印度索须摩普梨寺学法，由于宰食那烂陀寺的鸽子，被逐出寺院。后又被请进寺院，担任上座师，一边传法讲经，一边修炼密法。他周游东印度、中印度和西印度，在胜乐、喜金刚、大威德等密法的修炼上很有成就。曾数度来藏，为卓弥译师传授道果法；为萨迦初祖贡噶娘波讲授七十二种密法和秘不可外传的十四种教授，被萨迦派尊为道果教授的祖师。关于他的传说故事非常多，《智者喜宴》《知识总汇》和《道果师承》等都有记载。

[23] 萨迦五祖：指藏传佛教萨迦派的五代祖师：贡噶娘波、索南则摩、扎巴坚参、贡噶坚参、八思巴洛追坚参，其中前三人被称为“白衣三祖”，后两人是“红衣二祖”。贡噶娘波（1092—1158年）是昆·贡却杰波之子，十二岁之前从父习法，1102年父亲去世，他先后从巴日译师、琼仁钦扎等人学习显密教法。1111年，接替巴日译师主持萨迦寺，整理出道果法《金刚句》等。索南则摩（1142—1182年）是贡噶娘布的次子，幼年跟随父亲学习道果法，1158年接任萨迦寺住持，次年将法位交给弟弟，其前去桑浦寺从恰巴·曲杰僧格学习因明学。著作有《入法门论》《续部总论》《金刚座六法》等。扎巴坚参（1147—1216年）是萨迦派第

三祖，贡噶娘波的第三子，从小苦修佛法，1159年接替兄长主持萨迦寺，扩建了寺院，为父建造了灵塔，使萨迦派得到了很大发展。第四祖贡噶坚参（1182—1251年）为著名的萨迦班智达，他是扎巴坚参的弟弟巴钦欧波之子，是萨迦五祖中第一个受戒出家者，在佛教理论和因明学方面有很深的造诣。1246年来到甘肃凉州会见阔端，洽商归顺蒙古汗国的条件，两次致书西藏僧俗上层，晓谕归顺条件。1251年病逝于凉州，肉身灵塔建造于身前驻锡的幻化寺。他留下了大量的著作，其中《正理宝藏论》《萨迦格言》《三律仪论》《智者入门》受到国内外学者的高度重视。八思巴（1235—1280年）是贡噶坚参的侄子，第二位出家为僧的祖师。曾随从伯父到凉州，1251年被忽必烈尊为上师。从此随侍忽必烈左右，协助元朝清查西藏户口，建立十三万户和地方行政机构；先后被封为“国师”“帝师”，领总制院事，管理全国佛教及藏族地区事务；创立了蒙古新字（八思巴文），以忽必烈的名义召开了“曲米法会”。著作主要有《彰所知论》《根本说一切有部出家授近圆羯磨仪轨》《根本说一切有部比丘习学略法》等。

[24] 噶玛拔希：本名却吉喇嘛（1204—1283年），噶玛噶举派黑帽系第二世活佛，今西藏昌都江达县人。曾出家于楚布寺，随从噶玛·都松钦巴的再传弟子本扎巴习法十年。之后，在康区摄徒五百多人传法，被尊称为“珠钦”（大成就师）。1253年，应忽必烈召请，在四川西部的绒域塞堆谒见忽必烈，忽必烈要求其留在身边，他不肯，遂北上甘肃、宁夏等地传法建寺。1256年，应蒙哥汗之召，前往和林，参加了佛道辩论会，受赐金边黑色国师帽及金印。传说，忽必烈登基后怨恨他不留在自己身边，将其扣押北京进行折磨，后来被释放回到楚布寺，雕造佛像、书写《甘珠尔》。临终时留下死后转世的遗言，噶玛·让雄多杰即是其化身，他被追认为第二世黑帽活佛。

[25] 本初佛：梵文音译“阿提佛”，一般指最初的、最根本的佛，

是一切法的本源，诸物的创始者。据经典记载，劫初本初佛以火焰形态出现。《佛光大辞典》解释:“本初佛（A^di-Buddha)，密教佛名，音译阿提佛陀。意译又作本初觉者、第一觉者、胜初佛。印度后期密教（金刚乘）以此佛为诸法的本源、万物的创造者。并谓五定佛，系由此佛所流出。但是，在金刚乘诸派中，有人以五定佛为本初佛之一。也有人以金刚萨埵，或普贤菩萨，或持金刚为本初佛。”藏传佛教各派对本初佛的理解不同，宁玛派和噶举派以普贤佛为本初佛，而觉囊派以时轮金刚为本初佛；金刚萨埵、普贤菩萨、持金刚（金刚持)、金刚手只是不同名称的本初佛。

［26］离车族：梵文的音译，又作遮毗族、离车毗、犁车毗、栗呫毗、栗呫婆、隶车、律车、利车、犁车、黎昌，意为“仙族王”“贵族公子”等，为古印度生活在毗舍离城的一个种族，因其祖先从一胞肉中生，故名。三藏法师僧伽跋陀罗译《善见律毗婆沙》卷十说：“往昔波罗奈国王王夫人怀妊。此夫人自知怀妊而白王言，王即供给侍养，皆使调适，期月已满即入产堂。若有福德之人，平旦时生。此夫人平旦时，生出肉一段，赤如木槿华。又余夫人生儿，色如金色。此夫人见傍夫人生儿端正微妙，而生羞耻心，而作是念：若王见诸夫人儿端正，而我生子唯一段肉，无有手足，王设见者必生恶贱。作是念，即取盛贮器中，打金作薄以朱砂书题是波罗奈国王夫人所生，盖覆器头以王印印之。以金薄书置器外，送放江中使人弃已。诸鬼神营护，使无风浪漂没。尔时有一道士，依止牧牛人住于江边。此道士往江边洗澡，遥见此器而念言，我当拾取。此器近已而取，又见金薄书字，复见有王印印之。便开器看，唯见有肉一段，而作是念：若是死肉久应烂臭，必有异相。即取将归住处，善举一处。过半月已而成二片。道士见如是瑞相，安置好处。自尔之后复经半月，二片各生五胞。又却后半月，一片成男一片成女。男色如黄金，女色如白银。道士见如是相已，心生爱重，如自子无异。以慈

心力故，两手拇指自然出乳，一指饮男一指饮女。乳入子腹，譬如清水入摩尼珠，内外明彻。道士号儿，名为离车子（汉言皮薄亦言同皮）。”藏文文献说是三释迦族（释迦钦波、释迦日扎巴、释迦里扎其）之一，释迦牟尼佛在世时建立过王朝，后来逐渐衰弱。

［27］赭面国：亦作“赤面国”，指赤面人居住的地方。《藏汉大辞典》解释：藏族肤色较深，故古代对此所居之地有此称呼。佛典《无垢天女请问经》有赭面国的预言。《东噶藏学大辞典》解释：《拔协》说赭面地方是指汉地；萨迦俄尔堪钦索南伦珠说《无垢天女请问经》所预言的赭面国是指藏地；博东·南喀桑波的《历算格言宝鬘》认为，赭面国是指边鄙之地。藏文史籍中经常出现赭面国，法成在《于阗教法史》中写道：“一切众僧至赤面国萨毗毗（tshal-byi）之境，时萨毗毗军当道节度多闻众僧从西来至，走白赤面王知。尔时彼王夫人（指金城公主）闻多众僧失土波进，白其王曰：‘我辨畜承及以资具，愿请众僧来至赤面国’，王亦许之，以辨畜承。便迎众僧，至赤面国……时赤面国置七所寺。”《汉藏史集》说：“释迦牟尼涅槃之后的两千年间，于阗国有佛法之影像及舍利，此后教法毁灭，于阗国和疏勒、安西三地被汉人、赭面、粟特、突厥、胡人等摧毁。其后，有一名菩萨转生为赭面国之王，在吐蕃地方兴起佛法，建立佛寺及佛塔，立两部僧伽。王臣逐渐奉行佛法，从其它地方迎请许多堪布和佛经。于阗国也被纳入吐蕃王国统治之下。这以后，在赭面吐蕃的七代国王之时，于阗的一位年青国王仇视佛教，驱逐于阗国的比丘，众比丘依次经察尔玛、蚌、墨格尔、工涅等寺院，逃向赭面国。众比丘由驮载物品牦牛领路，到达吐蕃的蔡吉地方。比丘中的长老向赭面国王报告，此赭面国有一菩萨化身之王妃，是汉地的一位公主，他任施主迎请于阗国的比丘到吐蕃。”从这些记载来看，赭面国是指藏族居住的地方。

［28］三界：佛教用语。指有情众生居住的三种境界：欲界、色界、

无色界。欲界是具有情欲、色欲、食欲、淫欲等各种欲念的有情众生所居住的地方，他们包括地狱、畜生、饿鬼、六欲天及人，一般指器世间。色界，位于欲界之上，居住生活于此界的众生虽然已经没有了食欲和淫欲，也没有男女之别。但是，由于其宫殿及有情仍然为色所属界，即离不开物质。这里的众生根据修习禅定之力而分为四层：初禅天、二禅天、三禅天、四禅天。其中初禅天中又有梵众天、梵辅天、大梵天；二禅天有无量光天、光音天、少光天；三禅天有少净天、无量净天、遍净天；四禅天有无云天、福生天、广果天、无烦天、无热天、善现天、善见天、色究竟天。用四种禅定来治惑，消除一切烦恼，产生一切功德。无色界，在色界之上，为无形色众生居住之地，此界众生已经超越物质世界的束缚，达到了一种自由的状态。根据修行程度分成四个差别：空无边处、识无边处、无所有处、非想非非想处。

[29] 笃补班仓：笃补是地名，位于现在阿里的普兰县；班仓，系家族名称。觉囊派法王笃补巴的出生地和家族。

[30] 顿珠：藏文“顿尤珠巴”（don-yod-grub-pa）的略称，意为“不空成就”。佛教里有两种意思，一是指五方佛中的北方不空成就佛，其手施无畏印，即左手抓着衣服两角，右手呈掌形并竖其五指，当肩向外，表示救度有情众生与成就佛法的功德。他成佛的智慧是成所作智。二是指释迦牟尼，因为其乳名叫“顿珠”。该书中即指后者，意思是笃补巴像第二佛陀一样。

[31] 雅孜：亦作“雅泽”“亚泽”，地名，原在西藏阿里普兰南部和尼泊尔西北部一代，现在属于尼泊尔管辖。公元12世纪，古格王纳嘎德之子绛秋德来到亚泽建立亚泽王朝，又称“亚泽作木郎王朝”。第十四代王之后，因为诸王子争权夺利，亚泽分裂为宗里、纳那、卡勒、甫叶、多让五个小邦国。1801年尼泊尔廓尔王顾卡让杂让那巴都攻打亚泽，亚泽寡不敌众，清朝驻藏大臣和琳拒绝出兵相助，于是亚泽灭亡了，廓尔

喀王贬亚泽国王为庶民，由王叔苏班色执掌国政。在宗教方面，历代亚泽王支持藏传佛教的止贡噶举派，扎巴德王将辖区内的列美迪寺、列美衮宗寺、蒙日垂、杜沃协多吉等寺庙和领地献给止贡寺，作为其属寺和供养地。

［32］《集量论》：因明学名著，印度新因明学创始人陈那著。唐义净的汉译本已佚，后来法尊法师根据藏文本译成汉文，藏文有两个译本。全文共四卷，分现量、为自比量、为他比量、观喻似喻、观离、观过类等六品，每一品的前半部分是陈那的主张，后半部分是破斥外道的观点；在总结各种量的基础上，提出了现量和比量，并且将二量与相分、见分、自证分等三分结合起来进行论述，发挥了世亲的认识论。后来的法称论师为其作注，提出了自己新的观点。

［33］达那：亦作“道那”“达那普”等，地名，在日喀则地区谢通门县。这里曾经有许多修行胜地，后弘期初期著名的佛经翻译家桂·库巴拉则就出生在达那普。

［34］噶玛·让雄多杰：又作“噶玛巴让迥多杰”“攘迥多吉”等，噶玛噶举派第一位实际转世活佛，第三世黑帽系活佛。他生于今西藏日喀则地区吉隆县的萨勒（原名岗玛）。1286年，年仅两岁的他被认定为噶玛拔希的转世灵童，1288年被迎至楚布寺坐床，从邬坚巴学习佛法。他对噶举派、宁玛派、觉囊派、希解派的教法都有研究，并且和笃补巴一起讨论他空思想，高度称赞笃补巴渊博的学识和修行成就。在康区类乌齐创建了噶玛拉顶寺，在前藏修建德钦顶寺。1331年，元文宗召其进京，但因故未能成行。第二年，文宗皇帝再次下诏催促，是年十月抵京，适逢文宗去世，继做宁宗皇帝的上师，传授灌顶。1334年，返回西藏，途中朝拜了五台山，调停了多康地区的纠纷。1336年，元顺帝召其进京，1338年抵京，受封为灌顶国师，次年卒于北京。著作有《甚深内义》《佛百行传》《法界赞疏》《历算论》等。

[35]《山法了义海论》：全名《山法了义海——究竟不共口诀》，笃补巴·喜饶坚参著，觉囊派根本经典，成书于公元14世纪。全书印证大量的经典，从基、道、果三个方面系统论述中观他空思想以及如来藏佛性思想。

[36]十万佛大塔：觉囊寺大佛塔，全名“觉囊通卓钦摩”，简称“曲朗塔”，位于西藏日喀则地区拉孜县平措林乡欧布琼山坡。原塔是觉囊派第十七代法王笃补巴·喜饶坚参所建，被称为西藏四大佛塔之一，据说江孜白居寺塔是仿照此塔建造的。在经过600多年的风雨历程后，“文化大革命”时遭到破坏。1987年，经过各方筹集，按照原样重新修建，占地1 000多平方米，塔高27米，共11层，有108个门和108个小佛堂。第一层佛堂内供有笃补巴·喜饶坚参泥塑像和响铜铸造的尊胜塔5座，以及佛经，墙上绘有释迦牟尼佛等壁画；第二层主供弥勒佛、莲花生大师泥塑像，墙上绘有十一面观世音菩萨和燃灯佛（过去世佛）壁画；第三层供有出土的鎏金铜铸造的四臂观世音菩萨像5尊，墙上绘有十六罗汉画；第十一层有一座时轮殿，面积四柱，墙上绘有时轮金刚像336尊。整座塔下大上小，逐级而上，气势宏伟，蔚为壮观。

[37]坛城：“曼荼罗”的意译，藏语称“金廓尔”(dkyil-vkhor)或“曼扎”。它是密教灌顶时建造的一个坛场，以防止外魔侵袭。一般有圆形和方形两种，传说圆形曼荼罗源自古印度人供神时盛放祭品的金属器具。唐密和藏密曼荼罗不完全一样，唐密有“四曼为相”的说法，即指大曼荼罗、三昧耶曼荼罗、法曼荼罗、羯磨曼荼罗。藏密也有四种曼荼罗之说，但从形制、材料、构造等各方面来说，都与唐密有很大区别。每一种法门都有自己的曼荼罗，如事部曼荼罗、行部曼荼罗、瑜伽部曼荼罗、无上瑜伽部曼荼罗。在所有的曼荼罗中，无上瑜伽部的曼荼罗最有特点，如集密金刚曼荼罗、大威德金刚曼荼罗、喜金刚曼荼罗、胜乐金刚曼荼罗、时轮金刚曼荼罗等，每一类曼荼罗结构不同，而且有布画

曼荼罗、壁画曼荼罗、金属立体曼荼罗、彩砂曼荼罗等，各有内涵和象征意义。

[38] 昂仁：亦作“昂忍”“昂木仁”“仁孜”“敖不忍”“傲不仁”“阿布林”“章阿布林”等，地名，位于多雄藏布流域，现为日喀则一个县。吐蕃王朝时期，昂仁属于如拉茹范围，后来成为拉堆绛势力中心。据五世达赖喇嘛的《西藏王臣记》说：从公元12世纪起，昂仁为土王统治的小邦，称贡塘王，他来自木雅王后裔，名叫绛巴达波（北方的主人）。他们跟萨迦派的关系比较密切，木雅·僧格达之子多杰曾拜萨迦第三祖扎巴坚参为师学法，其孙子本德做过萨迦班智达贡噶坚参的侍从，绛巴土王曾将自己的女儿嫁给贡噶坚参的弟弟桑察，后来又有两位公主嫁给萨迦昆氏家族。元朝时，中央政府敕封绛巴王为“大元国师”。八思巴时，昂仁被设为万户，绛巴王受封为万户长。本德之子扎巴达受封为“司徒”之职。其子多杰贡波出任过萨迦地方政权的“本钦”。帕竹政权时，昂仁被划在桑珠孜宗；噶厦地方政权时期，昂仁又成为日喀则基恰十六个大宗之一。扎巴达，即绛巴大元巴，他曾从笃补巴及其弟子乔勒南杰学法，经笃补巴同意扩建了昂仁大寺。这座寺院又叫“绛昂仁大寺”，由萨迦达孜拉肖巴释迦僧格建于1225年，是雅鲁藏布江北部地区规模巨大、很有影响的一座寺院，17世纪时内有萨迦派札仓15个，格鲁派札仓10个，后来完全归奉格鲁派。“文革”期间遭到彻底破坏。

[39] 前藏军队开到后藏：指大司徒绛曲坚赞（1302—1394年）统兵攻打萨迦一事。绛曲坚赞是帕竹地方政权的创建者，曾在止贡寺出家，年仅14岁来到萨迦作达钦桑波的侍从。20岁，回到前藏担任丹萨替寺住持和帕竹万户的万户长。长期与其他万户相争，与萨迦政权的关系比较复杂，曾被捕入狱，受尽折磨。1354年，由于萨迦政权内部混乱，绛曲坚赞带兵来到萨迦营救狱中的甲哇桑波。索南扎巴在《新红史》中这样写道：“木马年萨迦发生内乱，夏尔拉章的人逮捕了甲哇桑布投入狱中，

此时，大司徒派以仁钦桑布为首的大军（对萨迦）加以威吓，救出甲哇桑布，整顿了后藏的大部分地区。从此以后，十三万户的乌思藏各地任免管事官员等，都由大司徒掌管盖印。”《汉藏史集》说：绛曲坚赞五十五岁的阴水猴年二月五日，担任了为解救萨迦拉康拉章的兵马围困在拉孜的本钦甲哇桑布而集合的前后藏各万户联军的统帅，五月五日驻兵萨迦，擒获本钦。这一年是帕竹地方政权建立的一年。

[40] 红帽派第一世活佛：即夏·扎巴僧格，指噶玛噶举派红帽系第一世活佛扎巴僧格（1283—1349年），“夏”是家族名称，因他生于四川甘孜绷波地方夏氏家族的旺古支族，故名。他13岁进入寺院学法，直到17岁才正式受出家戒，修炼密法，经常粗布单衣，故有了“章古热巴”的称呼。1308年到楚布寺闻习集密、喜金刚、胜乐等无上瑜伽部密法。从此到了桑浦寺，从嘉木央释迦循努、苏曲巴·洛追仓迈学习法相学方面的《地部五论》《慈氏五论》《释量论》《现观庄严论》等，同时还学习息解派法和中观发菩提心法。七年后，到后藏的萨迦和宗周两寺学习三年。作为黑帽系第三世活佛让雄多杰的弟子，他曾随从到北京，受封为“灌顶国师”，并获赐红帽一顶，红帽活佛由此而来。1333年，主持修建了乃囊寺（乃朗寺），作为主要道场开展活动。弟子众多，其中以雅德班钦最为有名。

[41] 白莲花王：指传承时轮教法的香巴拉国二十五位具种王中的第二位。据载，他著《时轮根本续无垢光疏》，传法百年。

[42] 四大柱：即四部论著《现观庄严论》《量决定论》《俱舍论》《入菩萨行论》，萨迦寺把它们作为必修的经典。《现观庄严论》是《慈氏五论》之一，全名《现观庄严名曰智慧到彼岸教授论》，是弥勒专门解释《般若经》的一部论著。全文共分一切相智、道相智、一切智、圆加行、顶加行、渐次加行、刹那加行、法身等八品，分别阐释境、行、果。吐蕃时期吉祥积初译，后弘期早期由俄译师再译，成为定本，汉文本是

由法尊法师翻译的。藏传佛教各派非常重视此论，宗喀巴把它定为格鲁派寺院必修的五部大论之一。《量决定论》，又作《量抉择论》，法称解释陈那《集量论》的三论之一，由俄·罗丹喜饶翻译。《俱舍论》，全称《阿毗达磨俱舍论》，唯识学派创始人之一世亲著。汉译本有玄奘的三十卷本和陈真谛的二十二卷本，藏文本有吉祥积翻译的两卷本《阿毗达磨俱舍论颂》和三十卷《阿毗达磨俱舍论释》。全文共八品，分别解释四谛的性质、苦、灭、道等，将一切法摄为七十五种，认为一切法并非个别存在，而是存在于相互关连的关系中，提出了"三世实有、法体恒有"。作为说一切有部的代表作，是宗喀巴规定为必修的五部大论之一。《入菩萨行论》，也称《入菩提行论》，简称《入行论》，寂天著，藏文由俄译师译，两卷六百颂，十章，其中前三章讲菩提心功德、忏悔、受菩提心、胜义菩提心、世俗菩提心等；次三章讲如何努力学法的方法；其次三章解释六度中的精进、禅定、般若等；最后一章发菩提愿。

[43] 羊卓：地方名，即今西藏浪卡子县，以圣湖羊卓雍湖而著名。湖面海拔 4 441 米，东西长 130 公里，南北宽 70 公里，湖岸线总长 250 公里，总面积 638 平方公里，大约是杭州西湖的 70 倍。湖水均深 20—40 米，最深处有60 米，是喜玛拉雅山北麓最大的内陆湖。羊卓原属止贡噶举派，13 世纪 80 年代止贡噶举派和萨迦派由于用人而发生冲突，萨迦本钦阿迦仑率领各万户的军队配合元朝军队打败止贡，没收了止贡所属的羊卓。后来，阿迦仑受到元朝的敕封，掌管羊卓万户。明末清初，称其家族为浪卡子第巴。

[44] 布顿大师：布顿·仁青珠（1290—1364 年）的尊称，元代文献作"卜思端"，藏传佛教夏鲁学派的创始人。他生于萨迦县东北部的夏卜麦贡乃（shab-smad-sgom-gnas）地方，5 岁起随母亲学习藏文读写，7 岁进入绰浦寺跟索南僧格学习大乘发菩提心法。1307 年，18 岁时出家受沙弥戒，开始比较系统研修戒律、唯识、中观、对法、因明等学。受比丘

戒后，从塔尔巴译师尼玛坚参学习梵文、音韵学和语言学。曾巡回前后藏各大寺院参加辩经，并讲经传法，随学者日益增多。二十几岁就担任绰浦寺堪布，主持寺院的宗教活动。1320年，应夏鲁万户古祥扎巴坚赞的邀请，于次年出任夏鲁寺的住持。多罗那他在《后藏志》中说："夏鲁布敦译师接受特意的邀请，铁猴年（1321年），三十一岁时，驾到夏鲁。就像古时施主给孤独承侍世尊一样，大施主（扎巴坚赞）极为虔诚地如理承侍法主。"布顿担任夏鲁寺堪布期间，常住僧人有4 500多人，外来求学者500多人，在寺后的日浦洞修行的僧人500多人。布顿一生勤奋研修佛法，著述颇丰，内容涉及宗教、哲学、艺术、天文历算、建筑、语言、翻译等，整理成册的有28函，其中有《布顿佛教史》《智者生悦论》《五曜步度算法》，编辑有《大藏经目录》，校对、修订了《蔡巴甘珠尔》，对多部经典作注，尤其全面注解《时轮根本续》等。

[45] 极乐世界：梵文Sukhavāti的意译，藏语称"德瓦坚"（bde-ba-can），"西方极乐世界"的简称，是无量光佛（阿弥陀佛）居住的刹土。鸠摩罗什翻译的《佛说阿弥陀经》说："佛告长老舍利弗：从是西方，过十万亿佛土有世界名曰极乐，其土有佛，号阿弥陀，今现在说法……彼土何故名为极乐？其国众生，无有众苦，但受诸乐，故名极乐。"又说："极乐国土，七重栏循，七重罗网，七重行树，皆是四宝，周匝围绕，是故彼国名为极乐。"这个世界距离娑婆世界（现实世界）十万亿个佛刹，那里人人平等，不愁吃穿，没有刀兵战争，没有牢狱之苦，一片太平。若要往生极乐世界，必须发出离心，厌离五浊恶世，专心持阿弥陀佛名号。这方面的经典有《佛说无量寿经》《观无量寿经》和《佛说阿弥陀经》。

[46] 七马之主：亦称"七马主"，太阳的异名。七马，指风驰、定诠、明点、五色、意速、摧山、善幢。藏文的太阳异名有111个。

[47] 虚空藏菩萨：梵文"阿迦舍嘎合婆"（ākāśagarbha）的意译。

侍佛八大菩萨之一，虚空藏院主尊，意为“福德之宝藏如同虚空”。《大集经》卷十四《虚空藏品》说：“何因缘故名虚空藏，佛告速辩菩萨，善男子，譬如大富长者多诸民众，无量库藏财宝充满，能行布施，心无悭吝，若行施时，贪穷往者，随意所需，开大宝藏，悉能给与，彼诸众生皆得适意，长者施已，心喜无悔。善男子，虚空藏菩萨亦复如是。”其形象全身金色，相貌庄严，头戴五佛冠，半跏趺于莲花座上，左手执白莲，右手结成与愿印，五指下垂，手掌向外，有时右手握着散发火焰的宝剑。在八大菩萨中，他主管智慧、功德和财富，神通广大，无所不能。

[48] 热隆：亦作“拉隆”“热龙”，地名，位于今西藏日喀则地区江孜县境内。《西藏图考》记：浪卡子五十五里翁古尖，六十五里热隆宿，计程一百二十里。《后藏志》道：“距岗瓦桑波雪山西边曲旦玛不远处，有一处圣地叫作热隆。”“热隆”的意思是“山羊沟”，因为当时这一带有寺院和高僧居住，牧人的一只母山羊以自身的体温烘热石头，石头上出现“阿玛玛吽”几个字样，“当时恰逢证果者林氏来到那里，牧人便将圣石奉献给林大德，又在该地断崖峭壁挖凿修行窟，供瑜伽大自在修行。由于神变母羊授记，从此该地称作热隆”。多罗那他对这个地方做了非常优美的描绘，藏巴嘉热·益西多杰（1161—1211年）33岁那年在此处修建了热隆寺，形成了竹巴噶举派。

[49] 却桑寺：在西藏同名的寺院有几个，此处的却桑寺可能在江孜，具体位置不详。

[50] 除盖障菩萨：侍佛八大菩萨之一，除盖障院的主尊菩萨，其周围是：除疑盖菩萨、施一切无畏菩萨、除一切恶趣菩萨、救意慧菩萨、悲念菩萨、慈起菩萨、除一切热恼菩萨、不可思议慧菩萨。《大日经》卷一说：“次行者于右方，次作大名称除一切盖障，执持如意宝。”常见的形象为右手结无畏印，左手持莲花，花上有如意珠，表示用菩提心中的如意宝满足一切众生的愿望。其德行是用大慈大悲消除所有一切烦恼

障碍。《佛说除盖障菩萨所问经》对其德行有详细描述。

[51] 邦译师：指邦·洛追丹巴，藏族著名的佛经翻译家。1276年生于拉堆洛江龙的欧布嘉地方，即今萨迦县境内。由于母亲早逝，他以食羊奶为生，故名“鲁古”（lu-gu）。5岁受近事戒，7岁正式出家为僧，从此开始系统地学习佛教显密经典以及语言、艺术、诗词等，在各方面造诣深厚。年仅20岁时已经获得“译师”的称号，第二年赴尼泊尔学习语言学和词藻学，这之后他又六度赴尼泊尔求学。32岁时，在贡塘奈波切建寺，摄徒授教，夏季讲时轮教法，冬季重点讲授般若、因明、对法等，声名远播，曾受到亚泽王和霍尔王的邀请，62岁出任博东艾寺堪布，弘传时轮教法，培养出了许多学有成就、很有影响的学者。1342年去世，享年67岁。他翻译的经典较多，如《集量论释》《时轮根本续疏显真论》等，著有《三身明论》等。

[52] 弥勒菩萨：又名“无能胜”，随侍佛陀的八大菩萨之一。“弥勒”，意为“慈爱”“慈氏”。据载，弥勒真有此人，古印度婆罗门种姓，原为释迦牟尼佛的弟子，得佛教化，被授记为下一任佛陀，即未来佛。他先佛入灭，上生于兜率天宫内院，经四千岁下生人间，在华林园的龙华树下成佛，广传佛法。其在胎藏界的形象为左手当胸，手掌张开，右手执莲花，宝冠中有宝塔，塔中现舍利。金刚界的形象是右手的拇指、食指、小指竖立，中指与无名指在胸前弯曲，左手放在膝盖上。藏传佛教的弥勒像有两种装束，一种是佛装，即强巴佛；另一种是菩萨装。佛装弥勒像，如日喀则扎什伦布寺的弥勒佛像是世界最高的铜质像，其莲花座高3.8米，像高22.4米，面部宽约4.2米，耳长2.8米，手掌宽约1.6米，中指长约1.6米，脚长约4.2米，肩宽11.4米。一般坐像居多，头略右倾，头戴宝冠，双目微闭下视，左小臂屈伸于胸前，右臂伸直于右下方。汉传佛教的弥勒佛像与藏传佛教有区别。

[53] 普贤菩萨：梵文“三曼多跋陀罗”(Samantabhadra）的意译，侍

佛八大菩萨之一。他是佛的右胁侍，文殊菩萨为左胁侍，佛在中间，他们三尊被称为“华严三圣”。常见的普贤菩萨的形象为乘骑白象随侍佛的左侧，头戴五佛冠，是行、愿甚深的典范，掌管一切佛的理德、定德、行德。藏传佛教宁玛派以普贤为本初佛，其全身洁白，坐姿同金刚持，赤身坐在莲花座上，象征清净法。

［54］桑止达语：又称“善构语”，古印度四大语种之一。四大语种，也叫四大语族。指天语、土语（pra-kri-ti）、颠鬼语（pi-sha-tsi-na）、讹误语(a-ba-bhram-sha)，即梵文、巴利文、毕舍遮文、阿婆商夏文。桑止达语（梵文），据《藏汉大辞典》解释：一般指公元前4世纪印度的书面语。相传释迦牟尼往喜足天时，曾用此语向诸天说法，故名“天语”或“善构语”。实际上，梵文是古印度雅利安人使用的语言。

［55］止贡寺：又作“直贡寺”“止贡提寺”，全名“止贡提欧门绛曲林”。元、明、清文献分别称“必力工瓦”“必拉公”“朱工”“直工”等。藏传佛教噶举派支系止贡噶举主寺，位于拉萨市所辖墨竹工卡县，距门巴乡政府所在地4公里。原是帕木竹巴的弟子木雅贡仁修建的一个小寺庙，1179年帕木竹巴的另一弟子救世怙主仁钦贝将其进行扩建。该寺几经毁坏而后修复，1290年止贡与萨迦不和，萨迦本钦在蒙古兵协助下，打败止贡军，烧毁了止贡寺，其所辖的土地尽失。公元14世纪，止贡又与帕竹政权不和，联合雅桑等万户攻打帕竹万户，结果被帕竹所败，大部分领地被帕竹所兼并。由于它优越的地理位置、优美的环境和独特的授教方法以及特殊的修法，一直吸引着外面的人，寺内活动的僧俗人最多时达到十几万。“文革”期间寺院遭到破坏，恢复政策后政府筹资13万元进行修复维修。现在主要建筑有经堂、灵塔殿、藏经楼、坛城、护法神殿和修禅密宗室、扎西果芒殿等，附近有著名的天葬台，分布着大小温泉多个，既是佛教圣地，又是旅游景点。

［56］聂塘：亦作“聂当”“聂唐”等，地名加寺名，位于今拉萨

市曲水县境内，因阿底峡而出名。据《颇罗鼐传》说：此前称“聂纳摩且”(snyevi-na-mo-che)，写成“萨聂”(sa-snye)，因此而有了“聂塘”(麦穗场)之名。公元11世纪，印度佛学大师阿底峡应古格王之邀来到古格传法，三年后准备回国时被仲敦巴请到前藏，在聂塘讲学九年，直至圆寂。1055年，阿底峡的弟子噶哇·释迦旺秋等人共同筹资修建了一座拉康，以供放阿底峡生前尊奉的一尊度母像，故名卓玛拉康（度母殿）。

[57] 金刚手菩萨：梵文“伐折罗巴尼”(Vajrapani)的意译，藏语称“恰那多杰”(pyag-na-rdo-rje)，又称“金刚大势至菩萨”“金刚手秘密主”等，八大菩萨之一。据说，金刚手菩萨是菩萨部大势至菩萨的忿怒像，与观世音菩萨、文殊菩萨合称“三族旌尊”，分别代表“力量、慈悲、智慧”三种特质。他具有巨轮杈、青衣护法、调服四大脐火、摧毁金刚、乌托雅猛咒、具金刚鸟、金刚手经规疗癞、巴瓦马秘诀等八大殊胜。其形象是头戴三叶宝冠，长发披肩，上身袒露，下着裙裳，腰系一条宽帛带，面含微笑，左手紧握金刚杵，臀部微向侧扭。密教中常见的形象为一面二臂三目，身黑蓝色，头戴五股骷髅冠，发赤上扬，须眉如火，獠牙露齿卷舌，三红目圆睁，十分怖畏；右手施期勉印，持金刚杵，左手忿怒拳印，持金刚钩绳当胸，以骨饰与蛇饰为庄严，蓝缎与虎皮为裙，双足右屈左伸，威立在莲花日轮座上，安住于般若烈焰中。

[58] 吉曲河：即拉萨河，意为“幸福河”，《唐书》称“逻娑川”，因流经拉萨，故名拉萨河，发源于念青唐古拉山南麓。一般称止贡到曲水流段为“吉曲”，传说在成为拉萨河之前，这一流域居住着名叫“吉”(skyi)的部落，因此叫“吉雪”(skyi-shod)，现在的“skyid-chu”是原“skyi-chu”的不同写法。

[59] 白地寺：又译“巴顶寺”“巴当寺”，位于浪卡子县，具体情况不详。

[60] 三所依：佛教用语。指佛像、佛经、佛塔，分别代表佛的身、语、意。佛教认为，身、语、意三业有清净与不清净之分，众生的三业所造，其结果有善、恶、无记三种。善业有三种，即身业不杀生、语业不妄语、意业不贪欲。恶业三种中，杀生、偷盗、邪淫属于身业；妄语、绮语、两舌、恶口等属于语业；贪欲、嗔恚、邪见等属于意业。无记业，即不善不恶，没有感果力者。修行者通过长期修炼，清净自己的身、语、意三业，最后与佛的身、语、意融为一体。

[61] 仁青桑波：也译"仁钦桑波""仁钦桑布"等，译言"宝贤"，藏族著名的佛经翻译家，人称为"罗杂瓦钦波"(大译师)。958年，生于阿里古格的娘旺热特纳（或恰旺热特纳）地方，他的弟子赤塘·扎雅在《仁青桑波传》中说：出生于古格的卡孜拉隆（kha-tsevi-lha-lungs），《青史》也提到这个地方，还说生于"琼旺"。那么，卡孜拉隆、琼旺到底位于古格或现在西藏阿里的哪个地方？也许是一个地方的不同称呼或拼写法。根据意大利学者图齐的研究，这个地方在托林寺的东面，仁青桑波曾在这里建了一座寺庙，取名叫"惹尼"(rab-nis)。13岁时从益西桑波受戒出家为僧，专心学习佛法。图齐在《西藏画卷》中说："随着修学的深入，他一定逐渐认识到现存藏译本的不足，并进而意识到有大量的经论还没有翻译。那不只是出于对新事物的好奇，而是进一步深入了解不同时期、不同途径传入藏地的经藏的需要。对于经藏中涉及众多经论，藏地喇嘛可能仅闻其名；另一方面，绝大多数的印度宗教和哲学文献往往以一部论书阐明另一部，忽略其一则对正确理解另一论书构成障碍。因此必须深入拥有大量经论和教证双全的上师的印度寺院，了解藏地论师尚未闻知的众多法本，然后加以修学、翻译，并将其迎请至雪域。"18岁那年，仁青桑波肩负着益西沃王的重托，在扎西孜摩的陪伴下，和其他20人经过一个多月的长途跋涉抵达印度，几个人死在途中，还有几个人不适应当地的气候返回了古格。仁青桑波和他

的侍从先来到迦湿弥罗的格日嘎城休息，从此又经历了其他几个城市，一边学习当地的语言，一边寻访名师习法。相传，他前后两次去印度求学达 17 年之久，足迹遍及印度的西部、中部和东部，从75 位班智达学习佛法。他第一次从迦湿弥罗回来后参与设计修建了科加寺（kha-char 或 vkhav-char）、托林寺（tho-ling）、娘尔玛寺（myar-ma）等寺院，建造的时间无从考察，但这几座寺院都是后弘期初期最重要的几座弘法译经中心。之后，陆续修建了协萨寺（zher-sa）、果喀尔寺（go-khar）、普卡尔寺（phur-khar）、普日寺（bu-ri）、央格尔寺（g.yang-skur）、迪亚寺(ti-yag)、当麦寺（stang-med）、乃邬寺（sne-vu）、雪林寺（zho-ling）、居芒寺（sgyu-mang）、饶巴寺（ro-dpag）、觉饶寺（bcog-ro）、热沙寺（re-hre）、章章寺（drang-drang）、拉日寺（la-ri）、达波寺（ta-po）、香让寺（shang-rang）、热孜寺（rig-rtse）、杂让寺（tsa-rang）、止琼热寺(dril-chung-re）等。一生翻译、校订经 17 部、论 33 部、密教怛特罗108 部。《西藏王臣记》说:“统计起来，他先后依止班智达上师七十五人，因此可以说他是一位已经到达经教大海的彼岸，而在后宏教时期中，无与伦比的大译师。善巧之王耶桑哲哇也说：在后宏期中，密教比前宏更盛原因应该说是这位译师的恩德。”

[62]《四部律典》：亦称《四部毗奈耶》，佛教戒律经典，指小乘佛教的《律分别》《律本事》《律杂事》和《律上分》。《律分别》叙述比丘二百五十三条别解脱戒的制定缘起、益处、制定的理由、犯堕罪、不犯堕罪、学处等六门，以及比丘尼戒三百六十四条的内容。《律本事》，即《根本说一切有部毗奈耶事》，为制定十七事的律典。《律杂事》，即《根本说一切有部毗奈耶杂事》。《律上分》，藏文是节译本。

[63] 金刚亥母：梵文称“Vajravārāhī”，藏文名“多杰帕姆”，藏传佛教重要的女性护法神之一。传说她是古印度教三大主神之一毗湿奴的化身。说毗湿奴的明妃跋罗西（野猪）以野猪的扮相出现，被佛教吸

收进来后作为护法神，属于出世间空行母。从法理上说，是空和乐的根本，一切成就之源。金刚亥母形象较多，常见的有单身和双身两种形象。单身一面二臂相，双唇合闭，两眼、眉毛细长，额上一眼竖起，面目清秀，慈祥和蔼。头戴五骷髅冠，上竖的发髻上端有一猪首，象征大痴法界体性智。颈挂五十颗骷髅串成的项链，大耳环下垂，璎珞满身，一小铃花朵作装饰，婀娜多姿。左手托着盛满鲜血的颅器（嘎巴拉）置胸前，象征获得了大乐体验；左臂夹着法、报、化三身骷髅杖幡，上端有骷髅、干枯人头和新鲜人首，下端按压仰卧恶魔（有的画里恶魔有爬的，也有坐的），象征压服了贪、瞋、痴三毒的侵扰。右手高举智慧钺刀，象征断除一切烦恼，勾召智慧真性。右腿弯曲悬空，脚尖朝下。左腿丁字立姿，足踩一仰卧婆罗门教徒，表示战胜一切异教徒。金刚亥母忿怒相，怒发成火焰状，发髻右边有一猪头，三目圆睁，怒目而视，张嘴獠牙，十分可怖。头饰和项饰同静相，丰乳细腰。右手举钺刀，左手托嘎巴拉碗，肘弯中夹着噶章嘎杖。单足踩踏一个仰卧婆罗门神。双身金刚亥母像，是与胜乐金刚相拥抱。

[64] 曲杰乔勒南杰：藏传佛教史上有两位名叫“乔勒南杰”的高僧，学术界因此将他俩混为一个人。《西藏佛教发展史略》说：“笃补巴的另一个弟子乔列南杰，又称博东巴。”刘立千译注的《卫藏道场胜迹志》注 492 条说：“博东是寺名，班钦是尊号，本名巧勒南杰，又名晋美扎巴却季坚赞，丙午年（1306 年）生于阿里。……他游学辩场到博东寺时，拜见笃补巴，在博东经院又再深造，终得笃补巴将时轮金刚大法的灌顶、传经、密典讲解和实修教授传给他。”显然这里把觉囊·乔勒南杰视为博东·乔勒南杰。实际上，他俩是不同的两个人，一个是觉囊·乔勒南杰，一个是博东·乔勒南杰，分属两个派别。觉囊·乔勒南杰 1306 年生于阿里笃补地方，父亲金巴贝是雅德王的应供上师。他 4 岁从学于仁钦多杰，从班智达邬摩波底学过梵文；8 岁出家为僧，始学《中论》

等中观学派的论著。1326年受比丘戒后，他巡游桑浦、夏鲁、那塘、绰浦等寺院参加辩经，几乎没有对手，被蔡公堂噶德王赠以“乔勒南杰”尊号。他曾从著名学者布顿和扎西僧格学习般若和中观，在扎热木寺获悉笃补巴修建十万大佛塔之事，仰慕其渊博的学识，对贡桑说：“听说觉囊贡钦巴开创了不同于其他教派的一个宗派，名声很大，我决定找他辩论教理。”后来，他专程来到觉囊寺，在与笃补巴交谈的过程中被其学识所折服，于是拜为上师，尽得笃补巴所有的知识，成为笃补巴十三位上首弟子之首。他主持过秋浦寺和昂仁寺的教务，两度担任觉囊寺的堪布，对弘扬觉囊教法做出了突出贡献。1386年圆寂，世寿81岁。

博东·乔勒南杰（1375—1451年），又名“晋美扎巴”或“确吉坚赞”，拉堆洛地方人。7岁，以舅舅班钦扎巴坚赞为师受戒出家，进入博东艾学习，由于他聪明好学，具有较强的悟解能力，16岁时已掌握了四部大论。在前藏辩经期间，受到帕竹政权的阐化王扎巴坚参的敬重。后来，出任博东艾寺住持，创建了贝摩却顶等几个寺院，由此形成了博东学派。他精通梵文，文学造诣深厚，从梵文改译的文学作品对藏族文学产生了很大影响。在因明辩论方面，几乎无有匹敌，推动了经院辩风的发展。弟子众多，著作等身，整理成册的多达100函。

[65] 贡塘寺：又叫“公堂寺”，蔡巴噶举派主寺，位于拉萨市东郊蔡公堂乡。创建人向喇嘛尊追扎（1123—1193年）生于拉萨拉囊氏家，性格豪放，兴趣广泛，早年寻访名师，苦学显密经论，从塔波拉杰得到噶举派的俱生和合大手印法真传。1175年，他修建了蔡寺，摄徒传讲噶举派教法。1187年，他在蔡寺附近建造了公堂寺，两寺合称“蔡公堂寺”。元朝在此设置擦里巴八田地里管民万户，即蔡巴万户，寺院住持桑杰欧珠任万户长。据载，噶德贝在任期间，受到元朝中央政府的大力支持，招集内地的工匠对寺院进行大规模的扩建整修，祖拉康、佛堂、回廊等金碧辉煌，珍藏着贵重佛殿、法器等。第七饶迥的铁兔年

(1411年)，公堂寺遭兵毁。第九饶迥火马年（1546年），公堂寺祖拉康又遭火焚，内藏文物焚烧殆尽。直到第七世达赖喇嘛时期，由甘丹寺第五十任赤巴格敦平措主持花了数年时间重建祖拉康。格敦平措去世后，由却本夏鲁堪布格桑云丹管理，并进行修复。之后几年，由噶伦贡桑孜巴管理。

［66］提婆：全名“阿扎雅提婆”或“迦那提婆”，意为“圣天”。印度佛教中观学派创始人之一，被禅宗奉为西天第十五代祖师。僧伽罗（狮子国，今斯里兰卡）王子，婆罗门种姓。早年学习婆罗门知识，学识渊博，且擅长辩论。后来仰慕龙树的盛名，北上来到憍萨罗国的吉祥山拜见龙树，本来想与龙树辩论，可一见到龙树却被折服，遂做了弟子。鸠摩罗什翻译的《提婆菩萨传》说：“提婆菩萨者南天竺人，龙树菩萨弟子婆罗门种也，博识渊揽，才辩绝伦，擅名天竺为诸国所推。赜探胸怀既无所愧，以为所不尽者唯以人不信用其言为忧。”（大正藏，卷2048）他曾多次代表龙树与外道僧辩论获胜，影响很大。多罗那他《印度佛教史》说：“僧伽罗洲的国王遮室利甘有一个具相之子，长大之后，立为储君，但他切愿出家。从亲教师苏摩提婆出家受具足戒，通晓所有三藏后，为了瞻仰各地的寺塔而到赡部洲。龙树阿阇黎将要从商羯罗王处到吉祥山去的时候与他相遇，在吉祥山依止阿阇黎跟前获得采炼等多种成就后，最后阿阇黎付与心要教法。”龙树去世后，他在南印度说法讲经，著书阐释龙树学说。主要著作有《百论》《四百论》《百字论》等。玄奘法师在《大唐西域记》中有记载。

［67］释迦友：印度佛教后期的一位著名学者，在阿底峡的法系中提到他，但是很少看到史籍中有关他的记载，多罗那他在《印度佛教史》中怀疑大释迦友是龙树的弟子。但是，《觉囊派教法史》中的释迦友非大释迦友，而是另有其人。

［68］澎域：亦作“彭域”“彭波”“旁多”，地名，位于今拉萨市

林周县，现为彭波一区。《卫藏道场胜迹志》说:“从达隆翻过恰拉山口，就到了伍茹的彭域。”最早见于《敦煌本吐蕃历史文书》，原名“埃波”，为森波部落属地，松赞干布的父亲占领该地后，将“埃波”（或岩波）更名为“彭波”。吐蕃时期的几大家族世居这里。后来的许多史籍和其他藏文文献都提到澎域，这里曾有著名的杰拉康寺，噶当派的三昆仲博朵瓦、普穷瓦、京俄瓦和其他大师都曾在这里建寺弘法，一度成为佛教中心。

[69] 那塘寺：亦作“纳塘寺”“纳当寺”“拿塘寺”“拉尔塘寺”“拉当寺”等，位于日喀则市西南20千米处，藏文《大藏经》版本的摇篮。寺院创建者是噶当派著名学者董敦·洛追扎巴（1106—1166年），生于后藏董氏家族，曾从嘉杜巴学法，后至前藏依止夏若瓦十年，学得噶当派全部教法，成为夏若瓦四大弟子之一。1153年，他创建了那塘寺，自任堪布管理寺院14年，主传戒律。该寺重视藏文经典的搜集和整理，珍藏有许多手抄经本。公元13世纪晚期，那塘寺格西恰卡巴拔希在内地传法期间，将纸张笔墨等带给上师觉丹热智。觉丹热智组织罗塞·绛曲益西、译师索南欧色、江若·绛曲本等人搜集前后藏、阿里等地区的手抄经典，分门别类，校对厘定后，由觉丹热智编写成《甘珠尔、丹珠尔目录详细指南》，罗塞·绛曲益西写成《简目》，这即是藏文《大藏经》最早版本，即旧那塘版。清康熙年间，第六世达赖喇嘛仓央嘉措指示在那塘寺建立印经院，刻版印刷了13部《般若波罗蜜多经》后，由于资金缺乏而停工。清雍正八年（1730年），郡王颇罗鼐恢复印经院，调集全藏有名的书法家、刻工、画师等重新雕刻，历时两年完成了《甘珠尔》，共102帙。1741年至次年，刻完了《丹珠尔》，共225帙。但是“文革”期间部分刻版被毁，寺藏文物流失。原来有厚重的城墙围绕的那塘寺，如今只剩下了小佛堂。

[70] 桑浦寺：又译“桑古寺”“桑浦内邬托寺”，原为噶当派寺

院，后宗奉格鲁派，藏传因明学的发祥地，位于拉萨市堆龙德庆县柳梧乡德阳村。钦孜旺布的《卫藏道场胜迹志》载："沿聂塘的大河北岸走，在山谷内有俄·勒必协饶和俄·罗敦协饶的驻锡地，名桑浦内邬托寺。"关于寺院名称如何得来的，传说当年阿底峡大师随仲敦巴来前藏，途经这里时望着桑浦寺所在地说：那地呈八宝吉祥形，中间如右旋海螺，其上空常现金色宝轮，四周有无数圣佛样貌的神山，是一块难得的圣地，但需缘分具足后才能建寺。1073年，阿底峡的弟子俄·勒必协饶修建寺院，取名桑浦寺。其侄子俄·罗敦协饶继任堪布后，重点传授因明学和中观学，至第六任堪布恰巴·曲杰僧格创立了藏传因明学，使桑浦寺成为因明学的中心。由于前来求学的僧人较多，恰巴之后，寺院分成上下两院，萨迦派管辖期间增建了几个札仓，公元15世纪以后归格鲁派管辖。曾有两派的札仓共11个，即贝塞、尼玛塘、达波、南杰塞康、库贝、哲娘巴、细巴、娘绒、乃果瓦、哲萨巴、拉瓦堆等，其中前5个札仓属于上院，后6个札仓属下院。后来，随着拉萨三大寺院的陆续建成，去桑浦寺求学的人逐年减少。"文革"期间寺院遭毁。

[71] 地藏菩萨：梵文音译"乞叉底蘖婆"（Ksitigarbha），侍佛八大菩萨之一。因为其"安忍不动犹如大地，静虑深密犹如秘藏，"故又名"悲愿菩萨"，密号"兴愿金刚"。传说，他受释迦牟尼佛的遗嘱，在佛陀入灭以后，弥勒佛未生之前，发誓度尽六道众生，拯救一切苦难。也说其在忉利天受释迦牟尼佛付藏，每天清晨进入恒河沙禅定观察众生的动机，在无佛世界教化六道众生。其常见的形象为僧侣打扮，左手拿宝珠，右手持锡杖。在金刚界示现南方宝生如来之幢，胎藏界中是地藏院九尊之中尊。在汉传佛教中，其显灵说法的道场是安徽的九华山，据说他降生为新罗国王族，名叫金乔觉，唐玄宗时来华入九华山修禅数十年，圆寂后肉身不坏，全身塔葬。

[72] 洛沃：又作"洛布"，寺院名。由第一世达赖喇嘛格敦珠巴的

弟子白朗·塔尔巴坚参所建，取名“桑珠格佩寺”。之后，由班钦辛底巴的弟子丹巴嘉措主持寺院事务。一次，第二世达赖喇嘛格敦嘉措从达那返回途中来到该寺，说：“在犹如肺一样的山谷有如太阳一样的智者散发嘉言之光”，故称“洛布”(肺腑)。

[73] 蔡巴长官噶德：又叫“噶德贝”，指蔡巴万户的第七任万户长噶德。父亲是前任万户长坚参仁青（仁青嘉），弟兄二人中他派行第二，从 1280 年始任万户长，到 1322 年卸任，在任时间长达 43 年。其间，为了蔡巴寺院前后七次进京，元朝派内地的优秀工匠来到拉萨修建并扩建蔡贡塘寺，增加了大佛殿汉式屋脊和金顶，将公堂法轮寺（贡塘寺）辟为参涅札仓(显宗学院)，蔡寺（卫林）为阿巴札仓（密宗学院)。其后的三任万户长期间，蔡巴噶举得到了很大发展，蔡巴万户作为忽必烈的封地，在十三万户中有着特殊的地位。

[74] 孜庆寺：亦译“孜钦寺”“孜青寺”“泽钦寺”等。由江孜法王资助，娘温·贡噶贝主持修建，萨迦派寺院，位于日喀则地区江孜白居寺附近。多罗那他在《后藏志》中写道：冈地下方是香布孜古，又名孜庆，这里有吐蕃止贡赞普的官殿，“遍知笃补巴视孜庆坡为香巴拉的官殿，谆谆嘱咐弟子。弟子娘温——世称萨迦最上学者娘氏与尊氏二人中的娘氏，卫藏六学者中的顶上月亮，守持具德喇嘛道果法的八智者之首，笃补巴大师的无比上首弟子娘温·贡噶贝倡建了孜庆寺，在此清净地大转讲、辩、著法轮。”钦孜旺布的《卫藏道场胜迹志》载：“江孜寺的另一边有子钦却第寺，是布顿大师的转世大成就师衮噶罗朱等人的驻锡地。”贡噶贝在寺内设讲经院，开讲中观他空和时轮教法，吸引了前后藏地区的许多求法者。他的弟子有仁达瓦·循努洛追、蔡门巴、聂普巴、索南桑波、香巴·贡噶仁钦喜饶欧色、洛追央巴、贡噶洛追、宗喀巴等。

[75] 巴佶勒尊者：亦译“跋陀罗尊者”，梵文的音译，意为“贤

良”。十六罗汉之第六位，传说他父亲是释迦牟尼父亲净饭王的马车御手，他从小学习各种技艺和其他知识，净饭王去世后，其父将他托付给释迦牟尼，从此随侍佛陀左右，苦修佛法证得阿罗汉果位。曾乘船去东印度诸群岛传法，故称“过江罗汉”。常见的形象为右手做说法印，左手做禅定印，半跏趺坐在一块巨大山石上，侧旁站立舞狮侍者，前有仙鹤振翅起舞；岩石上放置鲜桃及袱系法钵。上界为观音菩萨坐于光环和祥云之中，印度祖师乘浮云而至，山腰间建有佛塔。

［76］贡嘎山：指位于四川省康定、泸定、石棉三县交界处的雪山主峰，海拔 7 556 米，其周围 6 000 米以上的雪山有 60 多座。

第二节　觉囊派的历代法王和觉囊寺住持

此后，如贡钦笃补巴所授记，吉祥觉囊寺法嗣次第传承，在此略述护持教法的人。

第二十一代法王，珠钦贡噶洛追（grub-chen-kun-dgav-blo-gros，庆喜智慧），是娘温巴贡噶贝的心传弟子，生于夏卡哇（shar-kha-ba，江孜法王）[1]家族。曾从娘温贡噶贝闻习《现观庄严论》《量决定论》《俱舍论》《律经》《入中论》等论著以及时轮教法，还从其他上师学习灌顶教诫。他虽然出生于贵族之家，却从不贪恋世俗荣华富贵，专心在幽静的地方修行，执掌和发展我们的教法传承，晚年通达空性。传说他为布顿大师的化身。

第二十二代法王，嘉央贡却桑波（vjam-dbyangs-dkon-mchog-bzang-po，妙音宝贤），生于后藏拉堆绛（la-stod-byang）[2]地方。本寺为桑丹寺

(bzang-ldan)，曾在萨迦寺从堪布嘉央仁钦嘉哇（vjam-dbyangs-rin-chen-rgyal-ba）闻习萨迦派教法，从珠钦贡噶洛追听讲《时轮》等甚深密法，被司徒贡桑热丹帕巴（si-tu-kun-bzang-rab-brtan-vphags）[3]尊为上师，应邀担任新建的娘堆寺（nyang-stod-chos-sde，指江孜法王管辖的孜钦寺和白居寺）[4]的法师，在寺内创建了觉囊派札仓，讲授觉囊派教法。此后，接受了东西两部“孜”的供养，同时任这两所寺院和觉囊寺的堪布。在这里，他虽然受到了克珠杰（mkhas-grub-rje，宗喀巴的大弟子）[5]师徒的诽谤，仍然坚持讲完了发菩提心法和金刚咒等，最后离开了寺院。相传他是萨迦上师贡噶坚参（bla-ma-sa-skya-ba）[6]的化身。

第二十三代法王，南喀曲窘（nam-mkhav-chos-skyong，虚空护法），早年在根本寺桑丹寺和觉囊寺学习，听贡钦索南钦波讲解因明理论。之后来到嘉央贡桑的寺院，继续闻习因明学，对他空见生起正解。同时听讲六支瑜伽法，通达《时轮根本续》，并进行修炼，得到很好的证悟。后来，他到昂仁等寺院[7]讲经，由东西两部“孜”和僧格孜哇（seng-ge-rtse-ba）做他的施主，长期主持孜庆寺（rtse-chen）和觉囊寺，发展讲修事业，用金铜汁涂饰十万大佛塔的法轮。

第二十四代法王，南喀巴桑（nam-mkhav-dpal-bzang，虚空吉祥贤），原来遵奉萨迦派。曾求学于梅巴热绛巴·托杰巴桑(mus-pa-rab-vbyams-thugs-rje-dpal-bzang）的寺院，先后在百余所寺院学经说法。在伦顶寺(lhun-sdings) 跟从达钦（bdag-chen）的弟子香顿(shangs-ston）学习绛巴派(byang-lugs) 所传时轮法；从嘉哇南喀(rgyal-ba-nam-mkhav) 闻习觉囊派所传六支瑜伽法，体验很深。他修建了哲蚌寺（vbras-spangs-dgon-pa)，弘扬佛法，做了一些利益众生的事业。

以后的传承依次为：热译师仁特那跋陀罗（rtana-bha-dra，妙宝）、巴丹贡噶周却（dpal-ldan-kun-dkhgav-grol-mchog，吉祥庆喜胜解）、堪布隆热嘉措（lung-rigs-rgya-mtsho，教理海）、至尊多罗那他（tav-ravna-tha)。下面要分别介绍。中间有诗赞颂道：

广阔清爽妙天道，
法主兽明舞蹈者，
皆为了义教之友，
白光俱除遇痴暗。

胜法白衣此地著，
妙善圆满施光明，
凡此空前希有地，
喜施良缘众生心。

五浊（lnga-bdo）[8]愚痴黑暗中，
甚深定秘光明友，
众星捧月法王徒，
光明心教胜他人。

了义善规后四时，
圆满殊胜法密意，
具种自在调伏田，
通晓如是诸法义。

依止正宗雪山顶，
无垢经教绿鬃燃，
了义无畏狮声吼，
破立掌摇如狮子。

雪域万贤顶髻宝，
善辨究竟本性空，
离敌讲大中观义，
佛法教主笃补巴。

观音菩萨幻乐舞，
转变了义大师欺，
第二佛祖善做作，
普照法日就是您。

这里应该介绍的是第二十五代法王，大译师仁特那跋陀罗（妙宝），生于卓巴（vbrog-pa）地区。本寺为协吉札仓（gzhad-kyi-graw-tshang），曾依止邬金佐巴（o-rgyan-rdzogs-pa）等多位上师修习新旧密法；从班钦南喀巴桑重点学习时轮教法，证悟圆满，亲见观世音菩萨等本尊。创建了多格曼当（mdog-gi-sman-sdeng）和协日吾止增（gzhad-ri-bo-gru-vdzin，历史不清）等多所寺院。著作有《大悲观世音菩萨解授法》和《六支瑜伽讲义》等。其弟子上师贡噶周却（kun-dgav-grol-mchog）的历史生平后面介绍。

第二十六代法王，妙宝的嫡传弟子堪钦隆热嘉措（lung-rigs-rgya-mtsho，教理海），生于娘堆第巴[9]藏康巴（sde-pa-gtsang-khang-pa）家族。曾在色多坚寺（gser-mdog-can）[10]闻习显密教法，尤其从上师贡噶周却学习时轮灌顶传承、口诀法，上师授记他将来转世的情况。曾担任过江孜寺（rgyal-rtse）的堪布。另外，他长期担任邦康措巴（spang-khang）等僧团的堪布，上师的再世化身（多罗那他）坐床后，他担任经师负责传授教法，直至圆寂。

一、至尊贡噶娘布的本生及事迹

隆热嘉措之后执掌了义教法的至尊大德为贡噶娘布扎西坚赞贝桑布（即多罗那他），若略述其历辈有关的功业，可分两部分：本生和事业。其中先说本生，共有十三世奇异本生。

第一世，佛尊常住与一切自在轮的三密（gsang-ba-gsum）吉祥总摄轮（胜乐）不二的本性中，针对一切化机共同事业的界根而说法。他是印度班智达巴尔哇佐吾（vbar-bavi-gtso-bo）转世，成为享用圣者龙树师徒教授甘露的幸运者，精修三藏（sde-snod-gsum）[11]和五明（rig-gnas-lnga）[12]，谙熟一切佛法，成为一位顶级学者，依靠本尊度母（sgrol-ma）而获得成就。后来，在那烂陀寺（nav-len-dra）与马鸣（rta-dbyangs）[13]派系的被称为外道班智达、非常善于辩论的杂扎哇日德（tsakra-warta）进行辩论。如果说各种辩论词句，这位大德以流利的回答和渊博的教理知识制服了外道僧，并以其威力驳倒对手，从敌论中大获全胜，弘扬佛法。逝世之时，非常忧愁，泪水在眼眶里漂动。有诗道：

龙树行走吉祥山，
阿耶提婆离本性，
释迦师友恬静睡，
龙菩提（nav-ga-bodhi）[14]降临异地。

龙树师徒如云去，
佛陀教法日光消，
恶劣外道布黑暗，
呜呼众生离盲相。

第二世，黑行者（nag-po-spyod-pa），《时轮根本略续后续》说：“手持天杖、骨饰、长腰鼗、酒器，得到了‘那波’之名。”生于东印度憍萨罗国（go-sa-ra）管辖的距潘伽罗（bham-ga-la，今孟加拉）[15] 国不远的欧茹布夏(o-ru-bi-sha）地方，婆罗门种姓。他幼而聪慧，通晓声明学、医药学、工艺学等，宿缘醒悟，亲见许多智慧瑜伽佛母现身。在拥有五百多名班智达、佛法兴盛的那烂陀寺受比丘戒，居住多年，圆满闻习三藏、四续部（rgyud-sde-bzhi）[16],成就了各种密咒、禅定，住修时有多尊瑜伽母现身加持，使他获得了殊胜禅定。之后，按照瑜伽母授记，抵达北印度城市杂兰达拉纳（dza-lan-dha-ra)，谒见了居住在这里的成就师杂兰达热巴（dza-lan-dha-ra-pa)，祈求摄授，杂兰达热巴发现他有缘，便传授灌顶法。通过实修，获得神通，能自如地穿墙而过，据说还能钻入岩石。在修炼禅定或其他法时，亲见胜乐金刚（bdag-nyid-he-ru-ka）[17] 坛场显现，诸位本尊的问答消除了他的疑虑。当他赞颂或唱金刚歌时，大地摇动，花雨飘落，或空中发出声音，或光明闪烁。当他考虑是否到了入行的时间时，被空行本尊制止，再次修炼时，虽然没有很好地修成刀、银水、宝库、丸等许多共同成就，但是当他以自力成就之时，再考虑是否入行，没有得到杂兰达热巴上师的许可，而是奉命到哲达拉日（pre-ta-ri，北印度一地名）地方从空行噶哇桑姆（skal-pa-bzang-mo）的手中接受了《怛特罗和合明点》，因为对空行母做了一些伺察，未能得到殊胜技能。此后，杂兰达热巴派他带着骨饰去乌仗那向空行佛母请求加持，空行佛母加持后捎给杂兰达热巴结印(mdud-rgya)。黑行者向喇嘛献骨饰之前，结印已经毁坏，因此未得到殊胜技能，因为他是大持明咒师，又有上师和空行所赐的教诫，能摄授各类弟子，给予各种成就，所以有三十五名瑜伽弟子和三十七名瑜伽母弟子。有时，阿阇黎黑行者未经上师指导自已修成能杀死对方、育养、硬化、堕罪、召集等殊胜视法。上师杂兰达热巴把以前空行所加持过的骨饰给他，并鼓励说：“现在你可以行明戒行，但不要去德布廓扎（de-wi-ko-tra）地方，除此地之外可以去八大寒林（dur-khrod-brgyad）[18]和其他任何一个地方。”阿阇黎黑行者遵从师教去行境（修行的地方）时，七伞自己转动，没有敲打七鼗鼓便自动响起；有时足离地一尺而行；有时骑着花鬘僵尸而行，每天以八种视法（lta-stangs-brgyad）[19]或十种看法做有情众生之事。好几次，他的伞盖和七鼗鼓成百增长，众随从也以神通来往，以这样的方式行走于寒林和各大地方，广做利益众生事业。就这样，他逐步抵达德布廓扎地方。在这里由于魔女、外道空行母哇呼日（mkhav-vgro-ma-ba-huv-ri）念诵明咒（rig-sngags）诅咒，做怒视法，使阿阇梨黑行者患病，显示死相。他修成殊胜中阴（bar-do）成就后，复以大神通显示许多身相，做利众之事。

第三世，仁特那巴拉（rav-tan-bha-la，热丹波罗），生于杂哈日喀扎（dzaha-ri-khanatra）地区的热丹布拉（rav-tan-pu-ra，印度地一方名）附近，父亲名叫嘛呢迦波哇，母亲名叫热达纳哇德，属于四大种姓[20]中的刹帝利种姓。前世生为黑行者，在杂兰达热巴身边多次受到诅咒，由此因缘现在生为国王时，心生恶念，招来那里的佐给（dzo-gi）[21]教徒，让人供奉，使大地旋转。他以郭罗迦夏（go-rakash，印度一学者名）的禅定知道这些后，感到十分惊异，为了调伏国王而来，心里想着一切得道者的弟子也被愚痴的国王作为奴仆使唤，于是极其忿怒地站在国王的门口，致使那里的大象、马不吃草，小孩不吃奶。国王知道郭罗迦夏是一位具有很大威力的得道者后，先让王妃去向大成就师叩拜，郭罗迦夏第一次将牟陀罗（mu-dra）给了王妃。之后，国王亲自去礼拜，表示忏悔，大师布施给国王一件协杂日牟陀罗(she-tsa-rivi-mu-dra)，取名“热丹巴呼拉”（rav-tan-bha-hu-la），所有的佐给（外道）僧人礼拜，把郭罗迦夏的手放在国王头上，刹时国王得到成就，显现出得道者热丹巴呼拉的样子。据说掘地处形成了湖，因此取名“仁青嘉措”（rin-chen-rgya-mtsho，意为“宝海”）。

第四世，前宏期佛教旧密法学者绒索曲桑（rong-zom-chos-bzang，法贤），生于西藏四茹（ru–bzhi）[22]之中后藏的如拉茹下部的纳隆绒（snar–lung–rong，又叫“完绒”），父亲名叫绒班·仁青楚臣（rong–ban–rin–chen–tshul–khrims）。自幼开始用梵语念经，吐字十分清楚。他的祖父绒班·云丹仁钦（yon–tan–rin–chen）曾预言他是班智达弥底杂涅纳[23]转世。曾在绒格河（rong–gi–chu）边谒见了阿底峡大师（jo–bo–rje–lha–cig）[24]，阿底峡把手放在他的头上用梵语问道：“想做什么？”他对答如流。阿底峡大师很惊奇地说他是“黑行者[25]的化身”。他从十一岁开始修习因明学，到十三岁已全部学完。据说他通晓一切知识。绒索曲桑在噶尔东·楚臣桑波（mgar–ston–tshul–khrims–bzang–po）和多顿·僧格坚赞（mdo–ston–seng–ge–rgyal–mtshan）座前闻习佛法期间，一次梦见用怛特罗秘密要点做糌粑，佛等加行做饮料而饮用，就此他请教了阿阇黎。阿阇黎说：“是掌握此怛特罗和等加行之预示。”当地人就这个梦传出了许多奇谈笑话，说道：

穆巴楚顿（mul–pa–mtshur–ston）通文字，
仪轨法纪弥扎通，
桂库（mgos–lo–khug–pa）[26]精通声量学，
会集一切为妙法。

绒索曲桑大师的著作有《法句经广释》《般若经释》《十五支》《佛等加行广释》《大圆满见修口诀》《净治新教恶趣》及《大威德敌面释说》。当时西藏四茹同期的所有学者看了他的著作后纷纷前来与他辩论，他舌战群雄，纠正错误，使参辩者都感到惊奇，尊他为“上师”。另外，他从多名印度班智达闻习无量内外知识、口诀，精进修持，深入研究前弘期所传的佛教教义。圆满念修母续、阎摩德迦、金刚橛，用威力制服了藏地八大地方神（bod–kyi–yul–lha–sde–brgyad），使它们奉献诚心而归顺。他还多次显示穿越岩石悬崖的神通。晚年，他只诵梵文经典，一次为自己十六岁的女儿益希坎卓（ye-shes-mkhav-vgro）讲授续部密法时，身体直接空行（圆寂）。这样希奇的故事很多。

第五世，拔绒·达玛旺秋（bha-rom-dar-ma-dbang-phyug，拔绒噶举派开创者），藏历羊年（金天会五年，1127 年）生于彭域热贝窘乃（vphan-yul-rig-pavi-vbyung-gnas）地方，父亲名叫顿巴·洛追窘乃（ston-pa-blo-gros- vbyung-gnas），母亲名叫觉姆琼玛（jo-mo-chung-ma）。在他七岁时，发生了这样一件事，一位具有空行相的妇女对他说：“我也是塔波拉杰（dags-po-lha-rje）[27]的弟子，这位上师和你有业缘。”他曾梦见东方有一道白光融入心中。八岁时，从堪布达玛僧格（dar-ma-seng-ge）和轨范师旺秋宣努（dbang-phyug-gzhon-nu）受出家戒，取两位师长名字的各一半，叫达玛旺秋。旺秋宣努传授了从许布译师（shud-bu-lo-tsav）传出的怙主哲古玛（gri-gug-ma）朵玛灌顶，并告诉他说：“这位护法神除了保护我以外，对你更重要，救护力很大。”十一岁时，见到前来为新建寺院佛塔主持开光典礼的格西恰域哇（bya-yul-ba）[28]，请他传授了噶当派四尊（bkav-gdams-lha-bzhi）[29]的修行法；从格西博多哇（po-to-ba）[30]的亲传弟子珠布隆哇（grum-bu-lung-ba）学习《慈氏五论》《集学论》《入行论》，掌握了全部内容，领会了“三士道”[31]教法，对以前在堪布身前所学的《律经》又进行了很好的温习。当他从孩提时的欢喜心态中觉醒后说：“以后，我不需要任何东西，只想见上师塔波拉杰，请教修行口诀。”由于这种强烈愿望，他到各山、崖洞寻找塔波拉杰，遇到一名不知从何处来的像雪山瑜伽师一样扎着橛子形发辫的青年，上前询问，那青年说：“我从塔波来，是上师拉杰的弟子。”他说：“那么，请你领我前去。”那青年说：“顿琼，你是我上师的应化弟子，很快就会见到上师的。”言毕，即消失得无影无踪。二十一岁时，达玛旺秋来到上师塔波拉杰居住的地方，在初十日会供时拜见了上师。塔波拉杰把他叫到里面进行了面谈，使他不由自主地生起了多种明乐禅定。上师塔波拉杰说：“你以前已修完了教授，未经指导而修成，为你心中证得法取名为‘探求独明’。”坛城中所供的颅碗内盛满了酒，塔波拉杰取来给达玛旺秋，他考虑到成就，即全部喝下。上师说:“不需要为你传授灌顶你也可以得到，我的本尊红色小金刚亥母今年会护持你。”说完后，把自己所有的本尊灌顶法传给了达玛旺秋。那时，他虽然身患重病，仍一心礼敬上师，因此疾病痊愈。有一天，上师塔波拉杰骑着来迎请他的人的马出行，途中遇到一只疯狗狂叫，使马受惊奔跑，他比其他任何一个随从更不顾生命地保护上师，用自己背着的上师的手杖、竹笔绞合如绳索，捆住疯狗脖子，抛入水中。之后，由于上师的慈悲心，使疯狗恢复了理智。这样的稀奇故事还有很多。塔波拉杰说：“你需要的一切教法已经传授，现在你去北面拔绒（vbab-rong）[32]静修地修行。”言毕给了他一两黄金和书籍、用具等所需要财物。临别时又嘱咐在世期间不要去任何地方，三十三日师徒可以相会，并说：“以后你可以在禅院修我的丧葬佛事。”在他们共住期间，塔波拉杰去世了。

从二十八岁开始，他按照上师的指示，去北面拔绒地方进行修行，修行期间除了会见送口粮者之外，其他人谁也不见。由于他的慈悲心，使飞鸟野兽也恭敬他，达隆巴（stag-lung-pa，扎西贝）[33]、止贡巴（vbri-gung-pa，仁钦贝）[34]等大德也前来侍奉，经常得到空行佛母的摄授。藏历羊年（南宋淳熙十四年，1187年）二月二日子时伴随异相圆寂，享年七十三岁（应为六十一岁）。

第六世，贡邦俄色贝（A-wa-dhu-tiv-vod-zer-dpal，或阿瓦杜底俄色贝，译言中脉光吉祥），香巴噶举派（shangs-pa-bkav-brgyud）大师。他在后藏娘堆（nyang-stod）距乃宁寺[35]不远的尤禅院（yol-ri-khrod）示现为一个得麻风病的舍弃一切的瑜伽师之身，成为一个懂得仪轨的乞丐。穷波南觉（khyung-povi-rnal-vbyor-pa）[36]曾给他传授护法灌顶。在拉堆巴贡却喀（la-stod-pa-dkon-mchog-mkhar）座前听过法。由于是瑜伽根，白天去行乞，晚上随便住在岩洞，内以修清净殊胜瑜伽度时。当时，喇钦扎巴坚赞(bla-chen-grags-pa-rgyal-mtshan) 的四大弟子萨哇·旺秋扎(gsal-ba-dbang-phyug-grags)、努巴·仁增扎 (nub-pa-rig-vdzin-grags)、完德·喜涅扎 (ban-dhe-bshes-gnyen-grags)、噶尔·释迦扎(dkar-shavkya-grags) 四人中的前三人各建造了一尊佛像，扎巴坚赞主持开光仪式。当噶尔·释迦扎准备修建佛像时，喇钦扎巴坚参说："尚未到装藏的殊胜时间。"因而推迟了装藏的时间。后来，贡邦俄色贝去世，喇嘛扎巴坚赞对噶尔说："现在到了你建造佛像的时候，你去娘堆，在那里的山坞中有当年黑行者为利益众生而示现的麻风身色，现在已经去世，你把他的头盖骨割下拿来，装藏塔内，这里从前有此所缘。"据说噶尔·释迦扎奉师命取来了头盖骨，放在喇钦手中观看时，头盖骨上显现出有六十二尊胜乐、天神的圆满坛城，把这些装入了佛像内。

第七世，香顿·周扎坚赞 (zhang-ston-vbrug-sgra-rgyal-mtshan，雷声胜幢，宁玛派大师)，生于山南和止贡两地交界地带，父亲名叫尚阿仁特那 (zhang-sngags-ratan)，母亲名叫杰曼 (skyes-sman)。从他入胎到降生，父母都做了许多奇异的梦。出生时，天空电光闪动，雷声轰鸣，因此父亲为他取名为周扎坚赞 (意为"雷声胜幢")。早年，父亲授给本尊、阎摩德迦、时轮、黑敌阎摩德迦灌顶，讲授生圆二次第法。当他修念时，别人能看见时轮、阎魔德迦等本尊身相，从不吃俗人的饮食，而专食退敌天母(lha-mo-dmag-zor-ma) 所赐的东北木里顶 (mu-le-ting) 甘露为生。后来，他奉父母之命，娶了一位名叫杰巴宗 (skyid-pa-vdzom) 的女子为妻。巡礼萨绛洞 (zar-byang-phug) 的佛像时，天神和赞神召集山南四部 (lho-kha-bzhi) 的魔军制造障碍，他用时轮、阎魔德迦本尊身收服魔军，使他们诚心归顺。据说他按照尊者授记，以狠诛法降伏夺取萨尔地方人生命的魔女，用人皮为卡尔阿寺 (mkhar-rnga-dgon) 天女塑像制作一副华盖。后来，用神通幻变出酒库为家乡人民造福。晚年被邀请到萨迦派的拉章周卡尔(bla-brang-brog-khar) 讲经授教，利益众生，一直到逝世。

第八世，止贡噶举派大师宁拉囊巴·桑杰热钦 (lha-nang-pa-sangs-rgyas-ras-chen)，他是卡热宁·扎巴贝(kha-rag-gnyos-grags-pa-dpal) 之子，出生时奇兆显现。父亲扎巴贝精通密法，给他传授了许多灌顶。他六岁开始讲《阎魔德迦续》，七岁进入格西尤涅 (dge-bshes-gyor-gnyer) 的寺院闻习《量决定论》，并做了笔记。是年，喇嘛尚 (bla-ma-zhang)[37] 师徒把他迎请到贡塘寺坐床，在这里拜见了止贡巴·仁钦贝 (1143 年—1217 年)，按照止贡巴的指示从格西多杰宣努 (dge-bshes-rdor-gzhon) 等人受近圆戒，学习了一些比较粗浅的知识。后来，他第二次到止贡寺，向止贡巴敬献了曼荼罗等，作为学习五圆满法的学费，证悟了法性无等持，消除了烦恼。十三岁，他很想去印度学习翻译，但由于时机不成熟，未能如愿，师事止贡巴听讲口诀，敬献了被称为孔雀帐的宁氏天灵盖“玛古尔扎巴”(rma-gur-grags-pa)，遭到当地僧众的责难。他前后四次向止贡寺大法会布施了许多财物，包括金银、神像供品、上品绸缎、各种良马、呢绒、皮张、食品等，据说共折合金粉藏升半驮。当时聚集在止贡寺的僧俗群众达五万五千五百二十五人。他神通广大，穿墙自如，曾用法力平息洪水，能使死蜂复活，显示了许多成就征相。又传说，他曾以佛法统治尼泊尔等地，清除了惯罪，首创善例。在拉齐 (la-phyi) 等僻静的地方修行，注释《集密根本续》。他的弟子很多，有的成为大德，有的成为导师。五十六岁时，他在念青唐古拉山腰创建了颇似止贡寺的一所寺院，招徒传授灌顶讲经，把僧众安排在成熟解脱道上。他主管的寺院戒律严明，学法的僧人达二千人。藏历猴年仲秋初八日黎明时圆寂。

第九世，新密法师贡钦萨木迦跋陀罗(kun-mkhyen-sam-gha-bha-dra)，藏历土兔年 (元至元二十八年，1219 年) 生于山南、门域、止贡三地交界处的拉隆热萨寺 (lha-lung-ra-sa-dgon)[38]，父亲名叫顿巴贡钦

(ston-pa-mgon-chen)，母亲名叫曲尼建(chos-nyid-rgyan)。幼年从舅父桑杰贝受居士戒，毫不费力地学会了各种藏文读诵和印（度）、汉（地）、蒙（古）、尼（泊尔）、迦（湿弥罗）等文字，以及无数空行秘籍、水火文字（me-chuvi-yi-ge），能雕塑佛像，绘画天神像，掌握了木雕、坛城画法及黑白历算、医术、声明学、词藻学、修辞学等，被尊称为“贡钦”（意为“遍知”）。从十三岁至二十三岁之间受出家戒、近圆戒，闻习教法，基本上掌握了所学的一切知识。隐居噶尔拉洞（dkar-lha-phug）修行金刚手大轮十八尊生圆二次第法期间，他对寺院管家说帕里仁钦岗(phag-ri-rin-chen-sgang）有当年嘉哇拉囊巴（rgyal-ba-lha-nang-pa）亲手绘制并开光过的扎迦贤画。人们也传说：“现在嘉哇拉囊巴的真正化身在噶尔拉洞静修金刚手法，可以把画像送到那里去。”根据他的说法，管家从仁钦岗取来扎迦贤画献给他，因此被称为“宁拉囊巴的再生。”此后，他为堪布仁钦嘉哇等一百余人传授大轮灌顶，其中的具缘弟子看见了不少本尊神主仆现身。萨木亲见护法，并按照护法的授记，以金铜铸造了兄妹护法(lcam-dral）像，举行了开光典礼，奇相具足。舅父去世后，他负责建造灵塔祭祀，向僧俗群众发放布施。后来，为聚集在白岩寺（dgon-brag-dkar）的僧人讲解《噶当六论》(bkav-gdams-gzhung-drug)，传授灌顶口诀，做利益人、非人等应化众生之事；为巴日兄弟(ba-ri-sku-mched）授法。六十九岁那年腿患疾病，行动不便。藏历水猪年（明洪武十一年，1378 年）一月一日把法位传给桑杰嘉措后去世。

第十世，格鲁派大师嘉央曲杰（vjam-dbyangs-chos-rje，妙音法王），藏历羊年（明洪武十二年，1379 年）生于桑耶（bsam-yas）地方桑珠林寺(bsam-vgrub-gling)[39]所属的协敖（zhal-ngo）家，曾梦见空行授记说他是宁拉囊巴等人的转世。在泽当寺（rtse-thang)[40]出家为僧，曾游历桑浦(gsang-phu)、觉摩隆（skyor-mo-lung)[41]等寺院学习《现观庄严论》《量决定论》《俱舍论》《律经》等四部大论；在甘丹寺（dgav-ldan）从宗喀巴大师闻习《辨了义不了义论》和《集密五次第论注释》等多种显密甚深法，并受近圆戒，自身成为功德海。后来，根据乃琼护法（chos-skyong-gnas-chung）[42]关于有“五千僧人成就”的预言，创建了哲蚌寺。他能讲一百三十部经，每天诵习多种密咒仪轨及承事本尊的修法。据说他曾连续得到文殊菩萨、龙树论师、寂护论师（zhi-ba-vtsho）[43]、宗喀巴大师的关心，亲见具有五种颜色的风。在他身上发生的这些奇异故事非常多。藏历蛇年（明正统十四年，1449年）四月十八日圆寂，终年七十一岁。

第十一世，曲杰尼协（chos-kyi-nyin-byed，法日），生于僧伽罗（sing-gha-la）[44]海彼岸的止桑布（gru-bzang-po）地方，父亲名叫扎哈玛室杂德（pra-hama-shri-dza-ti），母亲名叫班玛（pad-ma）。幼年从班智达弥耶尼玛（mivi-nyi-ma）等人受出家戒、近圆戒，弥耶尼玛大师曾授给他一尊姿态优美的独髻母本尊像，他带着像在夏孜山（ri-bo-bya-rtse，印度一山名）修行，亲见本尊母，得到了以后去五台山的授记。曾去中印度朝拜了金刚座（rdo-rje-gdan）[45]等佛教圣地，战败了外道僧的进攻。二十三岁，根据本尊佛母的授记，来到五台山，受到文殊菩萨的加持。之后，随同几名藏族商人来到藏北达隆（stag-lung），拜见阿旺扎巴，一年后由达隆巴服侍来到噶玛·曲扎嘉措（karma-chos-grags-rgya-mtsho，1454—1506年）[46]跟前习法。著作有《佛陀颂》《忏悔》等。他在布达拉（宫）山修建室舍，招僧专讲印度所传的反映如何建造坛城的《尺度经》。后来，离开布达拉，经过贡嘎（gong-dkar）、后藏，抵达色多坚寺（gser-mdog-can）传授十明学和佛母开许法，从班钦释迦却丹（pan-chen-shakya-mchog-ldan）闻习灌顶法后，由周却法王（grol-mchog）的父母服侍北上前往阿里，他对周却法王的母亲说：“要借一住房。”从此经过贡塘去尼泊尔，从班智达达孜萨赛（dze-sa-gsen）学得总摄论（胜乐）灌顶法，装扮成一位瑜伽师抵印度向金刚座大菩提塔礼供发愿，返回途中船毁遇难。

觉囊派第二十七代法王，多罗那他世系之第十二世，上师贡噶周却（kun-dgav-grol-mchog，庆喜解脱），藏历火兔年（明正德二年，1507年）生于阿里下部地区洛吾曼塘（glo-bo-sman-thang）的涅顿释迦牟尼（gnyag-ston-shavkya-mu-ne）的家族，当时父亲本仲·次旺桑波（dpon-drung-tshe-dbang-bzang-po）五十八岁，母亲二十二岁（次旺桑波的第二个妻子），请求热顿法王（raw-ston-chos-rje）取名为“卓玛奔”（sgrol-ma-vbum，意为“十万度母”），并说他具有良好的大德习气，不久将入佛门。四岁时，皈依仲巴曲杰（drung-pa-chos-rje）受居士戒，念读《佛本生经》，掌握了基本内容。七岁时，向仲巴曲杰请求讲授《红阎摩德迦五本尊灌顶》，密号为“协当南木达多杰”（zhe-sdang-rnam-dag-rdo-rje，意为“嗔清净金刚”）。这一年，他闻习了离弃四眈著（zhen-pa-bzhi）教授，生起了殊胜证悟，掌握了摄类、历算及佛教经论内容，在济仲寺（rje-drung）僧众面前通过了考试。另外，学习了《现观庄严论》《释量论》《俱舍论》《律经》《慈氏五论》后四论以及《入行论》《致亲友书》等，通过了仲巴曲杰主持的考试；向强岭巴、仲巴曲杰学得许多开许法，成就了念修。十岁，从仲巴曲杰受沙弥戒，取名为“贡噶周却”，闻习居士八律仪（dge-bsnyen-sdom-brgyad）、拼法等根本注释法；请求巴迦达（bha-ga-ta）等人担任堪布，讲授经典、印度梵文论著、噶当派语录以及开许法等，系统地学习了道果法。十三岁，在前往卫藏途经萨迦的克扎宗（khavuvi-brag-rdzong），从贡邦仁波切（kun-spangs-rin-po-che）闻习吉祥怙主融入岩门四面怙主开许法，出现了不少奇相。然后来到色多坚，在阿木迦桑底座前闻习因明理论，深解其义。另外，从其他名师受学密教方面的灌顶传承法。从这里返回故地，高兴地拜见了班钦强岭巴和仲巴曲杰，由俄尔钦师徒（ngor-chen）[47]和仲巴曲杰等人分别做堪布、亲教师，授给他近圆戒，被三位大师委任为仲巴曲杰寺住持。曾朝拜大昭寺和小昭寺内的两尊释迦牟尼佛像，派人去向色多坚寺布施。曾亲见妮格空行母（mkhav-vgo-ne-gu-ma），求得妮格六法[48]。在扎当多杰宗（brag-stangs-rdo-rje-rdzong）看见多闻子、马头明王、八主[49]等现身，梦见人马牛一起讲授《心要三义》。多次看见妮格玛等来到众多空行的会供曼荼罗坛场，出现夏哇日（猎人）大师加持灌顶的景象；从本尊与上师闻习多种甚深教法，本尊与空行给他赐名为"绛贡珠贝巴俄"（vjam-mgon-grub-pavi-dpav-bo，意为"依怙成就勇士"）。在他所依止的四十余名上师中，杰江隆巴（rje-spyang-lung-pa）给他赐名"洛萨嘉措德"（blo-gsal-rgya-mtshovi-sde，意为"明慧海部"），根据嘉贡勒嘉（rgya-sgom-legs-rgyal）所得到的"交给怙主化身法主之手"的授记，给他传授了妮格方面的全部十三种法，尤其求得经南喀巴桑传出的大译师仁钦桑波所传的时轮圆满法。在扎什伦布寺受到了班禅洛桑丹巴（blo-bzang-bstan-pa）[50]的供养。曾前后两次去昂仁寺从数名上师听讲佛法，在阿里、卫藏等地寺院为无数胜劣僧俗群众讲经传法，普降法雨，被拉堆绛首领阿旺南杰扎西道吉（byang-bdag-ngag-dbang-rnam-rgyal-bkra-shes-stobs-rgyas）[51]、仁邦法王阿格旺秀（rin-spungs-chos-rgyal-ngag-gi-dbang-phyug）、久旦贡波扎巴多杰（vjig-rten-mgon-po-grags-pa-rdo-rje）、王子尼协旺波（nyin-byed-dbang-po）、多吉丹叔侄、羊卓万户长丹增(yar-vbrog-khri-dpon-bstan-vdzin)、第巴更邦仲巴(sde-pa-kun-spangs-drung)、江孜法王之母阿达嘉姆（mngav-bdag-rgyal-mo）等上层人士尊奉为上师，讲授灌顶传承、口诀、度母怙主、耳传《四部量论》、贡仁巴（sgom-rim-pa）所传的周却百种教授、修心法、《心要三义》《心性安息论法》《十六明点》、般若六教授、希解派的五道、《慈氏五论》《呼金刚大轮生圆次第法》《时轮教诫》《六支瑜伽法》《道果法》《集密五次第论》《胜乐根本续》《金刚四座续》《那饶六法》《妮格六法》、大手印俄玛等一百二十八种灌顶法为代表的觉囊派、香巴噶举派、萨迦派的多种灌顶法，以及长寿顶、长寿、祥施等旧派甚深大圆满法。他曾两次会见了第二世达赖喇嘛格敦嘉措，第一次见面时，双方进行了愉快的会谈；第二次见面时，建立了法缘关系，请求传授了《教授宝鬘根本论》。

总而言之，这位大师以显密道胜证，用白业广利众生，先后担任色多坚、贝科德钦（白居寺）、孜钦、昂仁等寺院住持，工作热情，对寺院发展做出了突出贡献。专心修炼瑜伽时，获得了“解心结”之名。曾有一段时间主持觉囊寺教务，晚年创建了曲隆绛孜寺（chos-lung-byang-rtse），重点发展密修院。著名弟子有：多仁贡噶坚赞、却古拉旺扎巴、克旺强巴伦珠、堪布隆热嘉措、杰仲贡噶巴桑等。由此明确以前本生及以后转世的预言，圆满佛法众生的事业。藏历火虎年（明嘉靖四十五年，1566年）一月初八日色身融化于法界，享年六十岁。

第十三世，噶协萨迥（dgav-byed-sa-skyong），生于印度迦耶城（gav-ya，又作“佛陀伽耶”，古印度摩揭陀国国都）[52]，父亲波罗达梨（bha-ra-ta-ri，又名“罗摩拔拉达日”）曾为摩揭陀（ma-ga-dha）、磨吐罗（bcom-brlag，意为“孔雀城”，即现在的马土腊）[53]、扎耶迦（bra-ya-ga）等国之王，信奉外道。在宫殿楼顶举行的庆祝王子诞生的宴会上，让婆罗门行供养事时，突然出现了不知从哪里来的一位瑜伽师，婆罗门们齐声大喊“出去”，这时人们惊奇地发现瑜伽师以及婆罗门的供品都不知去向。还出现了另外一名瑜伽师口念“达巴古茹那摩”(dam-pa-gu-ru-nav-ma，意为“顶礼尊师”)，诵毕隐身不见。后来有一次，国王为王子举行生日盛宴，由于国王本人信奉外道，在一百由旬[54]周围内外让出家人守护，不准流散人员进来。正在供施房向无爱子（sred-med-bu，遍入天）身供施之时，突然出现了一位瑜伽师，进入供施水器中洗浴，婆罗门们准备殴打他时，瑜伽师突然念了声“帕扎耶”，使供施房倒塌，大家恐惧异常。这时瑜伽师对国王说：“你孩子的前身是佛种，不应该举行生日喜宴和婆罗门供施，应广供瑜伽师。”国王问道：“你是谁？”瑜伽师回答：“迈迦纳塔（me-gha-nav-tha）。”国王按照瑜伽师所说行事，给王子取名为“罗摩廓巴拉”(ra-ma-go-pav-la)。后来王子也开始念诵佛与阿阇黎廓热伽夏（go-rakasha）之咒。

他的母亲拉格玛是刹帝利种姓，从初信佛，曾邀请三位班智达、持金刚师、乞缘者教王子念诵《佛陀颂》，授本尊灌顶施明咒，使他忆念前世，尤其忆念起前世在西藏点燃法灯之事，使大家感到十分惊奇。他从乞讨者古巴莫扎（kubha-mu-dra）学习发菩提心法和其他多种甚深教法，勤修瑜伽。有一次，当他行至密林之中时，看见一棵树下有一名吸吮甘露的成就师，是欧廓拉纳塔（ao-ko-ra-nav-tha）的真传弟子迈迦纳塔或名杂拉纳塔(dza-la-nav-tha)，三只猴子和一头熊为他的侍从，一起挡风，使他敬仰之心油然而生。瑜伽师对他加持、授教后说：“孩子，不要回家，住在这里。”王子奉命住在那里，他的父亲因阿阇黎没放他的儿子回家感到很气愤，于是派两千骑兵去讨伐，但都被阿阇黎施法定住。大家非常惊奇，经过再三施礼请求，瑜伽师释放了被定住的兵士。国王知道所发生的事情后也感到惊奇，转而诚心礼敬瑜伽师，表示忏悔，阿阇黎（瑜伽师）授给窝布德明点(bi-bhu-tivi-thig-le)。从此以后，王子有时住在三位阿阇黎（班智达、古巴莫扎、迈迦纳塔）处，有时住在王宫，还经常与父亲一起去班遮巴哈（bandra-brhan）等地。他曾从阿阇黎阿难达扎雪底（av-nan-da-pra-sho-ti）学习度母念诵经，立刻显相，并以稀奇神通游玩于拉杂止哈（ra-dza-gri-ha）等圣地及森林、城市。据说他在八年中圆满完成了上士夫要百年才能完成的事业。以上为十三世本生的事迹。

二、至尊贡噶娘布（多罗那他）的事迹

第二十八代法王（多罗那他）的事迹，分初期、中期、后期三部分叙述。

（一）初期事迹

第十四世，至尊贡噶娘布（多罗那他）是觉囊派第二十八代法王，藏历阴木猪年（明万历三年，1575年）箕宿月（藏历六月）十八日，生

于保护藏地的十二位永宁地母之一金刚翠聪绿炬地母（rdo-rje-g.yu-sgron-ma）所守护的地方卡热章（kha-rag-vbrang）[55]沟头，即以前热译师[56]的法位继承者居住过的地方，现在叫做曲科顶（chos-vkhor-sdengs）的地方，这里有东西两个热氏（raw）中的东热贡噶僧格（kun-dgav-seng-ge）所建的寺院。其祖父持咒师楚臣嘉措（tshul-khrims-rgya-mtsho）有四个儿子，他是长子南杰平措（rnam-rgyal-phun-tshogs）与多杰布噶拉姆（rdo-rje-bu-dgav-lha-mo）之子，出生时被包裹在五色彩虹一样的肚子中，剥开彩肚看见婴儿全身的皮肤有血脂明点，好像系有黄丹色的梵绳，手足上有法轮相，身上散发着藏红花的芳香。婴儿睁开眼睛向四方观看，口诵三遍松跋尼咒语(sum-bha-nivi-sngags)，祖父给他取名为“班玛斯觉多吉”（pad-ma-sri-gcod-rdo-rje，意为“莲花伏魔金刚”）。他出生的时候，附近园子里百花竞相开放，天空连降七天花雨，鸟雀齐鸣，众兽嬉戏，人畜无病，老人增寿，青年强壮等。长到八个月时能来回走动，一岁时会说话，反复说：“我是喇嘛贡噶周却。”他清楚地说出了前辈的施主、僧院、神衣、三所依，并且命近侍班觉（dpal-vbyor）服侍。大家听后都感到非常惊奇。有一天，协敖（zhal-ngo，指斯觉多吉）和侍从们正在家中吃饭，突然出现了一位肌肤为青蓝色，身着布袍和虎皮袈裟，手拿润温的人头盖骨，长发髻，头缠长头巾的瑜伽师，其他人都非常害怕，唯独年幼的转世灵童格外高兴，向瑜伽师行礼后交谈起来，瑜伽师授给他摧破金刚沐浴法和一根铁杵。据说这根铁杵最早由莲花生传给措嘉（mtsho-rgyal）[57]，措嘉传给那囊·顿觉木（sna-nam-bdud-vjoms），那囊·顿觉木埋藏在桑耶寺，最后被上师雍顿巴（gyung-ston-pa）[58]发掘出来。瑜伽师用膳后离去。

贡噶娘布小时候看见了许多净相，说一些适合于老、中、青三种人的法语，当他看见三所依（佛像、佛塔、佛典）时，生起敬心，慈悲菩提之心自然生起，未经学习即能读写普通文字，了解本尊护法的现观、根本咒语、朵玛仪轨等法。三岁五个半月时，曲杰丹增巴（chos-rje-bstan-vdzin-pa）前来拜见，准备认定为转世灵童。他除了清楚地辨认出绛达孜(byang-stag-rtse）的鼗鼓外，没有与来人进行更多的交谈。此后，堪钦隆热嘉措(lung-rings-rgya-mtsho）主持颇章噶波（pho-brang-dkar-po）期间，即藏历虎年（明万历六年，1578年）阴历八月十五日傍晚，得到空行本尊授记，不久浪卡子第巴（sde-pa-sna-dkar-rtse-pa，即浪卡子万户长）又派人来请。这些与前辈上师（贡噶周却）给堪布本人的授记文书等极为符合。于是，负责选认灵童的各位大师确信无疑，选择了圆满缘起即良辰吉日迎请灵童。四岁时，负责迎请灵童的隆热嘉措安排夏仲扎西道吉旺波(zhabs-drung-bkra-shis-stobs-rgyas-dbang-po）召集各地上层人士，以骑士一百六十五名作为随从在江孜迎接，隆热嘉措自己为了赎取灵童和献礼来到灵童住地，当两人见面时，由于宿慧清楚，都感到非常高兴。隆热嘉措和浪卡子第巴向灵童及其父母敬献了厚礼。

十月四日（原注：九月二十五日），灵童从住地起驾逐渐向后藏进发，与第巴、侍从、僧众等前后来拜见者做了简单的交谈，如同前辈时一样。在曲隆绛孜寺（chos-lung-byang-rtse）举行坐床大典时，前辈的门徒多仁贡噶坚赞、心传弟子拉旺扎巴（lha-dbang-grags-pa)、堪钦隆热嘉措、克旺强巴伦珠（mkhas-dbang-byams-pa-lhun-grub)、杰仲贡噶巴桑(rje-drung-kun-dgav-dpal-bzang）等所有弟子汇集在一起，举行盛大宴会庆贺。

八岁时，师徒经过商议，请来达隆巴钦波贡噶坚赞负责授出家戒，取名为“贡噶娘布扎西坚赞（kun-dgav-snying-po-bkra-shis-rgyal-mtshan)”，净相中变化的善知识印度学者杂拉那塔（dzaw-la-nav-tha）给他赐名为“多罗那他”(tav-ra-nav-tha，意为“救度怙主”)。以后，他依止上师克却强巴伦珠闻习显密经论，得到了智者的地位；从多仁贡噶坚赞（rdo-ring-kun-dgav-rgyal-mtshan）闻习以道果法为主的许多不可思议的灌顶教诫；从扎堆·却古拉旺扎巴（brag-stod-chos-sku-lha-dbang-grags-pa）闻习以那饶六法[59]、大手印法为主的一切无量口诀，现观开悟了甚深内道，获得了金刚十二地智慧，即成就自在之位；从杰仲贡噶巴桑学习时轮和怙主教诫，被委任为觉囊（派）寺住持。堪布隆热嘉措给他传授了时轮灌顶、《时轮根本续》、《时轮根本注释续》、《时轮口诀》、六支瑜伽加持义传承。他深刻领会，证悟究竟，掌握了觉囊派教法后开始钻研布顿派教法，学习各大上师的著作、印度文古书、贡钦笃补巴全集[60]以及其他论著。从克珠桑杰益希、持金刚益希旺波等著名学者闻习萨迦、觉囊、香巴噶举、夏鲁、主巴噶举、达隆噶举等教派的教法和四续部的一切灌顶法、口诀；从印度大成就师古茹洛秀巴桑杰贝巴贡波（gu-ru-lho-phyogs-pa-sangs-rgyas-sbas-pavi-mgon-po）闻习密乘续部生圆二次第全部灌顶法，以及以前西藏没有译传的五百余部无上瑜伽部方面的发菩提心法。这样具有代表性的事迹还很多。

另外，他前后向几名印度瑜伽师学习甚深法和内外明处、声明学等，谙熟一切密意。还不到二十岁，由持律师贡噶坚赞担任堪布，强巴伦珠任阿阇黎（轨范师），杰仲贡噶巴桑等为羯摩师和补缺师提前给他授了比丘戒，成为外如声闻乘、内如佛子菩提心的大持密咒师。前后请求这些上师传授各种教法。

（二）中期事迹

贡噶娘布二十一岁时，受贡噶坚赞和阿阇黎强巴伦珠的委托，担任觉囊寺住持，藏历木羊年（1595年）八月初八吉祥日正式登上了觉囊寺堪布宝座，施放就任茶，从准备到移交的一切因缘都很顺利。之后，他住在吉普（skyid-phug）修行，创立全年讲授觉囊大时轮教法的规矩，每一次教授都很顺利。藏历一月初九日，举行大时轮教授朵玛仪式[61]，首先讲解净善教授。从印度阿阇黎素乃巴难室利（su-nirbav-na-shriv）和布拉哇杂拉（putna-bdzra）等学者一起研讨一切甚深教授。觉囊寺修供法会期间，又绘制时轮彩色细砂坛城，为各修行院的七百余名僧人传授十一面观世音菩萨圆满灌顶。

二十六岁时，他莅临热振寺（raw-bsgreng）[62]法会建立法缘，登上扎僧格雪内宗喀巴大师曾经坐过的宝座讲授菩提道次第法。阅览了耐火（me-thub-ma）的梵文经籍，用梵语和藏语两种语言讲解《黑阎摩德迦续》。他讲经时所表现出来的气质和清晰的语言表达使热振寺僧众都感到十分惊奇，交口称赞。多罗那他用这样的做法广利教法及众生。根据阿阇黎仁波切强巴伦珠的建议，在修缮觉囊寺十万大佛塔时，在三角形红沟中间，出现了一座用心无法测量的水晶山，佛塔形状大小不定，没有任何间隙，无量佛、菩萨加持每一座塔，使塔中发出隆隆的法语声。当时，天降花雨，十方无数众生纷纷供奉，大家异口同声地说："方便住智慧，诸佛的宫殿；七十二尊佛，随从有万万，无量光乐土。"问道："此山是何山？"显相回答说："威德塔。"意思是觉囊派为了增益洁白的善业，服侍十万大佛塔。每年的定期讲经后，多罗那他大师还不断传授教诫，主持举行朵玛仪轨。

二十九岁的春天，他住在觉囊寺，每天黎明时分弥勒佛从密云中出现，每当这时大师总是意想弥勒佛最终会融入自身，体验向天龙、魔鬼、夜叉等非人说法的感受。一切都消散后，他完全了解他空中观见的深刻涵义。他亲眼看见了贡钦笃补巴大师显现，并多次给他授记；还梦见多次去香巴拉，清楚地看见庄严佛土。另外，梦中去迦拉波宫殿（pho-brang-ka-la-pa），谒见十地菩萨的化身贵种王，面向着他说话。此后，他在桑丹寺钻研道果等甚深教法，加强宣传觉囊派的时轮教法，讲授的次数比以前有所增加。曾以会见胜乐三秘庄严之善妙体验消除了桑珠孜王子的身体违碍，利益众生。祭奠上师扎顿巴，广做仪轨百业。

三十六岁那年，一次在讲授时轮教法时，为前来觉囊寺修行院施放斋僧茶的壤塘寺（vdzam-thang）[63]僧人、蒙古人的上师桑杰贝（sangs-rgyas-dpal）

师徒等人传授灌顶，讲授教法，还向三条河谷的百姓征派僧差；主持月供仪式供祭贡钦笃补巴大师，年供贡邦巴·突结尊追、绛赛巴·嘉哇益希、克增·云丹嘉措师徒三人。猪年（明万历三十九年，1611 年），他在讲授时轮法时，为多人剃度，授出家戒。应康巴·弥纳巴（khams-pa-mi-nyag-pa）等人请求，为壤塘寺数名僧人讲授六支瑜伽法；为扎西宗（bkra-shis-vdzoms）新僧剃度授戒。

三十九岁时，多罗那他大师为多康北部地区娘杰寺（nyug-rje）活佛噶宇坚赞僧格（ka-bzhi-rgayl-mtshan-seng-ge）的转世灵童、噶宇巴的两名侄子、康区僧人伦珠等多人讲授道果、六支瑜伽等密法；应温波伦珠（dbon-po-lhun-grub）的劝请，开始撰写《六支瑜伽讲义利见》，应他们的恳求派遣隆热嘉措主仆去康区传教，利益众生。当时，藏巴第悉彭措南杰（gtsang-pa-sde-srid-phun-tshogs-rnam-rgyal）[64]向他奉献了寺院庄园和寺属百姓，修建了义教法之根基圆满，条件完全具备。经过一段时间对内外部地形的勘查，在具足许多善相的宗的城堡前面出现了许多新建达丹丹曲林寺了义欢喜园（rtag-brsan-dam-chos-gling-nges-don-dgav-bavi-gyi-chos-gzhi）[65]的根基的妙汇缘起。

四十一岁，即藏历阴木兔年（明万历四十三年，1615 年）阴历二月十一日举行盛大镇压地煞仪式（sa-sbyangs）。三月八日，设计规划尺度，举行奠基仪式，出现了许多善相。之后，建立作坊，修建了二十余间经堂、一百间僧舍及围墙，用金铜铸造了内供三所依、大型七世佛像（sangs-rgyas-rabs-bdun），以及尺寸稍小于七世佛像的饰有各种珠宝的无量寿佛像、度母像、大佛母像和布禄金刚（dzam-bha-la）像，用金铜铸造了大型胜乐本尊全身像。另外，建造了如来八塔[66]、无触塔或《时轮》所说的佛塔，各个以金、铜、珠宝镶嵌，造型庄严，工艺精湛。无量光佛金像约一层楼高。在觉囊寺新建的三座佛殿之中用金铜雕造了弥勒佛巨像，约两层楼高，另有多尊药泥、香泥等混塑佛像。刻印全集四十余包和全套《丹珠尔》《甘珠尔》经典，缝制绸缎佛像十八幅。对这些稀有三所依所献的宽大顶饰、瓶座等上等供物遮盖了一切，看不见盖顶椽木，供品及其他供物无数，还有跳神用的部分服饰及跳朵玛舞用的各种面具、乐器上百件。在十三年内，多罗那他按照贡钦笃补巴建造十万大佛塔时的例子，完成了各种奇异功业，以语言难以形容。

约在四十三岁时，围绕壤塘寺嘉哇僧格（rgyal-ba-seng-ge）的转世出现争议，本波徐仓（bon-po-zhu-tshang）认为仁辛巴（re-shing-pa）的协敖章松（zhal-ngo-drang-srong）是嘉哇僧格的转世灵童，多罗那他的心中也已经有数，他明确授记说："即使仁辛巴的协敖章松是嘉哇僧格的化身，对壤塘寺也没有什么好处。"但是，他们没有听取多罗那他的话，派遣阿盖活佛(A rge-sku-skye)[67]、管家嘉哇贝（rgyal-ba-dpal，壤塘寺确吉活佛嘉哇僧格的管家）等人前来迎请。多罗那他为康巴冲粗活佛（khrom-tshugs）、岗巴温波（sgang-b-dbon-po）、顿木杂温波（sdom-tsa-dbon-po）等二十名康巴人传授了六支瑜伽和百种教诫等教法，再次按照已有的规矩建立时轮教授。仁辛巴活佛动身前往康区，行至吉雪扎噶尔（skyid-shod-brag-dkar）时不幸去世，应验了多罗那他的预言。先前达丹丹曲林寺经堂内的七世佛像建成的首次开光仪式上，第悉彭措南杰专程从前藏赶到桑珠寺，授给多罗那他大师羊脂玉印，赐给管家贡噶巴桑一枚红檀香木花押印。

多罗那他大师广做利益佛法和众生的工作从未停止过。五十四岁那年，他为益希嘉措讲授《胜乐根本续不共释》，益希嘉措作了很好的记录和解释。另外，他讲授显密经典注释、灌顶传承法门，引导一切徒众走向成熟解脱之道。

五十九岁，即藏历鸡年（明崇祯六年，1633年）二月二十四日，强佐贡噶巴桑去世，多罗那他大师非常关心，给杰增成勒旺姆（rje-btsun-vphrin-las-dbang-mo）作了嘱托和安排，当时他用过的木碗把柄上出现了天成阎摩德迦像。之后，他直接讲授法王羯磨的阎摩德迦诸口诀，撰写了《法王分别再释难易解》。他说："在清楚的见相中，具誓法王（羯磨法王）莅临这里，而明妃一回也没有来过。"证实明妃正在接待兄妹护法并献茶。在这方面，大师为多麦巴·伦珠嘉措（mdo-smad-pa-lhun-grub-rgya-mtsho）讲授了《宝帐怙主十忿怒护轮金刚石寨母讲义》和实修轨则。

总而言之，杰增仁波切多罗那他一生著作甚丰，史传方面有《佛百业》、《印度佛教史》以及各大班智达传记多部。显教经典注释方面有《般若波罗蜜多心经释》《普贤行愿经释》等，大乘中观他空见与教派方面多部，《时轮》《胜乐》《集密》《大威德》等密乘续部仪轨著作多部；《时轮》《胜乐》《集密》生圆二次第法注释等密乘经典注释方面多部，以及《佛陀赞》《资粮》《祈愿》等总共十四函，整理成《多罗那他全集》。根据第二佛所说觉囊派思想，他对显密和了义大中观作了说明和详细的解释，推动了中观思想的发展。若如侍从一样的吉祥怙主扎甘沙达（drakashada）、夜叉盖扎巴（kesh-dra-pa）、兄妹护法扎热巴瓦孜（brag-ram-pa-bag-tse）、独髻佛母南曼嘉姆（nags-sman-rgyal-mo）、切赞扎杰（che-btsan-brag-rje）、当噶尔扎赞（mdangs-dkar-brag-btsan）、孜钦桑拉（rtse-chen-bzang-ra）等奉命完成了本派历辈高僧事业。对贝科尔德庆（dpal-vkhor-bde-chen）、孜钦秀仇（rtse-chen-shug-khrod）、嘉（vjag）、桑丹（bsam-sdings，桑顶）、塔尔巴林(thar-pa-gling)[68]、达丹群佩（rtag-brtan-chos-vphel）等寺和卫藏地区不同派系的其他大多数寺院进行了卓有成效的管理和维护，为部分觉囊派寺院委派住持。根据藏巴第悉贡噶饶丹旺格嘉波的安排，任命其侄拉巴贡噶丹巴为强佐。

（三）后期的事业

杰增仁波切对杰增成勒旺姆和各位弟子讲述了关于未来之事和佛教兴盛衰败，以及政治变化的情况，任命嘉央活佛桑杰嘉措为了义教法的乐园达丹丹曲林寺的住持。他说："这一次之后，我再也不会在曲隆修行院（chos-lung-rtsevi-sgrub-sde）和觉囊寺讲经。”他在觉囊寺讲授了时轮教法和修持法。他说：“现在放心了，把桑杰嘉措活佛已安排在达丹丹曲林寺法座之上，我去世后他会忙碌一阵子。”一般来说，多罗那他智慧广博，能与大家随顺，但是孜方面（指第悉藏巴）没有考虑过他，他说：“我与第悉藏巴同心同德。现在负担轻了，除了今年，我不再做定期讲授。著作也已完成，除了不便拒绝的敦请者外，不再做任何事，闲坐为好。”成勒旺姆请求说：“不管怎样，从整个佛教，尤其是了义教法来考虑，希望你长寿，即使转生，也请你转生为我们派的大德，这样对我派有利，请慈悲摄持。”多罗那他说：“大家诚心祈求，如果你们了解缘起变化，也可利益教派。”

这样，多罗那他大师完成利益教法和众生的伟大事业后，于藏历阴木猪年（明崇祯八年，1635年）四月二十八日往逝药师佛[69]土，去利益他界众生，享年六十一岁。达丹丹曲林寺和各修行院的弟子，以及各部敬仰大师的首领们大行供养，举行盛大的超荐法会。在继承他事业的无数弟子中有掌管觉囊派的桑杰嘉措活佛、克旺益希嘉措、堪钦仁钦嘉措、克珠洛哲南杰、岗波活佛、曲杰阿旺巴、曲吾穷哇活佛、大师的堪布贡噶扎西坚赞、阿格旺波活佛、哲布活佛、夏仲上师仲、曲杰仁顶巴、时轮夏尔钦巴、曲杰拉欧巴、比丘宁波塔耶、强巴云丹贡波、阿旺贡噶索南、贡噶成勒旺姆、后藏王子贡噶丹贝坚赞等。除了这些弟子，还有上下一切地方的弟子都坚持本派教法。佛教施主藏巴第悉彭措南杰父子、拉堆绛首领扎西道吉、羊卓万户长丹增弥居旺格嘉波（羊卓达垅万户的万户长。羊卓达垅，即今西藏浪卡子县）等许多有无限权势的人也敬仰他。上述简略介绍了第十四世至尊多罗那他的事迹。

一般来说，觉囊贡钦钦波笃补巴·喜饶坚赞色身往逝法界时，向贡邦曲扎贝等心传大弟子们授记未来情形，他说：

大圣普贤化身具智悲，

名曰克增桑杰摄政者。

根据这个预言，吉祥觉摩纳嘉（jo-mo-nags-rgyal，觉囊）的法座乔勒南杰之后是克增桑杰参建（mkhas-btsun-sangs-rgays-mtshan-can），这时正值拉堆绛首领南杰扎桑（rnam-rgal-grags-bzang）护持教法。克增桑杰参建之后由钦饶绛曲僧格（mkhyen-rab-byang-chub-seng-ge）主管寺院，法王热丹帕巴（rab-brtan-vphags）创建了巴科曲德寺（dpal-vkhor-chos-sde，白居寺）[70]，未超过历辈觉囊法嗣授记时间，于此不再赘述。

据说觉桑哇、曲贝贡波、索南桑波、喜饶桑波、曲贝桑波、索南坚参以前都是香巴拉具种王的化身，觉囊派教轨中没有掺杂其他的东西，他们都是贤哲博学之大德。此后是贝丹仁钦、曲窘坚赞、贡噶勒巴、南喀桑波、仁钦扎西。关于杰仲贡噶巴桑以前的人如何主持寺院及加持教义传承、灌顶传承、口诀传承等方面有多种不同的说法。在多种传承中，这里所要说的是大家所熟知的加持教义传承。

第二十九代法王，贡噶仁钦嘉措（即堪钦仁钦嘉措），生于后藏，为第巴那塘巴（sde-pa-snar-thang-pa）之子。曾拜见上师贡噶娘布（多罗那他），并受出家戒和近圆戒，闻习甚深道金刚瑜伽灌顶传承、口诀法，通过修行，证悟圆满，宿慧醒悟，智慧圆满，一日能记诵长条经文十八页。另外，随学显密多种教法，熟记所授的一切密意。达丹丹曲林寺阿阇黎去世后，他继承法位主持寺院事务，在任职的十五年当中平等护持讲经院和修行院。晚年，居住在密乘日吾德庆寺（ri-bo-bde-chen），发展觉囊派讲修事业。心传弟子有洛追南杰（blo-gros-rnam-rgyal）、安多·贡噶巴桑(a-mdo-kun-dgav-dpal-sangs）等多人，其中另外几人下面要作介绍。诗道：

离云善趣妙道中，
遍徒如光照十方。
极浊眼药满黑光，
密光千笑很希奇。
文殊密意极明显，
嘉言十二主光辉，
贡钦密意莲花开，
语王教日定是您。

大乘佛教如意珠，
善供讲说修行幢，
众生愿满自在王，
庆喜藏子愿成佛。

注释:

[1] 夏卡哇：亦称“夏喀巴”，意为“来自东方的人”，指江孜法王家族。据《汉藏史集》说：“犹如东方山顶上升起的光芒万道的太阳，在广阔虚空中以智慧和慈悲照护众生的帝释天神，在东方的丹玛地方化身为夏喀哇家族。他们的高贵而尊严，成为萨迦派的大臣之宝，有的又是击溃来犯之敌的将军之宝，现在这个家族中又有执掌佛法传承的大法王。”此家族是藏族最早六大族姓中的穆察噶氏的后裔，曾居住在康区丹玛噶巴城，后来他们家族的人西迁到雅鲁藏布江北部的乌由、如拉茹一带，几年后又从这里向南沿年楚河南行，来到江孜定居，故有“夏卡哇”之称。

[2] 拉堆绛：地域名称。“拉堆”，指日喀则拉孜以西地区，即拉孜上部；“绛”，北方的意思。拉堆绛代表一个地区名，即元朝设置的十三

万户之一，其中心在昂仁，共有 2 250 户，13 500 人。

［3］司徒贡桑热丹帕巴：亦译“贡桑热丹帕巴”“饶丹贡桑帕巴”“饶丹衮桑帕”“热丹贡桑帕巴”等，江孜土王。1389 年生于年楚河上游的甲仲地方，父亲贡噶帕是萨迦朗钦。他聪明颖悟，3 岁始从却吉仁钦习法；20 岁创建佛法讲修院，并制定条规严格管理；24 岁时，制作巨型坛城；第二年请来宗喀巴的弟子克珠杰格勒贝桑设计修建了白居寺，聚集各方学者一起研讨佛法。之后，他一心扑在佛法上，扩建寺院，制造佛像，筑造了寺院围墙，修建吉祥多门十万佛塔，亲自编写了《十万佛塔及第二幅锦缎大佛像目录》，以及《噶丹修行地创建记》。他坚持依法治理，实行亲民政策，与达仓宗、诺布琼则等东部几个宗、豁卡关系密切，不少部落都纷纷归入其管辖。

［4］娘堆寺：原文的意思是“娘堆地区的寺院”（年楚河上游地区的寺院），指江孜法王的家庙孜钦寺和白居寺。孜钦寺，见前面。白居寺，全名“吉祥上乐轮金刚鲁西巴坛城仪轨大乐香水海寺”，简称“白科曲德寺”（吉祥大乐论）。由江孜法王贡桑帕巴建于 1418 年。《汉藏史集》说：“此贝考德钦寺修建的时间是，于释迦牟尼圆寂后的三千五百五十三年的阳土狗年（1418 年）六月二日奠基动工。”《后藏志》则说：“大法主朗钦贡噶帕诞生后到三十四岁之铁马年（1390 年）建成了江喀孜佛堂三佩仁钦林。”《黄琉璃》也持此观点。白居寺的全部殿堂不是一次性建成的，而是经过了几代人的努力，才成为现在的规模。据《汉藏史集》所记，最初的规模是：“佛堂有八根穿眼的形式特别的大柱子，有三解脱门，围廊有四十八根柱子的面积，整个佛堂有一百五十根柱子的面积，外面突出的有十二道大棱，高两层，并有女墙装饰四周。佛堂中有高三十五肘尺的金幢。佛堂中有与摩揭陀金刚座的大佛像尺寸相等的大菩提佛塔，用诸宝制成，它是阳铁兔年（1411 年）六月八日由化身的工匠本莫且加布建造的……”整个建筑群以大经堂和十万佛塔为中心，

分散布置古巴、青格罗、罗布甘、德瓦金、塞贡、斯岗旺玛、仁定、顿格罗、拉岗、杰布久、温卡、西奈、列殊、章弥且、康萨、拉乌、夏青巴等十七个札仓和玛林、绒康、甘丹、凯居、巴久等佛殿，以及其他建筑。十七个札仓分别隶属于萨迦、噶当、格鲁、觉囊等宗派。白考曲丹佛塔高九层（三十二米），有一百零八个门，七十七间佛堂。后来佛塔基本保持完好，但其他建筑遭到毁坏。

[5] 克珠杰：全名克珠·格勒贝桑（1385年—1438年），宗喀巴著名弟子之一，第三任甘丹寺赤巴，班禅活佛系统建立后被追认为第一世。生于日喀则拉堆绛所辖多雄地方，今昂仁县境内。弟兄三人，他排行老大，聪慧颖悟，被称为著名学者拉旺巴的化身，因此有了“克珠”（贤哲）的尊称。7岁，从僧格坚参和嘉玛哇·云丹欧受沙弥戒。之后，从仁达瓦·循努洛追系统学习上下对法、般若、中观、戒律等；从喇嘛索南坚参、道果师益西贝巴、班钦纳萨瓦等人学习密法。16岁那年，博东班钦对萨班的《量理宝藏论》提出异议，要求萨迦的智者解释回答，克珠杰毅然去博东艾寺与博东班钦辩论，受到博东班钦的高度赞扬。1407年，仁达瓦把他推荐给宗喀巴，在色拉曲顶见到宗喀巴。从此跟随左右，成为宗喀巴最得意的弟子之一。1427年，江孜法王热丹贡桑帕巴获悉克珠杰的盛名后，决定邀请他来与贡钦绒敦巴辩论，但绒敦巴用各种办法推辞。《后藏志》则说：“法王热丹贡桑二十五岁时，即印度人所说的‘尊胜’年为江热寺奠基，从北面请来以讲说一百零四种教理为主的前克珠钦波拉耶旺波之化身克珠格勒贝哇，尊为法师。”江热寺，即白居寺，克珠杰协助法王修建寺院，并设格鲁派札仓。1430年，应嘉曹杰之请，回到甘丹寺接任赤巴。著作有《时轮无垢光释大疏》《因明七论除暗庄严注》《宗喀巴传》《集密生起次第广释成就海论》《大威德生起次第法》《喜金刚本续第二品释》等。

[6] 贡噶坚参：藏族著名学者，萨迦派第四代祖师。父亲是贝钦欧

波切，浮名贝丹顿珠，从小跟随伯父扎巴坚参学习量学、工艺学、历算、语言学、医学，以及中观、般若、对法、戒律等，各方面的知识基础非常扎实。1204年，从来藏的迦湿弥罗班智达释迦室利受比丘戒。1244年，带领两个侄子八思巴和恰那多杰来到甘肃凉州与阔端会面，商定了西藏归顺蒙古汗国的条件，致书西藏僧俗上层，劝说归顺元室。1251年，死于凉州。主要著作有《萨迦格言》《量理宝藏论》《三律仪论》《智者入门》《乐论》等。《萨迦世系史》《汉藏史集》《青史》《红史》等史籍中有详细介绍。

[7] 昂仁等寺院：指开设觉囊派教法的昂仁、孜钦等寺院。昂仁寺，又称"绛昂仁大寺" "昂仁曲德寺"，位于昂仁县城东南一座小山顶上。1225年，由萨迦达孜拉贾巴·释迦僧格所建，14世纪由拉堆绛万户扎巴达进行扩建。《青史》说：绛达扎巴达受元朝封为"司徒"，他曾从觉囊派两位大师笃补巴和乔勒南杰学法，请笃补巴同意，扩建了昂仁寺。《黄琉璃》说："木雅赛邬王的后裔名叫勒巴者住在后藏上部达地方即僧格垅，他有五个孩子，长子僧格达后裔中的帝师贡噶洛追被任命为本钦时，在因为森黑的岩穴叫做昂木仁，或昂木措的海子中有鹅鸣声，故于名昂仁的地方修建堡寨，请来释迦僧格，于第四饶迥（可能是第五饶迥之误）的木鸡年为寺院奠基。"《西藏王臣记》说：本德之第六子扎巴达"曾经获得元世祖忽必烈的诏命，颁赐宝印，受任为司徒之职。他建立了北派昂仁大寺"。1354年，扎巴达扩建后的昂仁寺从原来的一个小寺院变成了规模宏伟的大寺院，萨迦派统治时期住寺僧人达到七千多人，影响巨大。公元17世纪以后宗奉格鲁派，由扎什伦布寺派任堪布。整座寺院依山而建，错落有致，主要殿堂有杜康（大经堂）、强巴佛殿（弥勒佛殿）、贡康（护法殿）、颇章（府邸）、曲热（辩经场）、曲德拉章等，占地两千多平方米。内设格鲁派十个札仓：德贡、甘丹德林夏尔巴、窘达夏尔、扎西岗、桑珠甘丹、多本巴、曲隆洛巴、邦域第瓦坚、梅杰曲隆

夏尔、隆噶丹；属萨迦派的十五个札仓是：噶尔勒、噶尔波夏尔、欧嘎夏尔、达孜、曲林、同曼、囊热、拉顶、德普、擦尔贡、噶蔡、曲隆、雅噶曲顶、群科岗、噶尔孔。20世纪60年代初期两度遭到破坏，80年代以后，由各方筹资恢复修建了部分殿堂。

[8] 五浊：佛教用语，是末法时代有五浊的众生的生存状态，大小乘经典的解释略有差别。最早见于《杂阿含经》卷三十二："如是！迦叶！命浊、烦恼浊、劫浊、众生浊、见浊。……众生善法退减故，大师为诸声闻多制禁戒，少乐习学。如来正法不为地界所坏，不为水、火、风界所坏；乃至恶众生出世，乐行诸恶，欲行诸恶，成就诸恶，非法言法，法言非法，非律言律，律言非律。以相似法，句味炽然，如来正法于此则没。"其中的"命浊"的意思是众生由于多做恶业，致使寿命极短。"烦恼浊"者，众生六根不净，导致贪、嗔、痴各种烦恼。"劫浊"，由于无烦恼，世代饥馑、疾病、战争等灾祸不断。"众生浊"，众生因无明，不信善恶报应，不守持禁戒，而受一切苦。"见浊"，指错误的见解。世亲的《俱舍论》卷十二说："言五浊者，（一）寿浊、（二）劫浊、（三）烦恼浊、（四）见浊、（五）有情浊。劫减将末，寿等鄙下如滓秽故，说名为浊。由前二浊，如其次第，寿命资具极被衰损。由次二浊，善品衰损，以耽欲乐，自苦行故，或损在家出家善故。由后一浊，衰损自身，谓坏自身身量、色力、念智、勤勇，及无病故。"（《大正藏》29·64a）大乘佛教《法华经》等也有解释。

[9] 娘堆第巴："娘堆"是藏文"nyang-stod"的音译，地名，指年楚河上游地区。"第巴"是"sde-pa"的音译，官职名称，指一个地区的首领或行政负责人。17世纪前期，娘堆地区的第巴是藏康巴，具体情况不明。

[10] 色多坚寺：亦称"图旦色多坚寺"，萨迦派寺院，位于日喀则市，由释迦却丹（1428—1507年）所建。他出生在桑浦巴尔措，8岁在

觉莫隆寺由绒顿大师授予出家戒；10 岁，在那烂陀罗寺受沙弥戒。从此到 21 岁之间，一直跟随绒顿研修六庄严（龙树、提婆、无著、世亲、陈那、法称）二胜（功德光、释迦光）的思想，主持桑浦寺乃郭札仓教务。25 岁，进入俄尔寺受比丘戒，闻修六支瑜伽等密法。42 岁，修建色多坚寺，规定冬季法会主讲上下对法，春季法会主修中观，夏季法会主修集密法。他的著作有《释量论释难广略宗义》《量理宝藏论广释》《现观庄严论广释》《中论广释》等。

［11］三藏：佛教经典的总称。指经藏、律藏、论藏，“藏”原为盛放东西的“竹箧”，引申为“摄、器义”，即总摄所应知的一切和容受所应知的一切教法。经藏，音译“素怛缆藏”，佛所说的根本教义；律藏，音译“毗奈耶藏”，记述戒规威仪；论藏，音译“阿毗达磨”，解释经义的论著。为何要立三藏？《大乘庄严经论》卷四说：“三藏谓修多罗藏、毗尼藏、阿毗昙藏；或二谓此三由下上乘差别故，复次为声闻藏及菩萨藏。问彼三及二。云何名藏？答由摄故，谓摄一切所应知义。问云何成三？答成三有九因。立修多罗者，为对治疑惑。若人于义处处起疑，为令彼人得决定故。立毗尼者，为对治受用二边。为离乐行边遮有过受用，为离苦行边听无过受用。立阿毗昙者，为对治自心见取。不倒法相此能示故，复次立修多罗者，为说三学。立毗尼者，为成戒学。心学由持戒故不悔，由不悔故随次得定。立阿毗昙者，为成慧学。不颠倒义此能择故。复次立修多罗者，为正说法及义。立毗尼者，谓成就法及义由勤方便烦恼灭故。立阿毗昙者，为通达法及义。由种种简择此为方便故，由此九因故立三藏。”大小乘佛教包括密教都有三藏，凡是精通三藏者，称“三藏法师”。

［12］五明：一切学问的总括，或学科，分大五明和小五明。大五明指工艺学、医药学、声明学（语言学）、因明学（正理学）、佛学（内明学）；小五明包括修辞学、辞藻学、韵律学、戏剧学和星象学。

[13] 马鸣：尊称“马鸣菩萨”，古印度著名的佛学家、诗人、哲学家，被中国佛教禅宗尊为第十二代祖师。中印度人，婆罗门种姓，生活在公元一世纪左右。早年学习婆罗门教法，慕名与胁尊者辩论，被胁尊者渊博的知识和善辩才能所折服，拜为师傅，改信佛教。他到处弘法，受到迦腻色迦王的器重。一次，迦腻色迦王兵侵中印度摩揭陀，要求交三亿金才能撤军，如果没有金钱，可用佛钵和马鸣相抵。摩揭陀国无奈，只好将马鸣送给对方。迦腻色迦王把马鸣带回本国，请为沙门说法，“诸有听者，莫不开悟”，据说连现场的马匹也“垂泪听法，无念食想”，后以马解其音，故名“马鸣”。著作有《佛所行赞》《大乘庄严经论》等。

[14] 龙菩提：亦称“龙觉”“龙智”。传为龙树的弟子，密法重要传承人。玄奘法师在《大唐西域记》中提到龙菩提，但是否为龙树弟子，无法确定。多罗那他《印度佛教史》说：“东方潘伽罗国的老婆罗门夫妇有一个儿子，生活贫困，龙树阿阇黎给予很多食子，获得采炼成就，出家后精通三藏，此人即是龙觉阿阇黎。龙树阿阇黎住世的时候，他也作阿阇黎的侍者。龙树去世后他住在吉祥山一边的一个洞窟中，专一观修十二年，得大手印的殊胜成就，寿命等同日月，就住在该地。他有两个名字，一个是那伽菩提，即龙觉；一个是那伽佛提，即龙智。”（张建木译）

[15] 潘伽罗：藏文史籍中出现比较多的一个东印度地名，来藏传法的阿底峡等人就出生在此地，即今孟加拉国境内。

[16] 四续部：密教术语。藏传佛教所划分的密教发展的四个阶段及其经典。“续”相对于“经”而言，其藏文的本意是“传统”“相续”等，一般指密教典籍；“经”是指显教典籍。四续部，简称“四部”，指事续部、行续部、瑜伽部、无上瑜伽部，每一部有根本续和注释续等。藏密重视其中的无上瑜伽部，按照法门分为集密、大威德、喜金刚、胜乐、时轮等五大类。

[17] 胜乐金刚：亦称“上乐金刚”“大乐金刚”，梵文名称是 Cakrasamvara，又称“呬噜迦”，藏文称 bde-mchog，音译“德姆却”，是藏传佛教无上瑜伽部五大本尊之一，又是胜乐法门的名称。在无上瑜伽部五类法中，胜乐法被看成是母续法，其根本经是《胜乐根本续》，注释续约有三十二部。作为本尊胜乐金刚的形象最常见的是四面十二臂像，它代表佛位七支金刚身。四首四面，代表佛教的慈无量心、悲无量心、喜无量心和舍无量心。四面的颜色不同，呈威严忿怒状，本面或中面是蓝色，左面白色，右面红色，后面黄色，分别代表增益、息灾、敬爱、降伏等四业（红脸敬爱、蓝脸息灾、黑脸降伏、黄脸增益）。每一面有三只眼，其中额头上一眼向上看，其余二目圆睁，表示能够观照过去、现在、未来三世。双耳垂肩，佩戴大耳环。头戴着由五骷髅装饰的佛冠，代表五方佛，象征一切无常和勇敢。上方有半月形，代表众生的幸福；顶有双金刚，表示方便与智慧双运。项挂用五十颗人头串成的项链，代表佛所有的经典。腰间围系带有虎尾的虎皮，表示无畏和勇猛。十二手臂全是蓝色，象征克服无明、行、识、名色、六处、触、受、爱、取、有、生、老死等十二缘起的方法。左右主臂拥抱明妃金刚亥姆，左手拿金刚铃，右手持金刚杵。其余十臂做出不同的样子，分别拿着人头、如意宝绳、头盖骨、战斧、月形刀、三叉戟、骷髅杖、金刚绳、金刚钩等；左一下手拄着等身天杖，一端着地，上端挂着五颗人头。左腿微屈，呈弓步，脚踩仰卧的时间女神(黑夜叉女)；右腿侧直，脚踩一俯身半裸的自在天（怖畏湿婆神），代表超越世间。又说胜乐金刚有红、绿、黑、黄四面，每面脸上有三目，表示能观照过去、现在和未来三世，照顾一切有情。两条腿代表方法与智慧，右腿伸开，表示传播教法，脚下踩着恐怖者，表示降服了忿怒；左腿弯曲，表示快乐已被接受，脚踩仰面女(即符号女)，表示降服了色欲。

[18] 八大寒林：亦称“八大尸林”“八大弃尸处”“八大尸陀林”

等。古印度僧人去世后，弃尸的八个地方，或八大墓地，指东方暴虐寒林、北方密业寒林、西方金刚焰寒林、南方骨锁寒林、东北狂笑寒林、东南吉祥寒林、西南幽暗寒林和西北啾啾寒林。主管寒林者，称为尸陀林主。寒林中有八种树、八位空行女、八种法器、八种服饰等。

[19] 八大视法：八种看法，或八种见解。此处指密教八种视法成就，指果实未熟，视而掉地；硬木上长，视而下钩；远处的果实、鲜花，视而至前；猛兽残暴，视而温顺；过去观视后落地的果实，再观视后能复归原处；过去观视后下垂的硬木，再观视后依旧上长；过去观视后至前的果实鲜花，再观视后复归原处；过去观视后杀死的猛兽，再观视后能医活。

[20] 四大种姓：种姓，既是一个宗教概念，也是一种社会等级制度。印度的四大种姓形成于前吠陀时期，原意为"颜色""品质"，是雅利安人进入印度以后为了区别于非雅利安人而划分的。但是，随着工作和职业的分化发展，便有了四个种姓：婆罗门、刹帝利、吠舍、首陀罗。按照婆罗门教的解释，婆罗门是从大梵的口里出生的，为最高种姓，以僧侣为主，从事教育、文化和祭祀活动；刹帝利是从大梵的双臂出生的，为掌握军政的国王和武士阶层；吠舍是从大梵的腹部出生的，是商业、手工业和农民阶层；首陀罗是从大梵的足部出生的，为最下等的人，也是不为"神拯救的人"。《吠陀经》记载：婆罗门"平静、自制、苦行、纯洁、容忍、诚实、博学"；刹帝利"有英雄本色，威武、坚毅、临阵勇敢、慷慨、有将才"；吠舍"务农、放牧及经商"；首陀罗只能"劳动及为他人服务"。所以，前三大种姓为雅利安人种，有念诵《吠陀经》和祭祀的权利，死后能再生，故称"再生族"；首陀罗是非雅利安人，既无权念经祭祀，也没有再生的希望，故称"一生族"。

[21] 佐给：古印度一教派名，佛教称其为外道，具体指哪个派别，还有待确认。

[22] 四茹：亦称“四翼”，吐蕃王朝建立以后对辖区所作的划分，既是四个行政区，也是四大军事区划。前藏有伍茹和约茹，后藏有叶茹和如拉茹。伍茹，亦译“卫茹”，即中央翼，治所在拉萨，以小昭寺为中心；约茹，即左翼，治所在今西藏山南的乃东，以昌珠寺为中心；叶茹，即右翼，治所在今西藏日喀则地区的南木林，以雄巴蔡为中心；如拉茹，即分支翼，治所在日喀则地区的拉孜。每茹设茹本（长官）、元帅、副将，以不同颜色的旗帜为标志；设上下两茹，下设千户（东岱）。

[23] 弥底杂涅纳：亦作“班智达弥底什那”“弥迪班智达”，古印度著名佛学家。关于他如何来藏、如何传法等方面有许多说法。他原是印度辛底巴和那饶巴的弟子，具辩论才能，曾舌战外道僧，名声很大，故称“班智达”。10世纪后期进藏，但因向导兼翻译病逝，留下他一人，不懂藏语，流落在后藏的达那靠给人牧羊为生。后来，被其弟子索南坚参赎出，请到曼隆、曲弥传法。多罗那他《后藏志》说：弥底“是兴底巴和那若巴的门生。在东、西、中印度毋庸争辩的学者桀杰译师说，此人十分善巧，外道们不敢同他辩论。弥迪（即弥底）摧毁外道的教法，外道遂使用‘恶咒驱逐轮’法术伤害他，致使这位班智达不得不漂泊流浪。为了母亲，弥迪在达那当了牧人。其时，他建造了寺庙，继而在香浦拉布创建山谷大鼓寺等伽蓝”。从后藏到前藏的拉萨等地传法，最后被请到康区的丹隆塘传法。后弘期初期著名的学者赛尊、仲敦巴、枯敦·尊追雍仲等人都闻其法。他著有《语言门论》，翻译了许多密教经典，被尊为翻译新密典的第一人。

[24] 阿底峡大师：又称“觉沃阿底峡”，原名“月藏”（982—1054年），法号“燃灯吉祥智”。东印度邦伽罗（潘迦罗，今孟加拉）人，萨霍尔王族，与寂护是同族。从5岁开始学习佛法和其他知识，11岁到那烂陀寺从学于觉贤法师，在佛学、语言学、因明学、医学、历算等方面有很深的造诣。后来，到王舍城随密教大师阿缚都底波学修密法，在超

戒寺师事那罗波。父亲非常希望他继承王位，可是他对从政没有兴趣，29岁时进入菩提迦耶的摩底寺从戒护受具足戒，学习律学，还聆听法护讲经。伊斯兰军最后一次进攻印度前，他前去金地国（苏门答腊），从法称（金洲大师）学习唯识学和密法。44岁时，出任超戒寺首座。1042年，应古格王之邀来到阿里传法，三年后被仲敦巴请到前藏传教，最后死于聂塘。著作有《菩提道灯论》《般若波罗蜜多略义明灯》《一切经集略义》《发菩提心及受菩提律仪仪轨次第》《菩提道灯论难义释》《菩萨行摄义灯论》等几十部，尤其是《菩提道灯论》及其三士道思想对宗喀巴思想的形成产生了很大影响。

[25] 黑行者：梵文名称“迦诃尼波”，古印度著名的佛学大师，八十四位成就师之一。据传，因其经常手持天杖、骨饰、长腰鼗、酒器，得到了“那波”之名。东印度欧茹布夏人，婆罗门种姓，自幼苦学声明学、医学和其他各种技艺。后来进入那烂陀寺学习。几年后至北印度阇兰达罗波师从阇兰达热巴上师专心修炼密法十二年，终得成就。

[26] 桂库：指桂·库巴拉则和库敦·尊追雍仲，同为阿底峡的弟子，噶当派的著名学者。桂·库巴拉则，藏传佛教后弘期初期三大译师之一，生卒年不详。日喀则达那浦库巴地方人，吐蕃七贤臣之一的桂·赤桑亚拉是其先祖。曾三次去印度求学，拜访了七十位班智达，几乎学到了所有的显密教法。回到西藏后，专心翻译密典，尤其重视翻译集密方面的经典，其对佛教的贡献和名声仅次于仁青桑波。库敦·尊追雍仲（1011—1075年），阿底峡三大弟子之一。他曾从智麦·次程窘乃受出家戒，从格西扎巴欧西听法。后来，与欧·勒贝喜饶、哲·喜饶巴尔结伴到康区的丹隆塘投师赛尊。在山南的唐波切寺讲授性相学，组织人员迎接阿底峡，从此跟随阿底峡左右，得到噶当经函。

[27] 塔波拉杰：全名“塔波拉杰索南仁钦”，米拉日巴的弟子，达波噶举派实际创始人。1079年生于西藏南部达波地区涅地方的尼氏家族，

自幼学医，医术精湛，有“达波神医”之称。20多岁时，先是妻子病故，接着子女又去世，使他对行医完全失去信心。1104年受戒出家，跟随噶当派僧人学法。31岁的土牛年（1110年），慕名到后藏拜见米拉日巴，随修密法六年。回到前藏后，隐居雪山修行。1121年，由当地首领资助修建了达拉冈波寺（位于加查县境内），摄徒传法，创立了达波噶举派。从此他主持寺院事务。直到1157年去世。著有《解脱道庄严论》和《塔波拉杰拾零集》。四大弟子噶玛·都松钦巴、帕木竹巴·多吉杰波、蔡巴·尊追扎、拔绒·达玛旺秋分别创立了噶玛噶举、帕竹噶举、蔡巴噶举、拔绒噶举等四大支派。

［28］格西恰域哇：全名“恰域哇·循努欧”（1075—1138年），噶当派著名学者。西藏堆龙德庆廓果龙人，12岁从京俄哇的弟子益西嘉等人受沙弥戒，以堆隆巴·仁钦娘波和京俄哇·次程巴尔为上师，比较系统地学习显密教法，尤其研修密教生起圆满二次第法。曾于今西藏隆子县东部的恰域地方建恰域寺，故名恰域哇。

［29］噶当派四尊：噶当派的始祖阿底峡大师传下来的四大修法本尊，指噶当派所供奉的释迦牟尼、观世音菩萨、不动明王和救度佛母等本尊像。依止释迦牟尼佛像，修三三昧耶法；依止观世音菩萨，成就禁食斋仪轨；依止忿怒不动明王，成就几种法门；依止救度佛母，成就供仪轨。因为释迦牟尼是佛教的教主，观世音菩萨集一切寂静天神为一体，忿怒不动明王集一切天中天为一体，救度佛母集一切天女（佛母）为一体。

［30］格西博多哇：又译“博朵瓦”，全名“博多哇·仁钦萨”，仲敦巴三大弟子之一，噶当派著名学者。1027年，生于拉萨东面澎域哲的扎沃塘，即今林周县的松盘乡，族姓“内”(gnyos）氏。他性格温和，怜悯心强，小时候受父亲的上师巴贡的鼓励，进入杰拉康寺从叶巴哇欧·绛曲窘乃受出家戒，向库敦·尊追雍仲学过法；在扎耶巴寺听阿底峡讲修行次

第法，在学修方面都非常勤奋。28岁那年，再次受巴贡的推荐，往热振寺参拜仲敦巴，随学七年，受到仲敦巴的格外关照。师父去世后，他担任过热振寺住持，但由于内部矛盾复杂，他离开热振寺，隐居在隆雪静修，在卓拉等多所寺院授法，常随弟子有三千左右。61岁时，创建了博多寺，重视宣讲《本生经》《集法句经》《菩萨地》《大乘庄严经论》《入菩提行论》《集菩萨学论》和《普提道灯论》等"噶当七论"，开"教典派"，从此噶当派的名声逐渐传开。1105年去世，有著作留世。弟子众多，其中朗日塘巴·多杰僧格和夏若瓦·云丹扎被称为日月弟子。

［31］三士道：噶当派规定的学佛次第，指下士道、中士道、上士道。古格王朝建立后，效仿先祖们的做法依佛法治政，但是当时佛教内部非常混乱，古格王菩提光有许多无法解释的疑问。于是，他派人请来阿底峡大师，向他提出了七个问题：学习大乘教法的人应如何实践？受菩萨戒的人是否需要受别解脱戒？受过别解脱戒再受菩萨戒是否矛盾？积集二资粮是否需要方便与智慧？凡讲密法者是否必须受金刚阿阇黎灌顶？梵行者接受秘密和智慧双项灌顶是否合适？受灌顶前能否修炼密法？阿底峡著《菩提道灯论》，从戒、定、慧三学进行全面解答，首先他根据每个人根器把学佛的人分为下士、中士、上士三类，针对三类人规定了修行的次第，即下士道、中士道、上士道，合称"三士道"。他认为一个希望学法的人，首先必须拜访名师，按照老师的教导修行，在此基础上进修下士道，皈依佛法僧三宝；进入中士道，要坚持学习戒、定、慧三学；上士道中，按照六度去修。阿底峡的"三士道"，即道次第思想对后来的宗喀巴产生了极大影响，撰写了《菩提道次第广论》和《密宗道次第广论》，创立了格鲁派。塔波拉杰把道次第思想和米拉日巴的方便道思想融为一体，创立"俱生和合"的大手印思想。

［32］拔绒：亦作"跋绒""巴绒"等，藏文"vbab-rong"的音译，既是地名，又是寺名和宗派名称，位于西藏那曲县色雄。1147年，拔绒·

达玛旺秋(1127—1199年)慕名来到冈波寺师事达波拉杰，七年后北上拔绒静修。《拔绒教法史》(手抄本)说：塔波拉杰非常喜爱达玛旺秋，临终前把自己的全部手稿交给了达玛旺秋，并叮嘱说："给你应得的财物碟碗两个、靠垫一个和三信，务必受之，带着这些去北方兽爪上能耕田的地方寻找衣食，去饿鬼出没的地方乞讨面粉，能否寻得你修行的顺缘，唯有你自己知道。"达玛旺秋处理完师父的后事，带着赐物到了藏北，修建了拔绒寺和泽果佐贡寺，开创了拔绒噶举派。但是，《藏汉大辞典》说：拔绒寺是"西藏自治区黑河县属桑雄地方一寺名，为十二世纪中，跋绒噶举初祖跋绒·塔玛旺丘所倡建"。同页又说：塔玛旺丘从"塔波拉杰学法，后于拉堆绛(后藏昂仁一带)建跋绒寺，以密教大印修法及显教大印境界教授门徒，形成跋绒噶举派别"。《东噶藏学大辞典》说：达玛旺秋先于"拉堆绛建拔绒寺，第三饶迥的铁蛇年(1161年)在那曲地方建日吾且寺(ri-bo-che)"。两个辞典都认为"拔绒"在日喀则的昂仁(拉堆绛)，与《拔绒教法史》所说的"拔绒"在藏北的观点不合，可能是误解，从现有的资料可以确定"拔绒"是在藏北那曲。

[33] 达隆巴：指达隆噶举派创始人达隆塘巴·扎西贝(1142—1210年)。生于多堆古荣岗之羊阿羊雪地方的嘎斯氏家，自幼向往寺院，渴望出家，但父母都不同意，直到18岁才进入塘嘉拉康寺，由拉康巴·喜饶多杰和擦尔顿果芒巴授予近事和沙弥二戒；师从格西扎贡巴闻习般若、中观和密法。他曾几次想去印度留学，但都没有成行；多次听别人赞扬帕木竹巴，仰慕之心油然而生。于是，先从帕木竹巴的弟子格西曲洛听讲胜乐灌顶法、大手印法等。1165年，跟随根本上师到前藏，拜见了帕木竹巴，从此一直服侍左右，尽得噶举派的"四大语旨教授"。帕木竹巴去世后，他往墨竹工卡从伽卡瓦学习噶当派教法。1180年，他调息了达尔、折、绒三地纠纷，得到了许多作为酬谢的土地，修建了达隆寺，以此为中心，形成了达隆噶举派。达隆塘巴一生戒行严格，不食荤，不饮

酒，严禁妇女进入内殿。最后，由于不忍寺院经书和财物被止贡巴抢走而亡。据说，年轻时撰文不少，多数遗失。后来的撰文整理出的有五函。

[34] 止贡巴：指止贡噶举派创始人仁钦贝（1143—1217年）。他生于多康止隆达巴曲秀地方的杂热堆永隆村，即今四川甘孜州邓柯，乳名增巴嘉。从6岁开始学习藏文拼读，由于家乡受灾，他南下以给人诵经维持生活。25岁，去丹萨梯寺拜见帕木竹巴。35岁，由公堂尚喇嘛担任轨范师授给近圆戒。曾出任丹萨梯寺堪布，由于与达隆巴等其他僧人不和而离任。1179年来到止贡，将师兄木雅贡仁的小寺庙进行扩建，取名为“止贡提寺”，以此为根本道场开展宗教活动，形成了止贡噶举派。后来，止贡先后与萨迦、帕竹、格鲁派为敌，寺院多次遭到毁坏，17世纪以后纳入噶丹政府管辖。

[35] 乃宁寺：又称“乃娘寺”“乃宁曲德寺”，位于日喀则地区康马县南尼乡境内。据史籍记载，原寺是由莲花生大师的弟子嘉·绛贝桑哇所建。多罗那他在《后藏志》中说：乃宁为赤松德赞的大臣桂·赤桑雅拉的封地，赤热巴巾时派桂氏之子琼桂泽去迎请嘉·绛贝桑哇。绛贝桑哇奏请赤热巴巾王“请赐给我一处定居的地方”。赤热巴巾下旨：“著喇嘛和其子嗣负责管理上部如拉三屋、下部协马三谷、中部积地三牧部以及折、琼二土王和属民。”之后，琼桂泽在乃宁修建宫殿和寺庙殿堂。12世纪，藏传佛教形成后，乃宁寺宗奉噶当派。14世纪，宗喀巴巡游到该寺参加辩经，嘉曹杰·达玛仁钦和克珠杰·格勒贝桑都来此讲经，改宗格鲁派。19世纪，下密院喇嘛循努欧主持增建了一个佛殿和七个札仓。1904年6月，英军侵入西藏，当地军民聚集在乃宁寺进行抵抗，史称“乃宁寺血战”。十三世达赖喇嘛为表彰乃宁寺僧人的英勇抗敌，出资修建了经堂、拉康（佛殿）和僧舍。可惜20世纪70年代初期，寺院建筑遭到严重毁坏，几乎成为一片废墟。近几年，国家和自治区政府拨款进行维修。

[36] 穷波南觉：又译“琼波南觉”“穹布朗觉巴”“克珠琼波南

觉”，意思是“琼波地方的瑜伽士”或“穷氏家族的瑜伽士”，香巴噶举派的开创者。关于其生平有许多不同的神奇说法，他生于西藏尼木热芒地方，生卒时间有三种，即990—1140年、978—1128年、909—1139年。从10岁开始学习藏文和历算，师事雍仲嘉瓦学习本教法，成绩显著，被尊称为“本教智者”。后来，从佐钦迥乃学习大圆满法。曾三次（又说七次）赴印度、尼泊尔求学，前后50年，从善慧称、金刚座师、麦哲巴、隐秘瑜伽士、罗侯罗等50多人学习翻译技巧和显密教法。后来，在澎域从噶当派的朗日塘巴受近圆戒，在觉博山修建恰嘎尔寺弘法。1121年，回到香地（今南木林县）花了三年时间修建了雄雄等几十座寺院（又说一百零八座），摄徒几百人，宣讲以妮格六法为主的密法，开创了香巴噶举派。

［37］喇嘛尚：即蔡巴噶举派的创始人公堂喇嘛尚·尊追扎巴(1123—1194年)，生于吉雪擦瓦朱（拉萨）的拉囊氏家。他生性好斗，鲁、韦、热、征四个集团在拉萨、彭域、雅隆等地区为争夺寺院经济基础和信徒而争斗之时，他从中获利，取得了管理大、小昭寺的权利。师事达波拉杰之前，从贡巴·次程娘布、拉卡瓦、噶洛译师等人学习般若学、对法和因明学。之后，与帕木竹巴结伴去见塔波拉杰，得大手印俱生和合教授。1175年，由噶尔·嘉哇窘乃资助建蔡巴寺，开创蔡巴噶举派；1187年在蔡巴寺附近建公堂寺，合称为“蔡公堂寺”。他死后，寺院由噶尔氏家族管理。

［38］拉隆热萨寺：拉隆，是一个地名，位于西藏洛扎县以西，和本书所说的“山南、门域、止贡三地交界处”的说法相吻合。这里寺院较多，有噶当派的、噶举派的，也有宁玛派的。热萨寺的具体情况不详。

［39］桑珠林寺：全名“吉祥永固天成桑耶大伽蓝”，因其建筑采用了印度、唐朝、吐蕃三种风格，故又名“三样寺”，别称较多，是藏传佛教历史上第一座佛、法、僧俱全的寺院，位于西藏扎囊县桑耶镇，即雅

鲁藏布江北岸的哈布日山下。关于建造时间有多种说法，大概在762年—772年之间，是由寂护和莲花生设计，赤松德赞主持修建的。在吐蕃王朝时期几经毁坏修复，后来又多次维修，现在的寺院是按照原寺风格复修的。整座寺院围绕中心大殿(乌孜大殿）修建，其周围有代表四大洲的四个殿，四殿两侧各有两座殿，代表八小洲，南北有日殿和月殿，四周有四色佛塔，外围有围墙，墙上设佛塔。其布局完全是一幅佛教宇宙世界结构或一座曼荼罗。

［40］泽当寺：亦作“泽塘寺”，别称“乃东寺”，位于西藏山南泽当镇。原为帕竹噶举派寺院，是1351年由帕竹地方政权的建立者绛曲坚赞所建，作为讲授显教经论的地方，也是为帕竹政权培养执政者的场所。帕竹政权灭亡后，该寺宗奉格鲁派。

［41］觉摩隆：又译“玖莫隆”，寺院名，位于西藏堆隆德庆县乃琼乡境内的堆隆河西。1169年，由噶当派格西白地·旺秋次程所建，当年他四十一岁。该寺曾是佛法重镇，以传授戒律和对法而著名。这里发生过许多重大事件，宗喀巴在创立格鲁派之前曾几次来此寺学经。寺院主要建筑有大经堂、阿里拉章等，内设恰穆巴、普康、参涅三个札仓，是色拉、哲蚌、甘丹等寺院建立之前拉萨地区的六大寺院（噶栋、觉摩隆、苏浦、德瓦坚、桑浦、公堂）之一，受到历辈达赖喇嘛和噶厦政府的关心，第十五任甘丹赤巴索南扎巴曾筹资扩建维修，后来成为其转世活佛的驻锡地。“文革”期间部分殿堂遭到破坏，政策落实以后逐渐得到修复。

［42］乃琼护法：亦作“乃穷护法”，原西藏噶厦地方政府所供奉的护法神之一，属世间护法神，其驻锡地是乃琼寺，位于拉萨市西郊，哲蚌寺下方。关于乃穷护法的来源有多种说法，相传8世纪赤松德赞建造桑耶寺后希望有一个护法神守护，于是问莲花生大师。莲花生说在北方巴达霍尔的禅院有一位出自穆氏族的非人王名叫白哈尔，他能力超群，可请他来守护桑耶寺。赤松德赞派遣王子牟迪赞普领兵征服了巴达霍尔，

摧毁霍尔的禅院，将犀甲、面具等圣物带回，乃琼及其部属随之前来，即被任命为桑耶寺护法。又说乃琼就是其办事大臣多吉扎丹，最初为蔡公堂的护法神。当年喇嘛尚·尊追扎巴建成寺院，绘制壁画时吩咐画师不要画白哈尔像。巴哈尔对此十分气愤，决定给以报复，遂变成一个小孩整天帮助工匠，工匠问他想要什么，小孩说希望在壁画的角落里画上一只猴子。后来，这只画猴点香烧毁了大殿，被发现后装在箱子里扔进拉萨河，漂至哲蚌寺附近时被僧人捞起，不小心打开箱子，白哈尔乘机跳了出来，于是在此建寺供奉他。从第二世达赖喇嘛起，白哈尔作为主要的护法神。17 世纪，第斯桑结嘉措在原乃琼卡尔寺的基础上进行扩建，取名“乃琼多杰扎央林”。西藏噶厦政府所有重大事务的决定，都要请乃琼护法参与。

[43] 寂护论师：又译“静命大师”，尊称“菩提萨埵”。古印度著名佛学家，“东方自立量派”三大家（智藏、莲花戒）之一，中观瑜伽行派创始人。8 世纪早期出生于东印度潘迦罗（今印度比哈尔邦），为萨霍尔国王子。早年于那烂陀寺从智藏受戒出家，学习中观学说，尤重清辩的思想，以精于因明而知名，做过那烂陀寺主讲。760 年以后，应吐蕃赞普赤松德赞之请，前后两次来传法，代表佛教与本教辩论取胜，建议赞普请来莲花生，帮助赤松德赞仿照印度高翔寺修建了吐蕃第一座佛、法、僧俱全的寺院桑耶寺，并出任该寺第一任堪布，试度吐蕃七青年出家为僧，最后死在吐蕃。他更多的继承了中观自续派清辩的学说，又深受瑜伽行派法称的认识论及论理学的影响，将唯识说导入中观之中，探讨中观“空”与唯识“有”如何融合，提出了“中观无自性、名言中无外境”说。他在胜义谛上讲一切法空，世俗谛上坚持“唯识无境”，试图调和中观与唯识两种思想，认为中观与唯识犹如马车的两条缰绳，缺一不可；承认意识的作用，即承认“自证分”的实有，但不承认外境的实有。著作不多，收录于藏文大藏经《丹珠尔》的有《中观庄严论》《中观庄严

论本注》《摄真实论》《二十律仪》《世尊赞吉祥执金刚歌广释》《八如来赞》《二谛分别论释难》《喜金刚五大要诀》《无垢供养广大仪轨》等。

[44] 僧伽罗：梵语的音译，又称"锡兰"，意为"执狮子"，故称"狮子国"，即今斯里兰卡，佛教传说中五百罗刹女居住的地方。《大唐西域记》卷十一："时赡部洲犹大商主僧伽者，其子字僧伽罗，父即年老，代知家务，与五百商人入海采宝，风波飘荡，遇至宝洲。"又记："僧伽罗国，周七千余里。国大都城周四十余里。土地沃壤，气序温暑，稼穑时播，花果具繁。"藏文史籍也有类似的记述。传说，7世纪松赞干布制造佛菩萨像时，派人去僧伽罗洲寻找原料。

[45] 金刚座：藏文"rdo-rje-gdan"的意译，古印度著名的佛教圣地，位于摩揭陀城西南方。世亲的《俱舍论》卷十一说："唯此洲中有金刚座，上穷地际，下据金轮，一切菩萨将登正觉，皆坐此座上，起金刚喻定，以无余依及余处，有坚固力，能持此故。"《大唐西域记》卷九："菩提树垣正中，有金刚座，昔贤劫初成，与大地俱起，据三千大千世界之中，下极金轮，上侵地际，金刚所成，周百余步，贤千劫佛坐之而入金刚定，故曰金刚座焉。……金刚座上菩提树者，即毕钵罗之树也。昔佛在世，高数百尺，屡经残伐，犹高四五丈，佛坐其下成等正觉，因而谓之菩提树焉。"这里是释迦牟尼静坐悟道成佛的地方，传说阿育王时期修建庙宇和大佛塔，内供佛像和阿罗汉们的头发、舍利等。

[46] 噶玛·曲扎嘉措：噶玛噶举派黑帽系第七世活佛。1454年生于巴康吉达，幼年表现奇特，被前世噶玛巴活佛的弟子曲贝觉认定为吞瓦敦丹的化身。1462年，在噶玛寺由国师仁波切授给近事戒，两年后由贡钦嘉木央桑波授沙弥戒，闻听显密教法。1473年，国师索南嘉措、都纲扎西桑波、司膳欧色嘉措、尼玛欧色等派人从楚布寺送来黑色僧帽、珍珠装饰的僧装及黄金等。1477年，从巴康来到楚布寺，创立了佛学院。几年后，回到康区讲经说法、修建寺庙、调解纠纷。那时，在卫藏地区

噶玛噶举派和格鲁派的矛盾激化，恰巴赤本扎西达杰和仁邦顿月多杰想消灭格鲁派，而他反对使用武力。1506年，立下遗嘱后不久去世。著作有《般若现观庄严论释三世明灯》《七部量论广释正理海》《中观教授》《大手印授文》等。

[47] 俄尔钦师徒：又译“鄂钦”，指俄尔钦·贡噶桑波和他的弟子，或俄尔学派的高僧。贡噶桑波（1382—1456年），萨迦人，6岁跟法王益西坚参学习藏文，9岁受近事和沙弥二戒。之后，又从益西坚参受比丘戒、菩萨戒和密教戒，学通萨迦派的道果法及其曼荼罗仪轨、修行方法等，获得“智者”的称号。25岁那年，上师益西坚参圆寂，他到香曲科岗和协寺拜见佛陀室利继续学习道果法。之后，在萨迦寺亲近喇嘛循努洛追、成就师佛陀等高僧。1410年，出任萨桑寺住持，一直到他49岁时才卸任。1429年在日喀则那塘寺和夏鲁寺之间建造了俄尔艾旺曲德寺，他在几个寺院之间来回传法，各方求学者过万人。从此俄尔派传承不断，涌现出了萨迦细脱巴·贡噶旺秋、曲弥巴·洛追旺秋、堪布贡却坚赞、郭饶绛巴索南僧格、班钦本查松巴、贡钦嘎东巴、芒康巴·扎巴桑布等著名学者。

[48] 妮格六法：密教法名，香巴噶举派的核心教法，传为那饶巴的明妃妮格空行母所创。一是脐火暖乐自燃，“脐火”又叫“猛厉火”或“脐轮火”，当修行者修炼圆满次第法时，意守脉、气、明点，使脐中针影“阿”字燃起，感到暖乐，任其自然，消除一切烦恼，产生俱生妙智。二是幻身贪怒自解，产生俱生妙智的同时，出现各种无行相的现分，它没有自性，以此解除一切贪念和愤恨心。三是梦境迷乱自净。四是光明愚昧自醒。五是往生不修自觉。六是中有如来报身。

[49] 八主：亦译“八王”，指八大菩萨所化现的八大明王。金刚手菩萨化现作降三世明王；吉祥菩萨现两臂六头六足大威德金刚明王；虚空藏菩萨现大笑金刚明王；弥勒菩萨现大轮金刚明王；观自在菩萨现马头金刚明王；地藏菩萨现舞能胜明王；除盖障菩萨现不动金刚明王；普

贤菩萨现步掷金刚明王。

［50］班禅洛桑丹巴：指第三世班禅洛桑顿珠（1505—1566年），他是今西藏日喀则市附近温萨地方人，故名“温萨巴”。11岁进入拉孜寺，由拉日孜巴·扎巴顿珠授给沙弥戒；在扎西冈波寺和扎什伦布寺学习多年。16岁时，后藏地区流行天花病，他也被感染，幸得曲吉多杰的秘方，及时治愈，还用此方治好了其他人的病。后来，从哲蚌寺堪布格敦嘉措受比丘戒，周游前后藏地区传法。晚年，在温萨寺静修。班禅活佛系统建立后，他被追认为第三世。著作整理成《温萨巴文集》。

［51］阿旺南杰扎西道吉：简称“绛达扎西道结”（1540—1578年），意为“北方王”，宁玛派上师。他是拉堆绛首领南喀仁钦的次子，由于和兄长南喀坚参发生矛盾，占据后藏的辛厦巴·才旦多吉之子贡邦拉旺多杰支持南喀坚参，将王位继承人扎西道结赶出庄园，将其流放到前藏地区。从此，他游走各地传教，组成了“艾旺教团”。晚年，来到山南雅鲁藏布江北岸修建了桑阿塔却林，即宁玛派六大寺院之一的“多吉扎寺”，以传“北藏”法为主。

［52］迦耶城：亦作“伽耶城”或“佛陀伽耶”“菩提道场”，据经典记载，佛陀经历六年苦行之后，行至此地，于毕钵罗树下的金刚座上结跏趺坐，证悟十二因缘、四谛法等，而得正觉，故名“菩提迦耶”。古印度城名，摩揭陀国国都，著名的佛教圣地，位于比哈尔邦。《大唐西域记》卷八记：“戒贤伽蓝西南行四五十里，渡尼连禅河，至伽耶城，甚险固，少居人，唯婆罗门千余家，大仙人之祚胤也，王所臣，众咸宗敬。城北三十余里，有清泉，印度相传谓之圣水，凡有饮濯，罪垢消除。城西南五六里至伽耶山，溪谷杳冥，峰岩危险，印度国俗称日灵山。”山顶上有石塔，摩诃菩提僧伽耶（大菩提寺）也在迦耶城。摩揭陀，藏文音译为“玛噶达”，意为“持甘露”或“无害”。佛陀在世时印度十六个大国之一，也是佛陀传法的主要国家。

[53] 磨吐罗：亦作“秣菟罗”，意为“孔雀城”，即今印度的马土腊，在朱木拿河西岸。《大唐西域记》卷四记：“秣菟罗国，秣菟罗国周五千余里。国大都城周二十余里。土地膏腴，稼穑是务。庵没罗果家植成林，虽同一名而有两种，小者生青熟黄，大者始终青色。出细班氎及黄金。气序暑热，风俗善顺，好修冥福，崇德尚学。伽蓝二十余所，僧徒二千余人，大小二乘兼功习学。天祠五所，异道杂居。有三窣堵波，并无忧王所建也。过去四佛遗迹甚多。释迦如来诸圣弟子遗身窣堵波，谓舍利子（旧曰舍梨子，又曰舍利弗，讹略也）、没特伽罗子（旧曰目乾连，讹也）、布剌拿梅呾丽衍尼弗呾罗（唐言满慈子。旧曰弥多罗尼子，讹略也）、邬波厘、阿难陁、罗怙罗（旧曰罗睺罗，又曰罗云，皆讹略也）、曼殊室利（唐言妙吉祥），旧曰濡首，又曰文殊师利，或言曼殊尸利，译曰妙德，讹也）、诸菩萨窣堵波等。每岁三长及月六斋，僧徒相竞，率其同好，赍持供具，多营奇玩，随其所宗，而致像设。阿毗达磨众供养舍利子，习定之众供养没特伽罗子，诵持经者供养满慈子，学毗奈耶众供养邬波厘，诸苾刍尼供养阿难，未受具戒者供养罗怙罗，其学大乘者供养诸菩萨。”秣菟罗以其佛教艺术而著名，似水波状的衣褶处理恰是它轻薄优雅的艺术显现。

[54] 由旬：梵语音译“逾缮那”，古印度计算距离的单位。《有部百一羯磨》卷三注释曰：“言逾缮那者，既无正翻义，当东夏一驿可三十余里，旧云由旬者讹略。若准西国俗法，四拘卢舍为一逾缮那，计一拘卢舍可有八里，即是当其三十二里。”拘卢舍是一头大牛叫声所及的长度或距离，一拘卢舍为五百弓，一弓为四肘，一肘为二十四指。因此说，由旬分大、中、小三种，分别为六十、五十、四十里。《大唐西域记》说：“逾缮那者，自古圣王一日运行也。旧传一逾缮那四十里矣，印度国俗乃三十里。”

[55] 卡热章：前后藏交界处的一地方名，位于现在浪卡子县北部，靠

近曲水。《东噶藏学大辞典》解释：从曲水大桥可以看见觉莫卡热雪山。

[56] 热译师：指著名的佛经翻译家热·多杰扎。1016 年出生于西藏拉堆洛的恰聂朗林地方，今聂拉木县境内。6 岁时，由父亲教学藏文；8 岁开始学习藏文书法和梵文、乌尔都文，以及印度、尼泊尔的其他文字，精通佛像制作工艺，能吹奏各种乐器。年仅 11 岁，娶格玛为妻，但仍然坚持学修密法。曾参加了由古格孜德王举办的“火龙年法会”，不到 20 岁赴尼泊尔求学，从般若上师受吉祥金刚亥母灌顶，学习羯磨法，邀请尼泊尔译师来到西藏讲授大威德灌顶法。后来，去印度的毗舍离从学于班智达曼殊林巴等人，在那烂陀寺受沙弥、比丘二戒。他四度前往尼泊尔、印度，拜访名师，比较系统地学习了因明七论、慈氏五论，以及中观、对法、戒律等，尤其在密法方面用功较勤。传法的足迹遍及前后藏、阿里、工布等各个地区，弟子众多。新建了朗域杜度拉康，维修了不少旧寺，翻译了多部大威德方面的经续。

[57] 措嘉：亦称“喀尔钦·措嘉”，指吐蕃赤松德赞的王妃、藏族第一位女尼益西措杰，旧译密法的重要传承人。她生于札仲莫且地方的喀尔钦家族，父亲名叫喀卓意西，母亲名格瓦本，努氏人。据其传记，原是赤松德赞的王妃，后来跟随莲花生修炼密法，成为藏族历史上第一位女性成就师。

[58] 雍顿巴：即宁玛派著名高僧多杰贝（1284—1365 年）。他是西藏春堆人，族姓伦氏，曾师事素尔·强巴僧格、布顿·仁青珠、噶玛巴·让雄多杰等人，学习宁玛派的大圆满法、时轮教法及噶举派的大手印法。27 岁时，应元文宗图帖睦尔之召请，进京作应供上师，一直到文宗皇帝去世才回到西藏。循努贝的《青史》写道：“从少年即有大聪慧，精通密法《秘密藏续》和显教《阿毗达磨杂集论》。曾跟随素尔·强巴僧格去见释迦本，聆听阎摩德迦法，精通幻轮练修法，获得大神力。少年时即由皇帝召到汉地，他经常现舞蹈形态；当到了种稻季节发生大旱时，民

众请求皇帝派求雨师，他奉命诵经祈祷三宝，天降大甘露，皇帝大喜，赏赐许多财物。”晚年，从措巴·曲隆巴受具足戒，取名“多杰本”。长期在门隅的巴周、旁波日吾齐、热杜扎等地修行传法。雅德班钦（1299—1378年）被渊博的学识和见解所感动，带领自己的15个弟子到旁波日吾齐求教。

[59] 那饶六法：亦译“那绕六法”“纳饶六法”等，由古印度著名学者那饶巴所创立的六种修法。一是脐火，集中意念坚守气、脉、明点修炼，使脐中“阿”逐渐燃烧，焚烧一切烦恼，生起俱生妙智。二是光明，“光”特指世界形成前的“心”，通过修炼圆满次第法，使虚空形色显现，达到明空一体。三是幻身，修行者的身体成为观想的对象，心即是世界一切法，始终处于寂静状态，修行的结果体悟诸法皆空。四是中有，指前身已灭，后身尚未获得之间的状态。五是梦境，集中意念，舍弃一切杂念，使空性光逐渐显现，犹如梦境一般，一切如幻如化。六是双运，智慧空性和大悲方便的合修。

[60] 贡钦笃补巴全集：笃补巴作为觉囊派教理体系的建立者，与布顿大师齐名。他一生撰写了大量的反映本派思想和修行方法的著作，据统计时轮类三十八篇、宗派类十六篇、般若类七篇、祈愿类二十五篇、观音类二十三篇、赞颂类十四篇、佛像塔类五篇、金刚类三篇、书翰类八篇、教诫与回答类十二篇、传记等杂类十六篇、发愿文三篇、吉祥颂四篇，共计一百七十四篇。其中著名的有《山法了义海论》《真实究竟了义明论》《般若波罗蜜多八千颂注疏》《般若波罗蜜多现观庄严论疏经义善悟论》《第四结集经义教历广论》《吉祥时轮修法如意树》《吉祥时轮灌顶仪轨智慧海论》《喜金刚灌顶格言论》等。

[61] 朵玛仪式：“朵玛”是藏语的音译，意思是用青稞面或糌粑做成的用来供神施鬼的食品丸子。作为供品的朵玛，其外观相对比较简洁；作为修行用的朵玛，其形状比较复杂。一般朵玛的外表有各种不同颜色

的装饰图案和酥油雕塑，非常讲究。制作朵玛有固定的仪轨，抛撒朵玛时也要按照仪轨，诵经祈祷，击打钹鼓，吹奏法号海螺，燃烧香料等。

［62］热振寺：又称“绛热振寺”（北热振），或“贡佩林寺”（普盛寺），译言“翘角寺”。清代官书写“口孚征寺”或“凝喜寺”。它是噶当派的第一座寺院，也是藏传佛教宗派形成后建立起来的第一个寺院，15世纪改为格鲁派寺院，成为热振活佛的驻锡地，位于西藏林周县唐古乡普央岗钦山麓。《西藏志》说：“由拉萨北行十里，向色拉寺东，过郭拉至浪宕，由隆竹松过彭多河有铁索桥，设有皮船济渡，安兵防隘过河。由角子拉至热振寺。”钦则旺布在《卫藏道场胜迹志》中这样描述：“在卫地古昔又称为伍茹和腰茹两个地区。第一个地区伍茹，在其北部有藏北的热振阿兰若处，乃仲敦巴杰微迥乃的大根本道场，有如天国果树的极乐园中，有多座佛殿，殿内佛像之主要者为以持金刚之大智慧种子中繁衍除尊者妙金刚，今生和来世凡有所请必能成就，仿佛如意的摩尼宝珠。此外，在这儿还能朝拜赛林巴、阿底峡、仲敦巴等上师的舍利金塔。如经允许，在住持的私居处，还可拜见偏头的阿底峡大师的塑像和其他众多最主要的秘像。在寺院的附近还有许多别的东西可供瞻仰，诸如仲敦树（出生时种的）、四季不绝的甘露之泉，等等。（此寺）后面，狮子岩下方有一称作羊衮的下院，其中有宗喀巴大师写作《菩提道次第》时的法座等许多奇观。接近此寺的帕崩塘是空行母桑哇意希的宫帐。有云：“若有此向左环行，念诵黑如迦密咒时，人们将在乌仗那地方获得再生。”（沈卫荣、汪利平译，见《国外藏学研究译文集》第五辑，西藏人民出版社1989年版，第370页）1734年，雍正皇帝册封第六世热振活佛阿旺却丹为“阿齐图诺门汗”，七世达赖喇嘛格桑嘉措将热振寺封赠给他。但是，后来的内争中热振寺遭到毁灭性的破坏。主要建筑有措钦大殿、热振活佛拉章、僧舍等。措钦大殿是全寺僧人聚会进行宗教活动的地方，前殿二层，后殿三层，前后为一个整体。主殿第一层为大经堂，

墙壁由内外两层，内层是大藏经经架，外层用石头砌成。大经堂四周有几个小佛堂，内供佛菩萨像和经典。二层有供达赖喇嘛和摄政王来巡游时驻锡的“森康”（gzims-khang，即寝宫）和小经堂等，供奉着阿底峡的本尊“觉沃绛巴多杰”（jo-bo-vjam-pavi-rdo-rje）和偏头的释迦牟尼佛像、阿底峡的上师金洲论师像等。20世纪80年代以后，依靠国家和西藏自治区政府的拨款，部分殿堂得到复修。

［63］壤塘寺：亦称“中壤塘寺”，别称“大藏寺”，是现在觉囊派的中心寺院，位于四川省阿坝州壤塘县南木达区中壤塘乡，是确吉（确尔基、曲尔基、却尔基）、泽布基（策卜居寺）、藏洼(藏哇寺、重瓦寺)三座寺院的合称。其中确吉寺（法王寺）是三寺中创建时间最早的一座，由笃补巴的弟子仲噶细巴·仁钦贝所建，被奉为多麦觉囊派祖庭，在噶细巴的弟子嘉哇桑波（第一世确吉活佛）和其化身嘉哇僧格（第二世确吉活佛）主持期间，确吉寺得到了很大发展，在周围相继修建了几十座属寺，确吉活佛也受到中央政府的册封。泽布基寺（初十日寺）是三大寺中势力相对较弱的寺院，由仲噶细巴的弟子仁特纳格尔底建于1456年，分上下两个泽布基活佛系统。藏哇寺是三大寺中建筑时间最晚，但势力最强的寺院，由多罗那他的弟子阿旺程勒的侄子阿旺丹增南杰建于1691年，寺内原设十一个康村，后来合并成八个，属寺较多。整座寺院依山而建，由大佛塔、大经堂、佛殿、僧舍等构成。20世纪60年代，三寺均遭到程度不同的破坏。党的十一届三中全会后，中央落实宗教信仰自由政策，部分被毁的殿堂得到修复，而且增建了几个大殿。

［64］藏巴第悉彭措南杰：亦称“噶玛彭措南杰”“噶玛彭措乔勒南杰”“藏堆第巴彭措南杰”，后藏地方政权（藏巴汗政权）的建立者。其先祖是吐蕃时期的聂氏，辛厦巴·才旦多吉是他祖父。此人曾在仁邦巴和乃东巴家当侍从，仁邦·阿旺南杰时期升任为琪本（chibs-dpon），1548年

出任桑珠则宗本。他有九个儿子，其中丹松旺波之子就是噶玛彭措南杰(1550—1620年，或1586—1620年)，生于桑珠则（今日喀则市），14岁(又说24岁）父亲去世，他继任第悉职位。25岁时，由于与雅嘉巴不和，出兵消灭了雅嘉势力，留给雅嘉第巴南部一小块地方。1618年，进兵前藏，攻占了澎波和内邬宗等地，格鲁派的色拉和哲蚌等寺院也受到战火波及。之后，他又进兵雅隆、达波等地，击败各地贵族势力，势力之大，被称为“藏堆杰波”（后藏王)。1620年，彭措南杰到前藏点集兵丁时，在桑域的门东噶托得天花病去世。因怕时局动乱，暂时不发丧，秘密将遗体运回后藏，次年发丧，其子噶玛丹迥旺波就任第悉。

[65] 达丹丹曲林寺了义欢喜园：简称“平措林寺”，原为觉囊派寺院，后改宗格鲁派。《卫藏道场胜迹志》记载：“后来杰尊多罗那他在此重新修建了觉朗寺，现已改名甘丹彭措林，成为格鲁派寺庙。这里无论山上还是草原上，所修寺庙构造宏丽，庙内像塔雕塑精良。”钦则旺布将达丹丹曲林和觉囊寺视为同一座寺院，实际上是两座寺院。这座寺院是1615年由多罗那他修建的，前后花了几年时间，不管是规模还是内部设施都超过了觉囊寺，位于日喀则市拉孜县平措林乡海拔4 100米的山坡上，山顶有多罗那他的卧室。五世达赖喇嘛建立噶丹颇章政权以后，强迫将后藏曾经受到藏巴汗政权保护的噶玛噶举派和觉囊派寺院改宗为格鲁派，达丹丹曲林寺就是在这种情况下改宗的，并更名为“噶丹平措林寺”。现在寺院属于全国重点文物保护单位，寺内珍藏着许多贵重文物，如各种色彩艳丽、工艺精湛的壁画、佛菩萨像、本尊像，以及被视为四大珍宝的笃补巴拐杖、蒙古人赠送的雕有蒙藏文和龙的多罗那他手杖、多罗那他法钹、形如鸡蛋的白色宝石。

[66] 如来八塔：为纪念释迦牟尼佛的八大功德而建的八尊塔，指莲聚塔、菩提塔、法轮塔、神变塔、天降塔、和好塔、尊胜塔、涅槃塔。法贤译《佛说八大灵塔名号经》：“我今称扬八大灵塔名号，汝等谛听，

当为汝说，何等为八。所谓第一迦毗罗城龙弥你园是佛生处，第二摩伽陀国泥连河边菩提树下佛证道果处，第三迦尸国波罗柰城转大法轮处，第四舍卫国祇陀园现大神通处，第五曲女城从忉利天下降处，第六王舍城声闻分别佛为化度处，第七广严城灵塔思念寿量处，第八拘尸那城娑罗林内大双树间入涅槃处。如是八大灵塔。”（《大正藏》卷1685）般若译《大乘本生心地观经》序品第一：“又此光中影现如来不可思议八大宝塔：拘娑罗国净饭王宫生处宝塔，摩伽陀国伽邪城边菩提树下成佛宝塔，波罗奈国鹿野园中初转法轮度人宝塔，舍卫国中给孤独园与诸外道六月论议得一切智声名宝塔，安达罗国曲女城边升忉利天为母说法共梵天王及天帝释十二万众从三十三天现三道宝阶下阎浮时神异宝塔，摩竭陀国王舍城边耆阇崛山说大般若法华一乘心地经等大乘宝塔，毗舍离国庵罗卫林维摩长者不可思议现疾宝塔，拘尸那国提河边娑罗林中圆寂宝塔。如是八塔大圣化仪，人天有情所归依处，供养恭敬为成佛因。”（大正第三册）莲聚塔是纪念释迦牟尼在蓝毗尼降生时行走七步，足印处生出莲花的经过；菩提塔是为纪念释迦牟尼在菩提伽耶的菩提树下悟道成佛而建；法轮塔是纪念释迦牟尼成道后，在鹿野苑为五比丘初转四谛法轮；神变塔是纪念佛陀五十岁时在法苑向外道僧示现神通；天降塔是纪念佛陀往兜率天宫为母亲说法后重返人间；和好塔，又称“和合塔”，是纪念佛陀在王舍城竹林精舍说合分裂的弟子；尊胜塔是为纪念佛陀证达自主生死的境界而建，即佛陀临涅槃时，众弟子祈求不要入灭，佛陀嘱修此塔，代表法身，亲自开光；涅槃塔是为纪念佛陀于拘尸那城涅槃而建。

[67] 阿盖活佛：壤塘寺活佛之一，现已转世七辈。第一世尼玛欧色是确吉寺的修建者仲噶细瓦·仁钦贝的弟子，第二世尼玛欧色贝从多罗那他学过法，第三世噶玛顿达（阿盖洛麦），第四世程勒饶丹，第五世丹贝仲迈(饶萨嘉措)。

[68] 塔尔巴林：藏传佛教后弘期初修建的一座寺院，位于今日喀则市境内的夏曲河谷内。钦孜旺布在《卫藏道场胜迹志》说："夏鲁附近山背后有塔尔巴译师的驻锡地，名塔尔贡寺（塔尔巴林）。据说寺内有迦湿弥罗班钦用过的钵盂等很多内部供奉的极为珍贵的古代遗物。"

[69] 药师佛：亦称"大医王佛""医王善逝""大愿王佛"，全名"药师琉璃光如来"，东方净琉璃世界的教主。药师佛面相慈善，仪态庄严，身呈蓝色，乌发肉髻，双耳垂肩，身穿佛衣，袒胸露右臂，右手膝前执尊胜诃子果枝，左手脐药师琉璃光如来前捧佛钵，双足跏趺于莲花宝座中央。身后有光环、祥云、远山。日光遍照菩萨与月光遍照菩萨站立在其左右两侧，为两大胁侍。玄奘译《药师琉璃光如来本愿功德经》："佛告曼殊室利：东方去此过十殑伽沙等佛土，有世界名净琉璃，佛号药师琉璃光如来、应、正等觉、明行圆满、善逝、世间解、无上丈夫、调御士、天人师、佛、薄伽梵。曼殊室利，彼佛世尊药师琉璃光如来，本行菩萨道时发十二大愿，令诸有情所求皆得。"

[70] 巴科曲德寺：全名"吉祥轮上乐金刚鲁希巴坛城仪轨大乐香水海寺"，简称"吉祥轮寺"，俗称"白居寺"。见前面注释。

第三章　觉囊派在多康多麦地区的传播发展

第一节　早期传播的情形

如前所述，法主贡钦笃补巴曾经预言道：

热忱善根康区人，
获悉强巴卡吾切，
富饶功德茂盛树，
现在该去多康地。

根据这种预言，强巴卡吾切（byams-pa-kha-bo-che）[1]在康区则曲河（rtse-stod）[2]上游金刚六兄弟（rdo-rje-mched-drug）[3]居住的地方，即在欧吾岗嘎（vob-gangs-dkar）[4]雪山脚下创建了义教法的根基寺院，发展佛教讲修事业。此后不久，正如贡钦笃补巴大师临终前所说的：

正教衰败恶种生，
黑本猴身白帽者，
出生松曲苯教盛，
恶见黑暗绕大帐。

尔时贵种化身生，
佛法千光名称宝，
生于多康擦瓦绒，
发出正见狮子声。

尽除一切邪见种，
多康大地弘我教，
其徒经师有无数，
释迦教法能常住。

贡钦笃补巴所预言的仲仁特那室利（ratna-shriv，宝吉祥，藏语称“仁钦贝”），生于赡部洲东君国王（指汉地帝王）之边地嘉摩擦瓦绒（rgyal-mo-tsha-ba-rong）[5]。他曾去吉祥觉囊寺，师事乔勒南杰师徒，闻习显密甚深教法，掌握了所传授的全部知识，成为四种姓之主。贡钦笃补巴曾经这样说：

从我去后几天内，
四业[6]电光若铠甲，
文殊菩萨智胜乐，

消除邪见黑暗怒。

比丘大雄矮小者，
胡须具足名祥宝，
来到此地大禅院，
随入弟子你后面。

美味正法甘露足，
玛格佐格[7]此地方，
依止水边山沟中，
人们崇信苯教地，
阿弥兄弟传佛法。

在夜叉伏藏主寺院，
主讲时轮之讲修法，
甚深金刚乘之妙道，
成为众生敬奉之处。

1.仲仁特那室利根据大师的预言，为了寻找建寺的地方，从觉囊寺回到康区，由于则曲河水瀑涨，不能渡河，住宿河边（当时这里有一座本教寺院）。他想："大师所预言的寺院地址可能就在这里，如果在这里建寺，原来的寺院如何处置？"为了借宿，他找人向那所寺院送去见面哈达。那所寺院是座本教寺院，寺院的本教僧人也回赠了见面哈达和坐垫等，就这样双方建立了关系。此后，仲仁特那室利显示了许多神变，使本教僧人把寺院献给了他，他们则各自回家。木蛇年，仲·噶细仁钦贝[8]在本教寺院的基础上扩建了吉祥壤塘大寺，建立了了义教法的根基，主要发展讲修事业，传授甚深善规修行教法，开始了弘扬佛法的事业。这一时期，觉囊寺由嘉央贡却桑波（vjam-dbyangs-dkon-mchog-bzang-po）管理。

从此，仲·噶细巴在多麦壤塘寺以无量息、增、怀、伏所化之业，教化边区一些难以教化的粗野的有情众生，引导他们进入了义密乘法门，广利教法及众生，使佛法得到弘扬，众生享受幸福。据传，当时全寺聚集了以寺院住持堪钦贡却坚赞（dkon-mchog-rgyal-mtshan）、泽布基·仁特那格尔底（tshe-bcu-ratna-kirti）[9]、阿盖·尼玛俄色（arge-nyi-ma-vod-zer）、曲杰循努坚赞（chos-rje-gzhon-nu-rgyal-mtshan）、嘉哇桑波（rgyal-ba-bzang-po）[10]等为首的一千多名僧人。

2.曲杰嘉哇桑波（即确吉嘉哇桑波，译言佛贤），生于多康麦（多康下部）地区的雅雪巴姆宗巴（bzhag-shod-dpal-mo-vdzom-pa）[11]地方。他在曲窘南喀宗（chos-vbyung-nam-mkhav-rdzong）建立了修行胜幢，获得很大成就后去世，留下了许多神奇的故事。他一生广做利教益民之事，被视为弥勒佛的化身。

在此略说嘉哇桑波之前的本生及其以后的化身事迹。在无数劫以前，他是毗卢遮那佛（rnam-par-snang-mdzad，大日如来佛）[12]身前的一位侍者，名叫绛赛杂雅迈智（byang-sems-dzav-ya-me-dri），具有殊胜菩提心。以后在毗婆尸（sangs-rgyas-rnam-gzigs，即胜观佛）[13]座前聚积大海一样的二资粮（tshogs-gnyis，即福德资粮与智慧资粮）[14]，有一个时候生在兜率天宫以白幢（tog-dkar，释迦牟尼在兜率天宫时的名字）[15]执为未来佛弥勒。后来在印度生为圣者无著（thogs-med）。其后依次是精通梵藏两种语言的藏族著名译师绰普强·巴贝（khro-phu-byams-pa-dpal）[16]、贡钦笃补巴的心传弟子萨桑玛底班钦、多麦雅雪（mdosmad-bzhag-shod）地方的曲杰嘉哇桑波、香巴拉法王多杰娘波（rdo-rje-snying-po，金刚藏）座前的大臣贡噶帕（kun-dgav-vphags），以及后藏精通翻译、利益众生的大德，生为索康多（gzod-khamsrdo)[17]地方的壤塘寺住持嘉哇僧格等。

3.莲花生大师曾明确授记说："嘉绒曲廓多堆地(rgal-rong-chu-mgo-rdo-stod)[18],名叫宗隆（vdzum-lung）的小山沟，父名俄色母卓玛，龙蛇年生，名字有'嘉'（rgyal）。通晓讲辩著知识，教传东方利众生，千名比丘僧围绕，不知我为莲师变。寿元之量七十四，若能勤修长寿咒，当能活到八十四。颠倒浊时一切人，如理敬心祈求得，与彼缘量生兜率。"授记中的曲杰嘉哇僧格班觉桑波，生于多绒（rdo-rong）的宗隆（杜柯河上游的宗木隆）所属的多秀钦（rdovi-shug-chen）地方，为众敬天降四部种姓之中的贡嘉纳波（mgon-rgyal-nag-po）种族，先祖名叫贡却嘉，父亲名叫贡却嘉哇欧色，母亲名叫巴杰卓玛（dpal-skyid）。十三岁时，已经掌握了内外诸法，莲花生大师也曾亲自驾临这里三四次给他加持，传授灌顶，因此美名远扬，成为多康地区唯一的太阳。这年，他到了被称为贡钦笃补巴化身的仁特那格尔底跟前，见到了仁特那室利大师，就像看见观世音菩萨一样，在敬献礼物时，他清楚地看见上师的本尊、佛陀、菩萨等进入上师身体中。他请求传授了许多教法，壤塘大寺堪布贡却坚赞担任轨范师，在正够数量的僧人中间为他授沙弥戒，取名为"班觉桑波(dpal-vbyor-bzang-po)"。此后，他去嘉摩擦瓦绒（嘉绒）地区的雅拉拉孜寺(bzhag-ra-lha-rtse-dgon)，隐居曲窘南喀宗闭关静修六个月，证悟本性精义。之后，他想去拜见成就自在甲杜·喜饶坚赞(lcags-mdud-shes-rab-rgyal-mtshan）时，看见吉祥天母[19]前来迎接，空行六臂狮面怙主等本尊显现。他从甲杜大师闻习多部显密经典和灌顶传承二次第疏释辨析、口诀等法。在返回孜托嘉哇（rtse-thog-rgyal-ba）宝库地方以后，看见佛陀、菩萨显身，犹如密云布满天空。从赛雪持金刚师坚赞僧格(gser-shod-rdo-rje-vchang-rgyal-mtshan-seng-ge）学习许多灌顶法，修炼方便道生起次第法时，看见吉祥大黑天（nag-po-chen-po，音译"摩诃伽罗"）[20]、兄妹护法（lcam-dral）[21]和骑羊护法（dam-can-mgar-nag）[22]等显身，修行的顺缘非常好。

二十三岁时，他再次来到壤塘寺，仁特那格尔底亲自主持设立曼荼罗（坛城）为他传授灌顶，讲解密法；十三位堪布、轨范师为他和索卡哇·云丹嘉措（gsol-kha-ba-yon-tan-rgya-mtsho）授近圆戒（比丘戒）。从此开始摄受徒众，在壤塘寺顺利地证得持教胜幢的成就相，针对每一位弟子的根器，为以阿坝活佛（mngav-pa）等十三位大德为首的数千名僧人广转显教、续部及时轮讲修、辩、闻、著灌顶传承甚深法轮，把他们引上成熟解脱的善道，这些美名到处传扬。因此，受到大明皇帝(gong-ma-chen-po-tav-ning-rgyal-po)[23]的敕封，赐给金册、金印等；蒙古永谢布（sog-po-yongs-shuvi-bu)[24]和蒙古（hor）其他部落，以及绛（vjang，指云南丽江一带地区，嘉哇僧格曾应云南丽江沐天王之请到丽江传法，被尊为王侯师)[25]、赞拉饶丹（btsan-lha-rab-brtan，指小金川土司)[26]等王（土司）尊他为上师（政教共主)。他在吉祥壤塘寺修建了寝宫德钦扎西奇（bde-chen-pho-brang）。几年后，当他修建天成康玛尔（khang-dmar-gtsug-lag）佛殿之时，当地人们争相奉献了财物，寺院为每个人发证悟缘起之名的吉祥誓愿，完成外部建筑而建造内供佛像、向各护法神抛撒食子（gtor-ma，用糌粑等制成的用来祭祀鬼神的食品)。托付事业时，出现了两名身着金盔金甲的巨人，嘉哇僧格的思想没有受任何影响，毫无阻碍地受到莲花生大师与空行桑哇益希等的加持。巨人说了一句“一齐成就”后隐身不见。佛像建成后举行开光典礼时，以至尊上师和轨范师坚赞僧格为首的十三位大弟子，以及寺内外比丘一百人齐诵《集密根本续》《喜金刚续》《时轮根本续》等续部的多种曼荼罗咒语，观修供养七日，每日进行开光供奉，发放布施，出现了无数使大家信服而希奇之相。其中从能仁王（佛陀）的色身上出现了许多纯金色的光环，犹如电掣，铺盖大地，布满天空，从光身中间发出了一种悦耳的声音，说偈语道：

若尔出现此偈陀，
前劫中已证等觉，
慈悲发心为众生，
八万良缘净土中，
圆满弥勒讲授记。

如此说了五遍悦耳温馨的话语，一切士夫都听闻到了。嘉哇僧格修建了以康玛经堂为主的一百一十三所寺院，佛塔一百一十三座。另外，他还成为九吉祥（dpal-dgu）、五地（rtse-lnga，五座神山）[27]、八滩（thang-brgyad，也称“八大坝”，指多康地区的八个地方）[28]的主人。内部的教法管理者为嘉摩擦瓦绒地方的擦科哇·阿旺扎巴（tsha-kho-ba-ngag-dbang-grags-pa）的侄子曲扎嘉措（chos-grags-rgya-mtsho），他是俗人却着僧装（僧装俗人），从此分衍出的种族非常多。

法王嘉哇僧格班觉桑波六十九岁时，安住于证悟大乐之中，宣讲以大本性一切轮回涅槃执情器世间和一切乐舞的无量事业传记胜义法性的道情金刚歌。之后，僧众弟子都遵从赛雪（gser-shod）传承，关心嘉达寺(ljags-mdav)[29]等子寺，以宣讲佛法窍诀利益众生。他曾在巴朗岗寺（vbav-lha-sgang）[30]传法一年。此后，应萨迦喇嘛南喀坚赞的邀请前往萨迦派寺院讲经，建立了大尊胜塔。举行开光典礼时，他看见从塔内散发光芒，并且听到从塔内发出的悦耳的声音，出现了许多使人意想不到的奇相。临别时，寺院全体僧人恳切挽留，希望他长期在这里传法，据说护法也出面劝请，但是他没有答应众僧的请求而返回壤塘寺，以宣努坚赞（gzhon-nu-rgyal-mtshan）转世灵童等四大活佛为首的万名僧人在距离壤塘寺一百米的路上执仪仗迎接，请到壤塘寺大乐寝殿，登上金刚鬘四十九尊彩色坛城向全体僧人传授灌顶。

之后两年，他在绛普金刚座（byang-phug-rdo-rje-gdan）闭关静修。

七十二岁时，身体欠佳，应侄子扎西嘉措（bkra-shis-rgya-mtsho）的请求回到壤塘寺，向各大弟子讲授佛教盛衰的预言和他的最后事业，为以仁特那格尔底的转世仁钦贝等吉相十三大弟子为首的数千名僧人传授了相应的密法后，于藏历龙年十月初八日去了变化坛城法界。当时，天空虹光飘荡，地上发生六种地震（sa-rnam-pa-drug-tu-gyo）[31]，天空妙音不断，花雨飘落，出现了许多奇相。

法王嘉哇僧格班觉桑波的第二世，如《传记启白》说：

为调伏本教的仁辛章松[32]，
多罗那他预言莲足固，
成就近圆时轮生圆法，
驾临康区途中空行迎。

根据这种说法，这一世他是出生在卫藏地区的本教徒徐仓仁辛巴的化身，在来康区途中死在吉雪扎噶尔地方，在前面多罗那他的事迹中已经做过介绍。

第三世，曲杰洛卡哇·扎巴俄色（lho-kha-ba-grags-pa-vod-zer，名称光），生于西藏洛卡（lho-kha）[33]地区，迎请到壤塘寺后成为曲杰仁钦的弟子，修炼时轮六支瑜伽法，念诵经典，证悟广大。他修缮了被毁的寺庙，建立了大佛塔。根据“惩治教敌，利益佛法众生”的预言，他以威力消灭了教敌，利教利民。但是和格尔底桑（kirtiha-sang）比试法力的人是否就是他还有疑问，可能是他前辈时发生的事。

第四世，曲杰郭嘉嘉哇·伦珠扎巴（go-rgyal-ba-lhun-grub-grags-pa，天成称）[34]，他通过修炼甚深密法，获得巨大的威力，是一位利益教法众生之人。在这两辈主持寺院期间，克珠洛追南杰和阿旺南杰二人先后从西藏来到壤塘寺广做利教利民之事。关于他们两人的事迹后面要介绍。

第五世，艾敦丹巴达结（nges-don-bstan-pa-dar-rgyas，了义教盛）[35]。

第六世，曲杰释迦俄色（shavkya-vod-zer，法王释迦光）[36]，亦名“晋美贝吉僧格”(vjigs-med-dpal-gyi-seng-ge，意为“无畏吉祥狮子）。

第七世，噶玛·曲杰强巴（karma-chos-kyi-byams-pa，业法慈）[37]。

第八世，米滂·晋美旺波（mi-pham-vjigs-med-dbang-po，长寿无畏自在）[38]。

以上几世为壤塘寺曲杰活佛（或确吉活佛）的世系。

历辈仁钦贝活佛主持上蔡居寺（tshes-bcu-gong，上泽布基寺），历辈阿盖活佛主持下蔡居（tshes-bcu-smad，又名下泽布基寺）寺。

曲杰贡钦笃补巴曾预言道：“河水倒流的南面，鸠摩罗（ku-ma-ra，意为“青年”）来到康区，得我文集传那里，利教利民吉祥生。”曲杰宣努坚赞（gzhon-nu-rgyal-mtshan）于则曲河上游创建寺院后，树立了义教法见修的独足（支撑点），宣讲笃补巴的文集六大函。他也有几世传承，后来阿什穹（a-skyong，或称阿什姜）[39]上师阿旺图旦（ngag-dbang-thub-bstan）在他修行院的基础上新建寺院。有诗赞道：

悦意教法祥持宫，
幼化门徒白顶髻，
执雾明点持幻术，
此显秘密善作分。

注释：

[1] 强巴卡吾切：人名，第一个在康区传讲觉囊派时轮教法的人。据载，他出生于康区（今四川甘孜）曾进藏求学，在笃补巴处六年，学得中观他空和时轮六支瑜伽等显密教法。笃补巴对他说：“你回康区，对教有利。”遂把一个海螺和第四结集经卷送给他。他告别师傅，东行来

到打箭炉建寺传教。由于缺乏资料，其具体情况不详。

[2] 则曲河：四川阿坝藏族羌族自治州境内的一条河名，发源于壤塘县玉青卡、玉青措隆，贯穿整个南木达地区，汇入麻尔曲柯河，流经马尔康足木脚，注入大渡河，在壤塘县境内流程约100千米，流域面积达15万公顷。

[3] 金刚六兄弟：可能指居住在壤塘县中壤塘地方的修行者，或指壤塘寺周围的环境，山似金刚，是一种比喻。

[4] 欧吾岗嘎：藏语音译，雪山名，即欧吾雪山。根据书中描述，可能是指壤塘寺背靠山的古代名称，仁钦贝建立确吉寺（壤塘寺）后，靠山叫臧跋拉山（或瞻跋拉山、财神山）。

[5] 嘉摩擦瓦绒：地域名，简称“嘉绒”，意为靠近汉人的山谷地区，以嘉摩墨尔多神山而得名，意指墨尔多神山四周地区，主要指今四川的大小金川、丹巴、黑水、理县、汶川等一带。关于其来源有不同的说法，有说吐蕃王朝之前，这一带为氐羌部落和白苟羌部落游牧地，从7世纪起吐蕃的势力逐渐延伸到这里，与当地人融合，成为今天嘉绒藏族的直系先民。也说早先居住在这里的人是来自拉萨西北部的琼部落人，他们与当地人融合成为“嘉绒哇”。这一地区曾有卓克基、松岗、党坝、绰斯甲四大土司和别斯曼、八角、宅垄、河东、河西五土屯。

[6] 四业：佛教用语。有四种，一种是指四种不同的业果报应：黑黑业、白白业、黑白业、不黑不白业；二是根据受报的时间和业的定与不定划分的四业：顺现法受业、顺次生受业、顺后次受业、顺不定受业；三是依业的异熟程度划分的四业：异熟定业、时分定业、俱定业、俱不定业；四是根据得道人的果法功能分的：息业、增业、怀业、诛业四种。黑黑业是指所有的恶报；白白业指善有善报；黑白业指善恶相混的业报；不黑不白业指摆脱善恶黑白的无漏业。顺现法受业指业力直接作用于现世的，即现世受报；顺次生受业指下世或来世受的果报；顺后次受业是

指延伸到再世或第三世以后受的果报；顺不定受业是指不知道在三世的哪一世受报。异熟定业，指肯定受报，但时间不定；时分定业，指时间已定，但不知受何果报；俱定业，指受的果报和时间都定；俱不定业，指受的果报和时间都不定。息业，指净除障碍和一切诟病；增业，指增富而长寿；怀业，指怀柔天神人鬼之业；诛业，指以焚烧、震慑、投掷等威猛法诛灭制伏怨敌邪魔之业。

[7] 玛格佐格：地方名称。指四川阿坝州壤塘县壤塘寺所在的南木达区，壤塘寺依靠臧跋拉山，傍则曲河，它所在的地方被视为财神坝子，环境非常优美。

[8] 仲·噶细仁钦贝：又称“热那室利”“仲噶细哇”，意为“仲氏精通四部论著的宝贝吉祥”，觉囊派著名学者。1350年，他生于多康嘉绒地区的且玛塘，从小受佛法熏陶，8岁削发为僧，师从喜饶贝习法。19岁（又说18岁），前往西藏求法，拜访了多位著名学者，一边闻习，一边研究，掌握了《中观论》《现观庄严论》《俱舍论》《戒律本论》，并围绕此四论，参加各寺的辩经法会，受到好评。从堪布绛曲孜摩等上师受比丘戒和菩萨戒，戒除酒肉。听到笃补巴的名字后，他非常仰慕，于是专程去觉囊寺拜见，但笃补巴已经去世，他只好从笃补巴的弟子萨桑玛底班钦、曲杰乔勒南杰、绛央洛追、娘温·贡噶贝、成勒桑波、绛曲僧格、堪布绛曲孜摩等人闻习弥勒、无著、世亲的论著和时轮、胜乐、大威德等密法，以及四部毗奈耶等，全面掌握了觉囊派的思想理论和密法修炼方法。30岁时，带着笃补巴的遗嘱和曲杰乔勒南杰赠送的佛塔、法螺、经卷，用牦牛驮着返回康区。1398年（又说是1425年），他在形似财神坝子的杂木塘（后称“壤塘”）原苯教寺院的基础上进行扩建，取名“确吉寺”（法王寺，或壤塘桑珠诺布林寺），招徒传法。据史料记载，1418年被明成祖敕封为“宏教禅师”，封文说：“奉天承运，皇帝敕曰：朕维佛氏之教，以寂静为用。上足以阴翊皇度，下足以开导群迷。自昔

有国者，莫不崇奖维持，兴隆其教。尔囊日领占省（仲日囊西绕）精明了悟，愿力宏深，恪守毗尼，心存清净，化诱善类，普劝有情，良足嘉尚。今特封尔为宏教禅师。庶阐扬于宗风，永笃忠诚，式丕承于宠命，钦此！”并颁发了象牙印章。1435年圆寂。著作有《佛经简释》《格言金刚鬘》《时轮基道果位论》《六支瑜伽讲义》等。弟子嘉哇桑波、泽布基·热那格底、阿盖·尼玛欧色等主持寺院事务，弘扬教法，形成了确吉、泽布基、阿盖三大活佛系统。

[9] 泽布基·仁特那格尔底：亦作“泽布基·热那格底”，第一世泽布基活佛。泽布基，又译“蔡布居”，意为“初十”；“仁特那格尔底”是梵文的藏文音译，意思是“宝称”（仁钦扎巴）。他出生于四川阿坝州多柯河下游的郭塘地方。壤塘桑珠诺布林寺建成后，他入寺师事噶细哇仁钦贝闻思修，成绩非常显著。曾主持设计修建了吉祥多门佛塔、上泽布基颇章。作为施主资助每年的每月初十日纪念乌坚仁波切的焚香点灯法会，故名“蔡布居桑”。其后的历辈上泽布基活佛是嘉哇多杰丹增、乃丹多杰、多阿丹贝仲美、噶玛欧色、贡嘎饶杰嘉措、噶玛艾敦丹佩、贡嘎仁钦扎巴等。

[10] 嘉哇桑波：全称“曲杰嘉哇桑波”或“确吉嘉哇桑波”，仲噶细哇仁钦贝的上首弟子，第一世确吉活佛。1419年，出生于嘉绒地区雅雪巴姆宗巴（阿坝州马尔康县境内）的一个贵族世家。8岁始学藏文，进入桑珠诺布林寺尊仁钦贝为上师，受近事、沙弥二戒，取名“米旁嘉哇桑波”。他苦修显密经典，既有深厚的佛学理论基础，又有密法修炼成就，尤其擅长因明学。仁钦贝非常器重他，将法位传给他。在主持寺院事务的几年时间里，建立了参涅增扎（性相班），加强了因明辩论和理论教学，故有“参玛巴嘉哇桑波”（量学师佛贤）的尊称。几年后，当地发生战乱，他避居山洞静修，偶尔去其他地方传法。1443年，壤塘发生大地震，山体滑坡毁坏了寺院。震后，他组织人力、财力进行修复，并

新建了拉章扎西林，内供高达两层半楼的弥勒佛像、燃灯佛像和释迦牟尼佛像。据载，他修建的寺院有巴朗桑丹寺、康萨尔寺(康山寺)、巴丹扎西岗寺、措丹拉康寺（草登寺)、包哇卓寺，称为“雅雪五大寺”。从这几座寺分出的有雪达寺、雅达寺、尤达寺、萨热寺等，建造佛塔上百尊，佛菩萨像多尊。1472年（明成化八年）八月，明朝中央政府派人来封他为“善悟灌顶国师”，赐象牙印章。1482年去世。

[11] 雅雪巴姆宗巴：地方名称。位于嘉绒地区，即今四川阿坝州马尔康县境内。

[12] 毗卢遮那佛：简称“卢舍那”，意为“光明遍照”“遍照一切”“遍照护”等，即大日如来佛的梵语名称，密教的法身佛。实叉难陀翻译的《八十华严》卷八：“至此世界，名‘娑婆’，以金刚庄严为际，依种种色风轮所持莲华网住；状如虚空，以普圆满天宫殿庄严虚空云而覆其上，十三佛刹微尘数世界周匝围绕，其佛即是毗卢遮那如来世尊。”《华严经》视其为莲花藏世界的教主，为报身佛。唐密把他看成是理智不二的法身佛，尊为密宗的主尊佛。在密教金刚界中，毗卢遮那佛是“遍照金刚”，象征摧坏众生烦恼，把降伏烦恼的智慧比喻为“金刚”，表示其坚固不坏，代表着如来智慧的世界。相似菩萨，作天人之状，跏趺坐，头垂发，戴五智之宝冠，上半身戴着手镯、臂钏、璎珞等装饰品，手结智拳印。在胎藏界中，他象征理德的理法身，形象首戴发髻，身缠轻妙之衣，手结法界定印，通身金色（或云白色)，以“阿”字为种子，以窣都波为三昧耶形，菩萨身。因此，显教以其为报身佛，密教作为法身佛。

[13] 毗婆尸：又作“毗钵尸佛”“鞞婆尸佛”等，意译“胜观佛”，过去七佛的第一佛。《长阿含经》第一《大本经》说：“佛告诸比丘：过去九十一劫，时世有佛名毗婆尸如来至真，出现于世。”他出现的时候，人寿八万岁，刹帝利种姓，姓拘利若；静坐波波罗树下修道成佛，举行三次说法集会，第一次有十六万弟子参加，第二次有十万，第三次

有八万，上首弟子是骞茶和提舍。

［14］二资粮：佛教术语，指福德资粮和智慧资粮。福德资粮，一般包括布施、受戒等善业，主要为了成就色身。在六波罗蜜多中，布施、持戒、忍辱属于福德资粮，是成就化身和报身之因。智慧资粮，指在菩提心的基础上，证悟空性，实现智慧法身的资粮。在六波罗蜜多中，禅定和智慧两种属于智慧资粮，是用来成就智慧法身和本性身。《宝鬘论》说："诸佛之色身，生自福资粮；智慧资粮中，产生佛法身。是故二资粮，获得佛之因。"六度中的"精进"是成就福德、智慧二资粮之因。

［15］白幢：藏文"rgyal-mtshan-dkar-po"的意译，佛号，是释迦牟尼在兜率天宫内院的名字。传说，佛陀降生之前为一生补处菩萨，在兜率天宫为天众说法，号"白幢"。后来，兜率天宫的天众听闻白幢（释迦牟尼佛前世）将降生世间，都感到哀伤悲泣，忧虑从今后不能再听闻他讲经说法。白幢知悉天众的心思，告知天众：我虽决定降生世间，但我将一生补处菩萨的权位，以宝冠为记，授予弥勒菩萨，弥勒菩萨将继续于兜率天为诸位讲经说法。

［16］绰普·强巴贝：也译"超浦译师""绰浦译师""绰普译师"等，藏传佛教后弘期初期的著名翻译家。他本名次程喜饶，别称强巴贝。1173年，出生于西藏日喀则市西南的夏格丁地方，今萨迦县境内。父亲努觉盘是帕木竹巴的弟子贡丹的弟弟。6岁，开始学习藏文读写，毫不费力。10岁时，受出家、沙弥戒。1191年，19岁时从伯父贾察·仁钦贡受比丘戒。1197年，印度著名学者弥扎佐格应邀来藏传教，他从其闻听密法。1200年，佛陀室利来藏先后在阿里、芒域开展佛事活动，强巴贝一直陪同担任翻译。1203年，聆听止贡寺京俄仁波切讲授大手印法。次年，邀请释迦室利来绰普寺，帮助修建弥勒大佛塔和拉康。释迦室利在西藏传法的十年时间里，强巴贝一直随行担任翻译。其间，他不断地扩建寺庙，增加内部设施，逐渐形成了绰普噶举派。1219年，他住进绰普年卡

尔洞狮子宗静修；1225 年，逝于卡热贡琼。详见《洛绒教史》。

［17］索康多：又称索青达木宗，地方名，位于杜曲河流域，今四川阿坝州色达、壤塘一带。

［18］嘉绒曲廓多堆地：地方名。嘉绒是一个区域名称，指墨尔多神山四周地区，其境内有十八个酋长、土王，由中央政府赐封授予宣慰使司、宣慰司、守抚司、长官司等职管理辖境政务。“曲廓”，意为“水的源头”；“多堆”亦译“杜堆”，意指杜柯河上游。“曲廓多堆”是指杜曲河上游地区。杜曲河(杜柯河)，又称“绰斯甲河”，为大渡河上游大金川的西源，发源于青海班玛县的倒尔娘山，经甘孜州的色达县由西北向东南流入壤塘县境，经杜柯、岗木达、吾伊、石里、蒲西进入金川。

［19］吉祥天母：又称“大吉祥天女”“吉祥功德女”“宝藏天女”“威德天女”等，是藏文“班丹拉姆”（dpal-ldan-lha-mo）的意译。梵文名称是“室利提毗”（Shari-devi）、“室利摩诃提毗”（Shari-maha-devi），俗称“骡子天王”。她是藏传佛教万神殿中居首席地位的出世间黑色女护法神，也是藏密的护法女神，源自印度，是佛教和婆罗门教共同的神灵，为阳光之神毗湿奴的配偶，成为爱神之母。印度教神话传说她是天神和阿修罗搅乳海时产生的，称“乳海之女”。父亲名叫德叉迦，母亲名鬼子母神。在西藏，贝丹拉姆像最早出现在吐蕃，传说大昭寺的女神像是松赞干布用其鼻血绘制的。常见的吉祥天母像是单身，有两臂和四臂两种。两臂像，其一手持莲花，一手撒金钱，站在莲花座上，有两头白象伴护，以为吉祥的象征，坐骑不定，有时乘莲花、金翅鸟（迦楼罗），有时乘猫头鹰（优楼迦）、骡子等。画像中吉祥天母一首三眼，头发橙色，怒而上竖，发饰半月，顶戴五骷髅帽。两手持物，其中右手持金刚棒，左手捧颅碗。脐间有太阳，表示阴性智慧；腰系人皮，上身穿虎皮，表示忿怒。腰间插的三角板，专门用来记录人事，凡被录者剥皮。胯下一头四眼骡子（臀部有两只眼），鞍子用罗刹皮包饰，鞍韂前挂着一

口布袋和红白两个骰子，分别用来盛装疾病和主杀赦；鞍韂后有红绿两个线团，谁触及就会病死。

吉祥天母忿怒相，面色蓝黑色，血盆大口，獠牙切齿，红色鼻孔喘着粗气，三目圆睁，眉毛上竖，望而生畏。红色头发竖起，戴着五骷髅，火焰形发髻中间有半月和孔雀羽；颈套多幅项链。两耳挂着耳环，右耳环上有小狮子，象征着听经；左耳上挂着小蛇，象征忿怒。左手持骷髅棒，用来对付阿修罗；右手端着盛满鲜血的颅器，象征幸福快乐。身上披着传说是她儿子的人皮，象征大义灭亲。胯下黄色骡子，象征她可以在天上、地上、地下三界行走自如。在西藏每年的正月祈愿大法会期间，要专门祭供贝丹拉姆女神。她是布达拉宫的保护神，山南加查县境内的拉姆拉措湖是其居所，故称魂湖。寻找活佛转世灵童时，必须到拉姆拉措湖观湖，通过湖水的影像判断化身出生的地方。

［20］大黑天：又译“大黑”“大时”“大黑神”等，梵语称“摩诃迦罗”（Mahakala，或“玛哈嘎拉”），藏语名“贡布那波钦波”或“那波钦波”（mgon-po-nag-po-chen-po），“贡布”意为“依怙主”；“那波钦波”即“大黑”。传说，大黑天是古印度教湿婆神大自在天的化身。湿婆神有多种不同的形象，作为破坏神形象的大自在天其“面目狰狞，性格狂暴，颈挂骷髅，经常住在墓地，游荡于鬼灵之间，管理死者的时限”。当他毁灭世界时，显现十分可怖的黑色面相。所以，藏密把他看成是大自在天的变身、观世音菩萨化现的大护法神。噶举派著名学者乌坚林巴说：大黑天原是普贤佛教化后期生活在吉域的人，由于受密法感化，出家受戒，法号塔巴那波（黑解脱）。但是，他骄傲自满，耽于虚妄，钟情于杀生、偷盗、邪淫、妄语、两舌、恶口、绮语、贪欲、瞋恚、邪见等十恶，不断轮回于旁牲道，直至燃灯佛的末期才转世为人，生于罗刹国，三头六臂四足，每个头上三只眼，身上还长有两只翅膀。当地人把他和他的母亲逐至荒林，他靠吞食自己母亲的肉得以存活。随着逐渐长

大，他的三个头的颜色也不一样，右面白色，左面红色，中间是蓝色，颈挂骷髅项链，在罗刹国作恶多端，人称玛占嘎如。战胜刹土空行和须弥山的白幢后，他改名叫茹扎。他本性不改，继续作乱，佛陀令观世音菩萨和度母分别化成马头金刚和金刚亥母去收服，让他做佛教的护法神，密号摩诃迦罗。

藏传佛教的大黑天既是本尊神，又是护法神，据说是由10世纪著名翻译家仁青桑波引进的。其形象比较多，常见的有单身二臂、四臂、六臂等几种，几乎没有双身像。二臂玛哈嘎拉被看成是普贤佛所化现的智慧护法，能帮助修行者入证空性，其形象全身黑色、矮小健壮、勇猛力大；四臂玛哈嘎拉是胜乐金刚的护法；六臂玛哈嘎拉是千手千眼和十一面观世音菩萨的化身，能降伏末法时期恶化的众生，帮助他们实现并满足愿望。其造像从材质上分为布画像、壁画像、泥塑像、金铜质像和铁质像等。

汉传佛教把大黑天看成是大日如来佛降伏恶魔时表现出来的忿怒药叉的形象，有一面八臂、三面六臂等造像，作为战神，佛经中有描述。《慧琳音义》卷十说："摩诃迦罗，唐云大黑天神也，有大神力，寿无量千岁，八臂身青黑之色，二手怀中横把一三戟叉，右第二手把一青羖羊，左第二手把一恶鬼头髻，右第三手把剑，左第三手执羯吒罔迦，是一骷髅幢也。后二手各于肩上共张一白象皮如披势，以毒蛇贯穿骷髅以为璎珞，虎牙上出，作大忿怒形，雷电烟火以为威光，身形极大，足下有一神妖，以两手承足者也。"

［21］兄妹护法：亦作"姊妹护法"或"皮铠甲护法"等，藏传佛教出世间护法名。关于其来源和名称有多种说法，有说他为古印度教神，另一种认为是蒙古族神灵的转化，还说是外来神与本土神结合后形成的。据内贝斯基·沃杰科维茨的《西藏的神灵和鬼怪》说：姊妹护法的父亲是夜叉桑吉热巴金（具铜发辫者），母亲是森莫查格热巴金（罗刹具血发辫

者），其名叫大夜叉桑吉白载坚，居住在铜山中央的血海里，众多的人马尸体铺在那里，血流成湖泊。他身着铜铠甲、红丝衣和褐色公山羊皮制成的披风，头戴发光的铜盔，上系一圈头饰，项挂用五十颗鲜活的人头做成的花圈；脚穿红皮靴子，紫色火焰环绕全身。左边是其姐妹，右边是索达玛波（红命主），周围有其他八位神灵。

［22］骑羊护法：以山羊为坐骑的一位世间护法神。其来源、形象、职责等不详。

［23］大明皇帝：指明世宗朱厚熜，年号嘉靖，后世称嘉靖帝。嘉靖皇帝即位后"革故鼎新"，进行一系列大的改革。在对待藏传佛教上，采取了新的做法，把留京的藏僧作为其"革故"的对象，诏令：凡"正德元年以来传升、乞升法王、佛子、国师、禅师等项，礼部尽行查革，各牢固枷钉，押发两广烟瘴地面卫分充军，遇赦不宥"（《明世宗实录》卷一）。后又采取崇道排佛的宗教政策，"崇道教，益黜浮屠，自是番僧鲜至中国者。"（《明史》卷三三一，《西域三》）因此，在嘉靖时期留京藏僧人数锐减。这时，壤塘寺由第二世确吉活佛主持，他生于四川阿坝索康多地方的一个土司家族，10岁受居士戒。13岁时，被认定为嘉哇桑波的化身，迎接到泽布基寺坐床习法。23岁时，由堪布贡嘉哇授给比丘戒，随后自己开始摄收弟子。由于他的努力，修建了以康玛尔寺为首的113座寺庙和同样数量的佛塔。1150年，进京朝觐，被嘉靖皇帝敕封为"大善法王"，诏书说："奉天承运，皇帝朕亦受此曲尔基宝师灌顶，视为根本师，普天之下尊卑人等毋须说应予崇敬"，还被赏赐了象牙印章、象牙盘一个、羊脂玉野牛一头、玉乌龟一只、象牙小盘一个、五十两黄金制作的命命鸟一只、五十两白银制成的圆盘一个、孔雀翎华盖、珊瑚帽顶以及盔旗、官服、佛像、乐器等，并被授权领属多康八大坝、五座神山。返回壤塘寺后，他在领属的地方设置"宗济"和"宗陈"等机构，委派宗本和勒参巴进行管理。他还去过青海的蒙古族聚居区和西宁传法。

1580 年圆寂。

［24］蒙古永谢布：又作“永邵卜”“应绍卜”“应绍不”“雍希叶布族”“永沙普”等，是明代右翼蒙古三万户之一，最早归野乜克力部的癿加思兰、亦思马因、亦不剌等人统领，达延汗平定右翼叛乱后，封给了自己的子孙们，后辗转成为巴儿斯博罗特家族的领地。俺答汗时代，永谢布的牧地在宣府边外，由永谢布、阿苏特、哈剌慎（喀剌沁）三部组成。永谢布、阿苏特二部归俺答汗六弟博弟达喇鄂特罕台吉统领，牧地在哈剌慎西北边，离明边较远。哈剌慎归俺答汗四弟老把都统领，牧地在宣府边外，紧靠明边。进入西海活动的永谢布部众主要是离西海相对较近的博弟达喇鄂特罕台吉的子孙们，比较著名的首领有永邵卜大成台吉、瓦剌他卜囊、把尔户台吉等。

永谢布曾先后几次与明朝发生冲突。万历十六年（1588 年）九月，瓦剌他卜囊率众入西宁南川抢掠“番族”，杀死乘醉酒大耍威风的明朝副将李魁；万历二十三年（1595 年）九月与十月，瓦剌他卜囊又先后进犯西宁南川与西川，被明军败于捏尔朵峡与康缠沟。其后，随着与火落赤的内讧，永谢布的势力逐渐衰落。《中国藏族部落》说：永谢布是成吉思汗的后裔蒙古汗王容须布岱青和阿贝、巴图部汗王青杰等部落，居住生活在青海玉树州称多县的永夏部落，最早活动在巴颜喀拉山南麓的东群河流域，后来几经迁徙。本书中的永谢布可能指这一支。

［25］绛：藏文“vjang”的音译，指云南丽江一带地区的古名，明代沐英封地。壤塘寺第二世确吉活佛嘉哇僧格曾应沐天王的邀请来到丽江地区传教，被尊为王侯师。

［26］赞拉饶丹：地名与人名合称。“赞拉”是嘉绒藏语的音译，地方名称，指四川阿坝州小金，以其境内的雪山而得名。赞拉土司和大金土司原为同一世家的分支，族长哈依拉木为苯教高僧，明永乐年间受封为“演化禅师”。“饶丹”是人名，即赞拉地区的头人或头领（土司），

具体情况不详。

[27] 五地：亦译“五境”，指多康五座神山周围的地区。五座神山是东方的年宝玉则山（在青海果洛州的久治县，gnyan-po-gyu-rtse）、宗地的拉日年则山（lha-ri-gnyan-rtse）、杜曲河流域的古拉嘉孜山（sku-bla-lcags-rtse）、雅雪地方的雅热曼则山（bzhag-ra-sman-rtse）和木雅地区的夏扎拉孜山（bzhag-bkra-lha-rtse）。

[28] 八滩：亦译“八大坝”，地方名称，即嘉绒地区的八个地方：阿坝的如茹坝（ru-ru-thang）、贡塞夏坝（skong-gser-zha-thang）、泽噶拉姆达坝(vdzi-kavi-lha-mo-dar-thang)、玛色列坝（smra-se-le-thang）、木雅塞且坝(mi-nyag-gser-thang)、赛果根坝（gser-sgo-rgan-thang）、颇扎切玛坝（pho-dre-bye-ma-thang）、巴拉吉莫坝(pa-la-rje-movi-thang)。

[29] 嘉达寺：又译“嘉木达寺”“尖木达寺”。藏文有两种写法，一种是 lcags-mdav；另一种是 ljags-mdav。该寺位于青海果洛州久治县索手口麻乡，原为四川甘孜噶托寺属寺，后来由觉囊派高僧和地方势力联合将其改宗觉囊派，以此寺为中心在青海传播觉囊派教法。早期以帐房寺为主，后来逐渐修建了大经堂、佛殿、僧舍等建筑，成为果洛地区规模较大的觉囊派寺院，历史上隶属于中壤塘寺的藏洼寺。《尖木达寺简介》说：全称为“尖木达寺佛教了义法轮洲昌隆五明闻思欢喜园”，为藏哇·俄旺群培尖嘉措(1788—1865 年) 创建于藏历十四饶迥 (1849 年) 年。

[30] 巴朗岗寺：亦名“约和热拉则贡巴”，全称“巴朗贡强贡托杰贤珠平措林”，译言“巴朗寺慈悲讲修圆满洲”。位于四川阿坝州马尔康县四大坝区日部乡的巴朗村，约建于明成化年间 (1465—1485 年)，隶属于确吉寺。寺内设有讲经院和修行院，有十五个康村。

[31] 六种地震：佛教所说的六种不同地震。《长阿含经》卷二十二说：“佛告阿难：凡世地动，有八因缘。何等八？夫地在水上，水止于风，风止于空，空中大风有时自起，则大水扰，大水扰则普地动，是为

一也。复次，阿难，有时得道比丘、比丘尼及大神尊天，观水性多，观地性少，欲自试力，则普地动，是为二也。复次，阿难，若始菩萨从兜率天降神母胎，专念不乱，地为大动，是为三也。复次，阿难，菩萨始出母胎，从右胁生，专念不乱，则普地动，是为四也。复次，阿难，菩萨初成无上正觉，当于此时，地大震动，是为五也。复次，阿难，佛初成道，转无上法轮，魔、若魔、天、沙门、婆罗门、诸天、世人所不能转，则普地动，是为六也。复次，阿难，佛教将毕，专念不乱，欲舍性命，则普地动，是为七也。复次，阿难，如来于无余涅槃界般涅槃时，地大震动，是为八也。以是八因缘，令地大动。"《大涅槃经》卷三说："佛言：阿难，大地震动，有八因缘：一者，大地依于水住，又此大水依风轮住，又此风轮依虚空住，空中有时猛风大起，吹彼风轮，风轮既动，彼水亦动，彼水既动，大地乃动；二者，比丘、比丘尼、优婆塞、优婆夷，有修神通始成就者，欲自试验，故大地动；三者，菩萨在兜率天，将欲来下，降神母胎，故大地动；四者，菩萨初生，从右胁出，故大地动；五者，菩萨舍于王宫，出家学道，成一切种智，故大地动；六者，如来成道，始为人天转妙法轮，故大地动；七者，如来舍寿，以神通力住命而住，故大地动；八者，如来般涅槃时，故大地动。"《大方等大集念佛三昧经》说："一切大地六种震动：一动遍动等遍动，二震遍震等遍震，三涌遍涌等遍涌，四吼遍吼等遍吼，五起遍起等遍起，六觉遍觉等遍觉。"佛教说的地震与现代科学所说的地震不同，震状有三种，第一种是动、涌、震、击、吼、爆；第二种是西涌东没、东涌西没、北涌南没、南涌北没、中涌边没、边涌中没；第三种是释迦牟尼佛入胎、降生、出家、成道、转法轮、涅槃时，大地因之震动，称为"六缘地震"。

[32] 仁辛章松：原名坚赞僧格。明万历十六年（1588年）出生于西藏日喀则地区的辛仁地方。16岁时，被多康尼吉寺活佛噶希·坚赞僧格和安多·贡噶伦珠二人负责认定为壤塘寺第二世确吉活佛嘉哇僧格的转世灵

童，并报请多罗那他卜算是否为化身。多罗那他考虑到确吉寺法位长期悬空和仁辛出生于一个本教家庭的事实，遂以神谕的形式委劝说："他虽然是嘉哇僧格的化身，但有不利于壤塘的事。"噶希·坚赞僧格和安多·贡噶伦珠等人急于功利，误解了多罗那他的意思而将坚赞僧格宣布为嘉哇僧格的真正转世，迎请到觉囊寺坐床。在离别去壤塘寺之时，多罗那他赠以"康区了义法王"之名号。藏巴汗彭措南杰封其为"多康法王"。在东行前往壤塘寺途中参拜了扎什伦布寺、图旦塞多坚寺和大昭寺等，行至拉萨东面的止贡地方时患病，随即返回拉萨。明万历四十三年（1615年）病逝于拉萨河下游的扎噶尔地方。

[33] 洛卡：地名，指西藏的山南，为藏民族的发祥地和雅隆悉补野部落联盟的中心。7世纪，松赞干布划分区域时，洛卡属于约茹。明朝时，为帕竹地方政权的中心，后属拉加里王朝管辖，清代归噶厦政府管辖。1911年，噶厦政府在此设立"洛卡基巧"。

[34] 曲杰郭嘉嘉哇·伦珠扎巴：简称"郭嘉哇"，第四世确吉活佛（如果将仁辛章松算为第三世，他则为第五世）。清康熙十三年（1674年）生于四川嘉绒地区郭嘉地方的夏麦家族，9岁时被认定为前世的转世灵童，迎接到寺院坐床。13岁时，受比丘戒，开始系统地学习觉囊派教法，至19岁时基本上掌握了他空思想和时轮法。后来，他把宫殿献给藏巴·阿旺丹增南杰，自己筹资新建殿堂。当时，阿旺丹增南杰得到五世班禅、拉藏汗、青海蒙古汗王额尔德尼居囊的支持，他们团结一心，通过各种方法挽救衰退的觉囊派，受到了阿坝农区和杜曲、则曲、麻尔曲三河流域，以及嘉绒地区部分土司头人、果洛阿什窘部落首领们的广泛支持和拥戴。曾得到康熙皇帝的敕封，蒙古巴雪图旗王赠送了名号和礼品。1736年去世。

[35] 艾敦丹巴达结：第六世确吉活佛（实为第五世）。清乾隆七年（1742年），生于青海果洛地区麻尔曲河流域约达地方的阿什窘家族，5

岁被认定为前世的化身，8岁始学藏文和佛典。他虽以法王自称，但不恪守寺规戒条，经常以修法为名留妇女于寺内，或夜宿寺外，严重败坏了寺风，遭到了许多高僧的蔑视，确吉寺在壤塘三大寺中的地位因此而下降，被藏哇寺(重洼寺）取代。后来，艾敦丹巴达结悔恨自己所做的事，进藏深造，痛改前非，受到了八世达赖、六世班禅、萨迦寺住持桑结丹巴等人的肯定，并向确吉寺颁发封文执照，乾隆皇帝曾派遣金子使者(钦差）来颁发封诰。从此，过去的施主阿什穹首领玛索贡波、伦珠等人重新服侍，他用布施物修建了不少佛像、佛塔。

［36］曲杰释迦俄色：又名晋美贝吉僧格，译言“无畏吉祥狮子”，第六世确吉活佛。1788年，生于青海麻尔曲河流域的约达地方，幼年被宁玛派高僧杜敦林巴和噶玛噶举派黑帽系第十世活佛堆杜多杰认定为艾敦丹巴达结的转世灵童，7岁时接到确吉寺坐床，直到14岁才受居士戒。17岁时，去甘孜的德格寺，从苏尔芒·次旺贡恰、司徒班玛娘波学习宁玛派、噶举派、萨迦派的教法。回到本寺后的第二年，他主持确吉寺的宗教事务，在杜曲、则曲、麻尔曲三河流域，以及松岗、果洛、色达瓦述、阿坝河流域有很大影响，100多个部落首领作施主供养他。后来，应色达瓦述土官、瓦述乔柯部落头领扎罗、董洛格等人的邀请前去传教，并受到阿什穹巴钦贡、罗布扎杜、梅仓土官等地方头人的供养。那时，嘉庆皇帝敕封他，派人送来封诰。1805年，四川总督勒保念他调解地方纠纷有功，划拨宇哇、日朋、西岗木等地的150户作为寺属差民，使确吉寺的民户达到700多户。从成都返回途中他拜访了四川漳腊营参军府和四川松潘镇中军游击，得到了他们颁发的执照。晚年，他在寺中修建了康萨朗杰林宫殿、色康殿、灵塔殿、护法殿、降魔殿等，组织人刻印经卷，购置法器，使寺院得到了很大发展。1835年圆寂。

［37］噶玛·曲杰强巴：第七世确吉活佛。1859年，出生于青海果洛地区约达地方的磨通村。7岁时，被认定为前世的转世灵童，迎接到确吉

寺坐床。第二年，由多丹克却担任经师教授佛法，从阿旺三木丹受近事、沙弥二戒，取名“阿旺曲吉僧格多居丹窘”，从此开始学习觉囊派的教法，修炼六支瑜伽。14岁时，跟着经师去德格的八蚌寺，从著名高僧贡珠·云丹嘉措闻习几大宗派的核心教法，得到“贡嘎米旁曲吉强巴”的赐名。后来，阿什窘康甘部头领乌坚巴、贡玛仓头领噶玛图多等都尊他为上师，并作了施主。20岁时，主持寺院事务，曾受到光绪皇帝的敕封。1883年患病去世，年仅24岁。

[38] 米滂·晋美旺波：又名丹贝尼玛，第八世确吉活佛。1885年，出生于嘉绒梭磨土司管辖的中桑噶尔（或“中塘日”），今四川阿坝州红原县境内，兄妹四个，他排行第二。7岁时，被认定为前世的化身，由康玛尔寺的索南旦增负责迎接到确吉寺坐床。第二年起，由格西洛桑曲珠嘉措和曼巴托迈二人担任经师讲授教理，指导修炼密法。12岁，从江巴仁波切贡嘎艾敦受出家戒，取名“贡嘎晋美贤珠丹贝尼玛”，并受灌顶，刻苦学习觉囊派的中观他空思想和时轮教法。22岁时开始主持寺院教务，受到黑水头人多吉巴桑（苏永和）的供养。1951年，成立川西北藏族自治区，他被选为政府委员。第二年，周总理亲自签发任命书。阿坝藏族自治州成立后，他被选为人民政府委员。1955年，出任壤塘行政委员会主任。1958年去世。

[39] 阿什穹：又作“阿什姜”“阿什窘”等，意为“大鹏”，地方名称，位于青海省果洛州班玛县境内。这里原是阿什穹部落所在地，传说中果洛的发源地，说本秀加之子艾穷于亚日堂一处形似大鹏的地方修建碉房居住，因其地方在穷波，故名阿什穹。又说，原居住在金沙江流域的朱安本之子朱拉加由于内部不和，带领自己的属部来到年宝玉则雪山脚下，以狩猎为生。有一天，他救下了被大鹏叼走的山神之女，两人相爱成婚，一年后生下儿子帕合太。但是，他们的婚事被玛沁雪山神知道后强行拆散。失去妻子的朱拉加经营部落有方，在很短的时间内他的

部落壮大起来，因此而遭到了其他部落的妒恨。他们联合起来企图吞并朱拉加部落，结果被朱拉加打败。从此，朱拉加的部落成为“果洛”(反败为胜者)。帕合太长大后迁徙到亚日堂一带，他的三个儿子分居三处，分别称“昂欠本”“阿什穹本”“班玛本”，即三果洛。后来，阿什穹本部分为贡玛仓、康赛仓、康甘仓三部，从贡玛仓又分出然洛仓和哇赛仓。

第二节　觉囊派在康区的发展

一、从后藏向壤塘的传播

至尊多罗那他及其法位继承人贡噶仁钦嘉措(rgyal-tshab-kun-dgav-rin-chen-rgya-mtsho）二人的嫡传弟子克珠洛哲南杰（mkhas-grub-blo-gros-rnam-rgyal）以后次第嗣继法位的恰隆哇·阿旺程勒（cha-lung-ba-ngag-dbang-vphrin-las)、藏巴·阿旺南杰（gtsang-pa-ngag-dbang-rnam-rgyal)，这三位大德的生平事迹在这里要作简要介绍。

第三十代法王洛哲南杰（尊胜智慧），藏历土马年（明万历四十六年，1618 年）生于绛曲萨热哇尔（vjad-vchos-za-raw-ba）地方，父亲名叫拉达结（lha-dar-rgyas)，母亲名叫秀姆巴宗（phyug-mo-dpal-vdzom)。洛追南杰出生时肚脐好像系有禅带，类似奇迹很多。他自幼未经师傅教导就通晓《三聚经》，亲眼目睹弥勒佛显现。十六岁时，根据空行母劝请，在至尊贡噶娘布（多罗那他）座前削发出家，口诵驱魔咒和吉祥偈，随手抛掷青稞。因此，上师赐名“洛追南杰”（意为“胜慧”)，授给三种彩色绸缎护身结和糖蔗等油炸面食，要求他勤奋学习。经过刻苦钻研，他很快成便为一位贤哲。受沙弥戒后，他学到了六支瑜伽等多种教法。猪年（明天启三年，1623年）四月，向至尊仁波切贡噶娘布请求传授瑜伽母灌顶法，贡噶娘布把金刚铃杵（rdo-rje-dril-bu，宗教法器之一）放在他的头上说："对任何工作都应该精进努力，尤其不要忘记密法名。"

四月二十八日，至尊仁波切贡噶娘布去世，他全心为上师做礼供净障法事。此后，他从堪布贡噶仁钦嘉措（kun-dgav-rin-chen-rgya-mtsho）受近圆戒，闻习多种灌顶教法。在一次念修之时，他看见了白度母如意轮正在念修，告诉他说："你的寺院是这一座。"根据白度母如意轮的这个指示，他移居像杂木拉塑像（vdzam-lha，是否赡跋拉本尊？）一样的山前的查秀盖寺（dgon-pa-khra-shig-ge，阿坝州境内一寺名）。后来进入壤塘寺，勤奋修行，证悟广大智慧。

他曾在五世达赖洛桑嘉措座前，就关于时轮和中观他空见的提问做了详细的回答，五世达赖感到十分满意，予以赏赐。他曾看见笃补巴显身对他说："你以后的事业在东方（这里的东方指西藏以东的康巴地区）。"他把这件事告诉了堪布贡噶仁钦嘉措，堪布高兴地给他传授了三精进金刚瑜伽法。后来，事情果然如吉祥依怙所授记的那样。不久，应娘波恰达（snying-po-khyab-bdag）等许多康区人的请求，他于藏历火鸡年（清顺治十四年，1657年）阴历五月从吉普寺（skyid-phug）出发，行至秀卡（zhugs-kha）见到了至尊成勒旺姆[1]，祈请消除路上的障碍并给予保佑。至尊成勒旺姆立即授教，并说："三年后定能兴旺。"他在途中还礼供了觉囊寺十万大佛塔和其他佛像塔等，征兆都非常好。然后，他继续上路，途中与蒙古永谢布部建立了法缘关系。阴历八月抵达壤塘寺，受到了洛卡哇·嘉哇僧格等人的盛情接待。

从土狗年（清顺治十五年，1658年）开始，他为各类信徒讲授时轮灌顶法，为五十余人剃度授出家与近圆戒，举行了宝帐怙主禳解行仪式，亲眼见到了怙主显身。在抛洒真言芥子（zor-rtse）时，雷击中了有罪之人，十分灵验。他年复一年地讲授教法，修行密法，建立佛塔。

羊年（清康熙六年，1667 年），他主持扎迦达朵玛回遮仪式时，真言芥子顶端着火，火势很大。他向多（rdo）、则（vdzi）、玛（smra）[2]三个地区的信徒讲授了《金刚鬘》等灌顶教法。有一次，应察科部落（tsha-kho，位于四川马尔康与小金交界处）[3]首领桑杰奔木（sangs-rgyas-vbum）的邀请，去讲授了许多灌顶传承、开许法等。在传授六臂怙主开许法时，清楚地见到怙主显现。临别时，供施双方难分难舍，他留下弟子囊索娘波囊赞（nang-so-snying-po-snang-mdzad）等在察科河地区宏法，发展佛教事业。

这样，洛哲南杰在康区居住了十二年，做了许多有利于佛法众生的大事，最后拒绝赛温成勒娘波（se-dbon-vphrin-snying）等人的挽留，决定返回西藏。藏历猴年（康熙七年，1668 年）阴历四月上弦日（上半月）从壤塘寺起程，途经蒙古族地区时受到了热情招待，看见了盖扎巴拉（本尊名）显身，对他说："你再不会有违碍。"供祭唐拉山神（thang-lha，即唐古拉山）后感到心情非常舒畅。十一月抵达拉萨，礼供祈愿后，回到达丹丹曲林寺，向聚会的上师们发放斋僧茶。闭关静修期间，为卓格·贡噶巴桑（vbrog-dge-kun-dgav-dpal-bzang）[4]等数名四川来的求学者讲授他们各自所希求的教法。之后，他拜祭了周却（即贡噶周却）和至尊（多罗那他）两位上师的灵塔；为普达寺（phu-mdav）布施斋茶，行善积德；火化了至尊（多罗那他）的遗体。他花了几年的时间主修密法，做利益佛教和众生之事。藏历水猪年（清康熙二十二年，1683 年）圆寂，享年六十六岁。贡钦笃补巴曾预言他是："自己母亲的化身。"

第三十一代法王恰隆哇·阿旺程勒。贡钦笃补巴曾说："一位突然降生的化身和我一样，为佛主教法完成事业。"贡钦的这一预言所指的人即是恰隆哇·阿旺程勒，他于藏历木马年（清顺治十一年，1654 年）生于曲萨尔（chos-zar）[5]地方。从小即表现出大德的举止行为，十六岁时，伯父洛哲南杰为了让他继承法位而剃度他，并授他出家戒。他曾制伏了恰隆金刚岩的赞神（btsan-lha）[6],而且令赞神随时迎送他。二十岁时，已经修完了《俱舍论》《入中论》《现观庄严论》《律经》等，很顺利地掌握了四论的全部内容，并在五世达赖喇嘛洛桑嘉措跟前通过答辩考试。他从洛哲南杰闻习时轮生圆二次第甚深教法，修炼六支瑜伽，出现了与讲解量相应的证悟。康区壤塘寺把他作为前辈上师的法位继承人，但因其父母的阻留，未能前往。

二十四岁时，他随伯父来到达丹丹曲林寺，后因伯父洛哲南杰去世和寺院更名[7]等缘故，一时无固定地方居住。相传，他一个晚上能记诵箭杆长的《集密根本续》经文十八页。曾梦见自己去五台山，见到五尊文殊菩萨的坛城。后来，他在阿摩达卧室（gzims-chung-a-mi-ta）修行了六年金刚瑜伽和六臂护法法，成就了受用事业。他曾主持擦尔贡彭措伦珠寺（tshar-dgon-phun-tshogs-lhun-grub）四年，向卓格温波（卓格活佛的侄子）等人传授甚深密法灌顶，念诵先行七法。他还跟仁增曲央多杰（rig-vdzin-chos-dbyangs-rdo-rje）学习北部伏藏（byang-gter，即宁玛派的北藏法）的许多经论，并回讲了许多觉囊派甚深道教法。

藏历火猪年（清康熙四十六年，1707 年），他担任恰隆多杰扎寺[8]的堪布，创建了讲授六支瑜伽法的法苑，发展讲修事业。后来，他舍弃一切，游历卫藏地区，分别从五世达赖洛桑嘉措闻习格鲁派教法，从木觉活佛（rmog-cog-sprul-sku）等人闻习噶举派和觉囊派所传灌顶、开许法，从桑杰桑波（sangs-rgyas-bzang-po）闻习萨迦派和主巴噶举派（vbrug-pa）教法，从其他各派学者闻习教法，并向诸位上师介绍觉囊派教法。

藏历铁龙年，他在甘丹寺（又名“噶丹寺”）和哲蚌寺讲授时轮和中观他空法，建立了觉囊派教法的根基。对彭措林寺（即达丹丹曲林寺，五世达赖喇嘛令其改宗，更名为达丹彭措林寺）所遇到的不利事情，他曾做过预测，因而得到大法力的美名。他长期担任多所寺院的住持，讲授教法，看见过许多本尊显身，得到了许多授记。后来，他为曲杰贡桑旺波(chos-rje-kun-bzang-dbang-po)等人传授六支瑜伽、灌顶传承法等，称为“觉囊自语”(jo-nang-gi-rang-skad)，智慧降临的情形犹如贡钦笃补巴，自然涌现。

藏历猪年（清康熙五十八年，1719年），他准备秘密去康区壤塘寺，但未能如愿，来到色多坚寺[9]传授时轮灌顶，智慧降临，加持徒众，大家一致尊他为“喇嘛成就师”（bla-ma-grub-thob-pa）。此后，他巡游到南部哲孟雄（vbras-mo-gshong）[10]，谒见了桑日贡噶仁钦嘉措寺(dsang-ri-kun-dgav-rin-chen-rgya-mtsho）的住持，在噶丹孜(dgav-ldan-rtse）掘出了成就水（洁净之水），闻习了扎迦达法，同萨尔大师(zar-gyi-jo-bo）进行了亲切交谈。在桑珠孜等地宣讲灌顶法时，梦见以后去蒙古族地区的情景。他请求班禅大师[11](第五世班禅洛桑益希）讲授了《修行法海》（各种修行法）；修缮了毁坏的佛殿，向其他寺院的许多僧人讲经。迎请他的蒙古使者们抵达西藏后，拉藏汗和班禅大师对使者说：“要像对待我们的上师一样尊奉他（阿旺程勒）。”

藏历木马年，他来到蒙古族地区，在一年多的时间里，用甚深教法护持，使蒙古族的王公百姓广积善业资粮。当他带着许多酬金物品返藏，途经玉树时，听到了艾杂兵（en-tsa-dmag，指准噶尔策旺阿拉布坦之兵）[12]进犯卫藏，杀死了拉藏汗（lha-bzang-han）和扎什伦布寺僧人的消息。由于战乱激烈，他在金沙江畔留居了一年，向丹玛曲柯[13]地方（vdan-chos-vkhor）以西的人传授教法。之后，他又回到蒙古族聚居区待了一年，修缮了一些寺院，新建了札仓，广做利益佛法众生之事。西藏的局势稳定后，他们供施双方一起回到西藏，向各大寺院发放布施、斋僧茶，以讲授甚深教法满足了各部人众的心愿。在扎什伦布寺，他为蒙古王公及其随从讲授了为期一个多月的各种灌顶法、口诀；为班禅的经师仲然巴·次旦多杰(drung-ram-pa-tshe-brtan-rdo-rje）讲授了他以前没有听过的觉囊派教法。供施双方筹资修建了顶普彭措格佩寺（ting-phu-phun-tshogs-dge-vphel-dgon，位于后藏），为从远近地方来的僧人讲了数月的法。尔后，回到彭措林寺，在查岗（khrab-sgangs，地方名）显示了圆寂的密意，由于弟子们的祈祷和治疗，身体恢复得像以前一样健壮。藏历水兔年（清雍正元年，1723年）神变月（藏历正月），他留下遗言后于初八日圆寂，终年七十岁。他的主要弟子有温·阿旺南杰、杰·贡桑旺波、堪钦恰巴群佩、卓格·曲窘顿珠等。

第三十二代法王藏巴·阿旺丹增南杰，藏历铁羊年（清康熙三十年，1691年）生于协曲巴热哇尔玛（bzhad-vchos-pa-raw-bar-ma）地方，为前两世（指洛哲南杰、阿旺程勒）的侄辈亲属，父亲名叫嘉卓（skyabs-grol），母亲名叫本姆布赤（dpon-mo-bu-khrid）。八岁时，他跟随阿旺程勒学习藏文读诵。十岁，从金刚持恰隆巴钦波学得金刚瑜伽全部灌顶口诀，并按照前世的传统进行两次七天的闭关静修。他曾这样说："从此不断出现修持的体验。"十六岁，他在供献胎发（skra-phud，即削发出家）时，恰隆巴说："要获得前两辈上师的功业。"给他起名为"阿旺南杰"，彭措达尔结（phun-tshogs-dar-rgyas）担任堪布授给出家戒，阿旺洛追担任轨范师授给近圆戒（比丘戒）。

从十六岁至二十岁，他闭关专心修炼金刚大威德、毗卢遮那（大日如来）等多种本尊法，从轨范师阿旺洛追学习《修法百门》的开许法；从班禅洛桑益希（blo-bzang-ye-shes，第五世班禅）学习《修行法海》灌顶法；从法王贡桑旺波（kun-bzang-dbang-po）学习六支瑜伽口诀、修身及脉、明点、七教授，以及三十五部了义经论为主的一切经典教理，犹如盛满宝珠的瓶子，掌握了全部内容。此后，他奉恰隆巴之命，主持举行本尊、护法酬补仪式（bskang-gso）[14]，全面学习格鲁派教法。后来，蒙古亲王派人来请，藏历木马年（1714年）四月上旬，他二十四岁时作为前辈的随从来到蒙古族地区，以前辈侍从的身份长期传法，受到了施主们的敬仰，对当地的风俗习惯、活动仪式、念诵法深有了解，并且学会了蒙古语，因当地人恳请以各种方式讲授前辈所传的教法。不久，察科囊索（tsha-kho-nang-so）和壤塘寺法王嘉哇伦珠扎巴（确吉寺第四辈活佛）协商后派人来请，叮嘱使者说：“最好是请藏巴上师本人前来，实在不行也要请其侄子温波前来。”由于前辈（阿旺程勒）不能前往，温波（阿旺丹增南杰）代替叔父前往。动身时前辈（阿旺程勒）给他的名字增加了“丹增”二字，全称“阿旺丹增南杰”，所有的施主都赠送了所需的物品。

当他们行至一个名叫白盐海（tshaw-mtsho-dkar-mo）的地方时，送行的前辈语重心长地说：“三年后一定要回到卫藏来。”从此他们分路，前辈返回了卫藏，藏巴阿旺丹增南杰主仆经过康区东柯（stong-khog）逐步东行，抵达冬格克噶尔（stong-gi-khas-kar）[15]地方时，年宝玉则（lha-gnyan-gyu-rtse）[16]山神迎接。他对随从的弟子说：“地方神祇们高兴地迎接我们来了。”在那里，他为了藏巴喇嘛的传承弟子们，向山神托付经常给予辅佐和做同路朋友的事业，得到山神的承诺。从此继续前行，来到玛拉第穆（smra-la-bde-mo，青海果洛州一地名）地方，以顿木杂喇嘛贡噶扎西（tom-tsa-kun-dgav-bkra-shis）和阿什穹头领丹增（a-skyong-mi-dbang-bstan-vdzin）为首的贵贱人众恭候迎接，设盛宴招待。他在那里居住了十五天，讲授了大威德金刚法和长寿仪轨等灌顶、开许法，解释因果法，引导在家俗人进入信仰之门，弃恶从善。顿木杂上师把扎噶尔廓寺（brag-dkar-mgo）献给他，更名为“玛多阿贤珠林”（smra-mdo-sngags-bshad-sgrub-gling，意为“玛多密法讲修洲”）[17]。头领丹增把所辖的阿什穹阳坡（河以北）地区的僧俗和孜噶达孜则（vdzi-kavi-ta-tse）以上的寺院部落所属的僧俗信徒作为僧源奉献给他，他知道这是地方神祇助献顺缘之相。他把手放在丹增的头上，把阿什穹部落更名为“曲窘”（chos-skyong，护法），并且祈愿供施双方以后的善业资粮兴旺发达。为赞颂这一盛事，他讲出了修持觉囊派教法会使施主快乐的授记，他说：“这雅格（ya-ki）后山形似一个白色的人穿着白色缎子披风骑在白牦牛上，比世间神中的主尊神还大，应该取名为‘域拉扎西噶尔宗’（yul-lha-bkra-shis-dkar-vdzom，意为“地方神吉祥白聚)”。这天是传授大威德法灌顶的时间，帕格泉水（pha-ki-chu-mig）中出现了一位白色妇女敬献了一块珠宝。阿旺丹增南杰说：“那位妇女好像是龙女贡噶波（klu-mo-mgon-dkar-po，意为“白色怙主”)，这泉水应该叫‘噶莫帕’（dkar-mo-vbebs，意为“白色降临”)，这个村子应叫‘亚尔堂’（yar-thang）[18]，以此作为缘起。”从此，他们逐渐南行，最后来到壤塘。一次，在梦中出现了所有地方神祇完成顺缘之相和利益佛法众生以及树立修行胜幢之相。

藏历火鸡年（清康熙五十六年，1717年）阴历九月，由吉祥壤塘寺各大活佛和僧俗部落群众将阿旺丹增南杰迎接到寺中，曲杰郭嘉嘉哇·伦珠扎巴（go-rgyal-ba-lhun-grub-grags-pa）说：“您能前来，是有很大的恩德，对您来说慈悲心也不小，献上我的卧室作为您的居所，我可以再修一座新居室。”他即被委任为上师。

第二年四月三日，他开始讲授佛法，为壤塘寺活佛诺尔布（nor-bu）等人讲了为期三个多月的时轮圆满大灌顶法和《修法百门》等甚深佛语。

藏历猪年（清康熙五十八年，1719年）十月，他在察科萨拉寺(tsha-ko-sa-ra-dgon）上师益希嘉措（ye-shes-rgya-mtsho）座前闻习了以前从未听过的《修法宝生如来》灌顶传承法，求授了智慧本尊修行法，回讲了益希嘉措未听过的教法，前后在这里主持讲闻法苑两三个月。返回壤塘寺后，为曲杰伦珠扎巴等人讲授《修法宝生如来》和灌顶法。应阿科（rnga-khog，四川阿坝州阿坝县境内地方名）色喇拉旺坚赞(se-bla-lha-dbang-rgyal-mtshan）等上下阿科地区人的邀请，藏历水兔年（清雍正元年，1723年）一月一日莅临阿科，为玛涅塔尔么寺(ma-nyes-thar-mo，位于今四川阿坝县安羌乡的塔尔么村)[19]僧人讲经。从此处到多尔夏孜朗

(rdor-zhar-rtsi-nang)[20]地区，为僧俗贵族百姓讲授他们各自所希望的灌顶法、口诀、开许法，并给予加持，把信徒献给他的酬金作为公共基金全部分发给了那里的寺院后，回到壤塘寺。

兔年十月，他应察科囊索的邀请莅临嘉萨南木达寺（rgyal-sa-rnam-dag-dgon，又称“嘉木达寺”，位于青海果洛州久治县），根据每个人的希求讲授了灌顶法、口诀。当时，他根据囊索提供的条件从克增云丹伦珠闻习金刚鬘圆满灌顶法。在达库勒（ts-ku-lu）向札仓的僧众讲授各人所希求的教法，从这里回到壤塘寺，为来自各地方寺院的僧人讲授六支瑜伽法和其他多种灌顶法和中观教理，使每个人产生了与解说量相顺应的证悟，据说与贡钦笃补巴时期的情况一样。他曾三次派人把所得的财物送往卫藏地区，修缮了玛多阿贤珠林寺（即阿什穹嘉贡巴寺），绘制了壤塘寺续部经堂（原注：现在的时轮信誓佛殿）的壁画，制作了无量光佛绸缎像，由二十五位轨范师按各续部的方式开光，得到了从西面有红光没入像中等将具缘人众导向大乐之吉兆；绘制完成了护法殿壁画、本尊护法肖像、装藏的经咒文，用银汁书写了《甘珠尔》，修缮了嘉卡彭措宗（rgyal-khab-phun-tshogs-rdzong）所属的多尊佛像塔。

其间，金字政教共主们（指得到皇帝赐封的高僧）纷纷派人前来邀请，藏历木蛇年（清雍正三年，1725年）十月再次莅临囊赛嘉木达寺（nangs-gser-ljags-mdav-dgon）向全寺僧人讲授六支瑜伽等各人所希求之法，为每个人做了与证悟相顺应的开示。从嘉木达寺回到壤塘寺后，即铁狗年（清雍正八年，1730年）五月上弦日，根据法王郭嘉嘉哇的指示，他为很多僧人讲授了为期三个月的金刚圆满灌顶法、六支瑜伽法以及其他灌顶传承教理，把所得的酬金作为顺缘，修建了内外面积有十六根柱子的佛殿（原注：弥勒前殿）。又应囊索的请求，九月前往嘉萨南木达寺为上千名僧人讲授了为期两个月的六支瑜伽等法。他莅临扎西岗寺（bkra-shis-sgang）为僧众讲授甚深教言，准备向壤塘寺法王伦珠扎巴请假去西藏，未予批准。但是，他仍然做启程的准备，来到拉姆达塘（lha-movi-dar-thang）庄园请求护法放行，仍未得到同意。此后，他在壤塘寺上经堂举行时轮修供仪式，参加仪式的人都看到瓶水沸腾等奇相。这之后，他被邀请到果洛讲授六支瑜伽教法，为拉尔雅寺（lhar-yag-dgon）[21]上师贡噶仁青（kun-dgav-rin-chen）等人讲授灌顶传承等许多教法。

藏历水鼠年（清雍正十年，1732 年）四月，他返回壤塘寺。彭措宗嘉（phun-tshogs-rdzong-rgyal）前后三次派人来请，娄宿月（藏历九月）来到彭措宗嘉，为不久前因患疾病以各种经忏未能治好而去世的完德加（rgyal-po-bandha）首领办理丧事，并为其子次旺扎嘉（tshe-dbang-drag-rgyal）主持嗣位仪式，根据其意愿传授了嗣位灌顶，次旺扎嘉把萨热寺（sa-ra-dgon，萨拉寺）及其所属田地和头人所管辖的寺院札仓全部献给藏巴活佛，作为僧源，阿旺丹增南杰承诺以后定期来讲经。他回到自己的住处壤塘寺后，为聚集在这里的各地来僧讲授了为期三个月的《修法百门》灌顶法和中观教理。

藏历木虎年（清雍正十二年，1734 年），法王次旺扎嘉准备举行护佑仪式，派人前来邀请大师去主持。他去修行了几天的大威德铁城朵玛，放咒时真言芥子顶端喷出火，粉碎了敌方之山，各种奇相显现不断，使法王及其侍从更加虔诚。举行大威德金刚、长寿仪轨灌顶和长寿灌顶千供时，作了长寿灌顶偈献给次旺扎嘉王，出现了平息违缘的吉兆。法王次旺扎嘉尊他为上师。返回壤塘寺后，他根据萨拉哇指示，于木兔年（清雍正十三年，1735 年）去萨拉寺讲经。藏历火龙年（清乾隆元年，1736 年）从壤塘寺去阿科地区讲授《修法宝生如来》等教法，为期四个月。

火蛇年（清乾隆二年，1737 年），他在壤塘寺卧室念诵咒语，按照仪轨修习，很好地完成了以前修立身、语、意三所依时没有完成的工作。在讲授相顺灌顶、口决、传承之心法期间，果洛与瓦述（wa-shul）[22]两族发生械斗纠纷，他应邀去调解。在他自己看来处理得非常公正，但是由于瓦述南杰扎西的心为魔鬼罪恶所鼓动，施坏心在他的食物中投毒，大师虽然知道这些情况，但是考虑到自己在这里的教化事业即将结束，到了去往他界的时候，所以做出完成恶人心愿的样子，饮下毒药，示现病状。在卧室中，大师为弟子讲业果法。弟子中最著名的要推克增达结（mkhas-btsun-dar-rgyas）和普尔杂群佩（phur-rts-chos-vphel），他把法位传给这两个人，并将教法全部托付给他俩。藏历土马年（清乾隆三年，1738 年）逝往法界，享年四十八岁。他是壤塘寺第一世藏巴活佛（gtsang-pa-sprul-sku）。

第三十三代法王克增达结，他拥有克增桑波的一切殊胜功德，尤其具有证悟的根基，熟习灌顶、教诫传承，执掌六支瑜伽无碍证悟的不灭传承，具有持命之相。贡噶群佩（kun-dgav-chos-vphel）的弟子夏玉群觉（bya-yur-chos-vbyor）具有宿慧，是一名具预知神通者，这样的直传弟子很多。

第三十四代法王，即第二世藏巴活佛贡桑程勒南杰（kun-bzang-vphrin-las-rnam-rgyal，普贤尊生事业）。以前，至尊多罗那他向洛哲南杰授戒时，授予白、黄、蓝三色护身结，预示以后的转世中将有三时怙主（rigs-gsum-mgon-po）[23] 化身出现。贡桑程勒南杰符合这一缘起，被列入“三辈喇嘛”之列。他伴随着各种奇相降生于嘉绒哇郭秀（rgyal-rong-bag-ko-shog）地方，自幼学习教法，尤其跟随阿旺克增达结等多名大德闻习本派灌顶传承法和口诀等甚深圆满法，勤修获得证悟。他曾去卫藏地区，从学于噶玛巴（karma）[24]等大德，返回壤塘寺后执掌藏巴寝宫的法座（即主持藏洼寺）；为玛多阿贤珠林寺、赛嘉木达寺以及阿坝（指阿坝县地区）、拉尔雅、嘉卡扎西林（rgya-kha-bkra-shis-gling）等上部地区的若如云集的僧人讲经，利益佛法众生。他的生平事迹[25]详见其传记，于此不再赘述。

第三十五代法王伦珠嘉措（lhun-grub-rgya-mtsho，自然海），是贡桑程勒南杰的嫡传弟子，证得了甚深道猛厉殊胜智慧，具有神通。他从拉采上师坚赞（lha-tshe-bla-ma-rgyal-mtshan）等几位上师习法，做了对法承有利的大事，能役使护法，非常顺利地成就了威猛伏魔法，很有威力。他创建了雅多宫（yag-mdovi-pho-brang）。藏巴活佛阿旺程勒在西藏的转世化身程勒嘉措去世后，出生于玛柯赛日或赛茹（smra-khog-gser-rivam-bsewvi-ru）地方的金巴嘉措（sbyin-pa-rgya-mtsho）被认定为其化身，温波伦珠巴把他赎来，居住在雅多宫殿，做政教两种事业，利益众生。他曾与阿什穹部落头领阿旺（ngag-dbang）建立了供施关系，其转世即现在的格阿（sku-ngag）。

第三十六代法王，即第三世藏巴活佛贡却晋迈南杰（dkon-mchog-vjigs-med-rnam-rgyal，宝无畏胜）[26]，生于青海果洛的叶达地方（yo-stag，又叫约达），从小就被确定为藏洼寺法位继承人。早年从拉采上师坚赞和温·伦珠嘉措学习时轮教法，去西藏的觉囊吉普寺（jo-nang-skyid-phug）从包拉哇活佛（spo-ra-ba）闻习妮格六法；从多位上师遍习时轮灌顶法，以闻思修证达中观他空之理。关于他利益教法和众生的事迹，详见其传记。

第三十七代法王，从贡却晋迈南杰及其心传弟子藏巴比丘阿旺群佩（ngag-dbang-chos-vphel）[27]开始掌握藏巴寝宫的修行传承。

第三十八代法王阿旺曲吉帕巴（ngag-dbang-chos-kyi-vphags-pa，藏巴森康，即藏巴活佛府邸的密法主持人）[28]。

第三十九代法王贡噶阿旺巴丹（kun-dgav-ngag-dbang-dpal-ldan，藏巴森康的密法主持人）。[29]

第四十代法王阿旺群佩嘉措（ngag-dbang-chos-vphel-rgya-mtsho，藏巴森康的密法主持人）。[30]

第四十一代法王贡噶克珠旺秀（kun-dgav-mkhas-grub-dbang-phyug，藏巴森康的密法主持人）。[31]

第四十二代法王阿旺丹巴萨协（ngag-dbang-bstan-pa-gsal-byed，藏巴森康的密法主持人）。[32]

第四十三代法王阿旺多杰桑波（ngag-dbang-rdo-rje-bzang-po）[33]，他是金刚阿阇黎（rdo-rje-slob-dpon），藏巴森康的密法主持人。

从晋迈南杰的再世化身晋迈乔勒南杰（vjigs-med-phyogs-las-rnam-rgyal）开始正式确立了中藏巴（gtsang-pa-sku-vbrang，格章）活佛系统。其中许多人的事迹需要介绍，唯恐文字繁多不再赘述。有诗赞道：

执持智慧童子身，
大悲白莲若柽柳，
秘持威力大轮主，
承法弟子福缘成。

二、觉囊派在康区其他地方的发展

（一）觉囊派教法从壤塘向多康地区的传播

觉囊派教法先从后藏传到康区壤塘，从壤塘向多康其他地区是如何传播发展的呢？

1.我们的寺院在卫藏地区发展兴旺时期，赛温波伦珠坚赞（se-dbon-po-lhun-grub-rgyal-mtshan）从康区阿坝（即阿坝县）远涉来到西藏至尊仁波切多罗那他座前，敦请他撰写《六支瑜伽讲义》，请求传授了许多甚深灌顶法。根据至尊仁波切多罗那他所说的“在康区阿坝建立了义法基”的授记，赛温波伦珠坚赞回到故乡阿坝后，首先在萨（sa）、阿（rnga）中部创建了一座帐房寺院（gur-dgon），与穆铁汗顿珠（dme-thev-hi-don-grub）建立了供施关系。但是，嘉盖王（lcags-rge-rgyal-po，当地部落官吏）对他的行为故意歪曲，迫使他再次去西藏达丹丹曲林寺，向至尊仁波切多罗那他请教口诀，获得了用文字记录的宝帐怙主十忿怒护轮石寨母(gur–mgon–khro–bcuvi–bsrung–vkhor–brag–rdzong–ma）口诀和十忿怒本尊塔、唐卡等，通过这些切断了七教敌（dgra–gdug–can–bdun）的传承，在那里弘传了义教法。

2.赛·娘波坚赞（se–snying–po–rgyal–mtshan）和赛温·程勒娘坚（se–dbon–vphrin–las–snying–rgyan）曾从洛哲南杰受灌顶习法，在家乡（今四川阿坝州阿坝县）传播。尤其是赛·拉旺坚赞(se–lha–dbang–rgyal–mtshan)和程勒嘉措（vphrin–las–rgya–mtsho）从阿旺南杰闻习灌顶传承法，护持教法。后来两人分成了赛宁（se–nyin）和赛斯（se–srib）两支[34]。

3.萨拉哇·贡噶坚赞（sa–ra–ba–kun–dgav–rgyal–mtshan），他从嘉摩擦瓦绒去达丹丹曲林寺准备从至尊仁波切多罗那他习法，但是由于多罗那他已经去世，只好受学于杰尊玛成勒旺姆，在闻习胜乐灌顶法之时未能见到师长，当他疑惑这是否是向妇女求法的原因时，被杰尊玛成勒旺姆通过神通查知，告诉他说："孩子，不要悲伤，要向上看 。"这时前方天空中非常清楚地显现出圆满胜乐的全部身像，增加了他的信心。因此他对成勒旺姆更加敬仰，请求成勒旺姆传法。成勒旺姆向他传授了吉祥怙主扎迦达灌顶法，并把教法托付给他，委任守护神，特别赐给一个有神力的腰铃。但当他离开西藏走在返回东方（指川西北地区）的路上时，才想起腰铃没有带。有一天晚上，贡噶坚赞向护法托付事业，早晨发现枕头上有一副铁橛（lcags–phur)，正是遗忘在西藏的那副腰铃。之后，他来到萨拉寺(sa–ra–dgon）修建了一尊风格别致的怙主塔，长期弘法，发展佛教。

4.卓格·贡噶巴桑（vbrog–dge–kun–dgav–dpal–bzang)，他曾经去后藏的达丹丹曲林寺，从法位继承人仁钦嘉措闻习《三律仪论》和灌顶法、口诀，修习胜乘中观他空见教法，著《中观庄严论释》，受到了仁钦嘉措的器重，他精通时轮和大威德生圆究竟密意。在甘露洞，他从至尊仁波切多罗那他的侍从弟子扎巴贝桑(grags–pa–dpal–bzang）闻习灌顶教理、口诀，专修格孜兄妹护法（bketsa-lcam-sring）开许法，看见了如理成就事业的象征。在觉囊寺，克珠洛哲南杰给他传授了黑胜乐灌顶和热哇·次程南杰的手书《胜乐坛城图》，赠送名号“多康教法明灯（mdo-khams-bstan-pavi-sgron-me）”。在至尊贡噶成勒旺姆座前闻习了一切重要教法，当传授甚深道金刚瑜伽修身幻轮实践口诀时，至尊成勒旺姆两足成金刚跏趺坐，显示了久住空中的成就相。当他请求如何在康区建立了义法基的授记时，至尊母成勒旺姆说：“孩子，寺院地形神奇美丽，冬季在湖边能找到鲜花的地方，就是你建寺的地方。”

以前，至尊钦波多罗那他将要圆寂时，把自己的法衣和堪布仁钦嘉措的法衣合放在一起，对仁钦嘉措说：“以后有两名安多人来此大寺院，可惠施此圣物。”后来，堪布仁钦嘉措把至尊钦波多罗那他的法衣给了卓格·贡噶巴桑，而把自己的袈裟给了廓尼曲格热绛巴（sgo-nyin-khyi-gu-rab-vbyams-pa）。卓格·贡噶巴桑和萨拉哇结伴回到家乡，有一段时间他俩发现冬季纳切卡热（na-che-khar）[35]湖边有许多盛开的鲜花，于是在湖边创建了寺院，内塑弥勒佛像，并建塔，请来经典供奉，由贝蔡卡哇取寺名为“桑珠林”（dpal-tshes-kha-bsam-vgrub-gling）[36]。他晚年一直住在寺里，看见了许多本尊神显身，护法母帮助完成事业，护持了义教法修行传承。弟子有格温·曲窘顿珠等人。

5.格温·曲窘顿珠（sku-dbon-chos-skyong-don-grub），他曾去西藏达丹丹曲林寺，师事大成就师恰隆哇，闻习甚深道六支瑜伽和时轮大灌顶等法，返回家乡后住持卓格寺（vbrog-dge-dgon）。

6.继格温·曲窘顿珠之后由卓格·扎巴桑珠（vbrog-dge-grags-pa-bsam-vgrub）主持卓格寺教法。

7.格温·贡噶伦珠（sku-dbon-kun-dgav-lhun-grub），他创建了孜朗寺（rtsi-nan，全称“孜朗弥觉艾敦林”）。

8.贡噶云丹嘉措，他曾于孜朗寺修建了大经堂和僧舍、经院，开创了时供祈愿法会，为寺院取名为“吉祥弥居艾郭德庆林”（dpal-mi-vgyur-nges-don-bde-chen-gling，意为“吉祥不变了义大乐洲)。

他在曲宁（chu-nyin）创建了玛涅塔尔么寺（ma-nyes-thar-mo-sgon)，起名为“扎西彭措林”（bkr-shis-phun-tshogs-gling，意为“吉祥圆满洲”)，整修了蔡达阿华寺(tshes-mdav-a-dpav-dgon，阿华三木丹林寺)[37]。为新建赛贡图旦秀勒南杰林寺（se-dgon-thub-bstan-phyogs-las-rnam-rgyal-gling，即赛贡巴寺)[38] 做了大量的准备工作，并主持举行了净地仪式（sa-vdul)。

9.贡噶云丹嘉措的心传弟子贝·仁增南囊多杰(dpal-rig-vdzin-rnam-snang-rdo-rje)，他于赛贡巴寺护法殿设立了佛母供物和长期朵玛仪轨，完成了朵玛修行和大朵玛长期祷祈活动，成就极高。在康区下部建立了寺院，弘传觉囊派所传的了义教法。

于此已叙述了种子部分，不可能全部叙述。

（二）略述有恩于觉囊派尊胜教法传承的人的事迹

1.成就自在贡噶旺波（kun-bzang-dbang-po，或贡桑旺波)，生于卫藏地区的素尔（zur)[39]家族，为达丹丹曲林寺高僧恰隆哇的嫡传弟子。

2.仁增次旺诺布（rig-vdzin-tshe-dbang-nor-bu)，生于多康维绒东嘎尔禅院（bos-rong-dung-dkar-ri-khrod)，为吐蕃（松赞干布时的）大臣噶尔家族后裔。他是一位坚持灌顶教理、教授传承的学者，有很多继承护持事业的弟子。

3.学得全部教法的嘉贡曲杰窘乃（vjam-mgon-chos-kyi-vbyung-gnas)，他对觉囊派的恩德很大。

4.佩译师素尔芒次旺贡恰(vbe-lo-zur-mang-tshe-sbang-kun-khyab)，他在多种有缘之中主传声明学，是一位护持法嗣者。他于图旦曲林寺(thub-bstan-chos-gling）大经堂屋顶设置了金色宝瓶屋脊，在贡钦达玛嘎热（kun-mkhyen-dharma-ka-ra）遗体前设立觉囊派所传时轮修供节（法会），托付做诵观仪轨、轨范师仪轨以及按吉祥无触塔的形式尺寸建塔。他曾两次去觉囊寺，发扬觉囊派的风范，整理了至尊多罗那他的文集，做了许多有利于佛教发展之事。

5.次旺贡恰的真传弟子温珠芒堆噶玛仁特那(dbon-sprul-mang-thos-karma-rin-chen)，他传授灌顶教理时，把噶玛俄色居美图旦曲林寺(karma-vod-gsal-vgyur-med-thub-bstan-chos-gling)的普通僧人的辩经院改作专门的灌顶院，由于让僧人去传灌顶茶，因此使僧人中断了学经。他了解大家的心思后，决定今后不再派僧人去传灌顶茶，大家非常高兴。他传授了全部灌顶、教理、口诀。

6.噶玛俄色居美（karma-vod-gsal-vgyur-med），他是一位修行大师，曾应司徒班玛尼协旺波（si-tu-padma-nyin-byed-dbang-po）的请求来到多麦寺（rdo-smad）代任上师，为藏巴格隆（gtsang-pa0dge-slong）等许多持了义修行法传承者讲授甚深圆满法。

（三）在德格八蚌寺方面掌持觉囊派教法的大德

在德格八蚌寺（sde-dge-dpal-soungs）[40]方面传出的执持觉囊派法库的教法继承人有：

1.藏巴活佛贡却晋迈南杰的弟子中，吉祥壤塘寺僧人、贡钦笃补巴的化身、了义修行传承教法的主人、修学者贡噶艾敦活佛，他曾从当地多名大德闻习一切教诫，在密法的证悟方面成绩卓著。他从德格活佛(sde-dgevi-zhabs-drung）和贡珠·云丹嘉措（kong-sprul）[41]活佛随修密法，请教疑难，学得不少佛法。回到家乡后建立起了义教法修行胜幢，使了义教法在世间飘扬。他有很多这样的事迹。

继承贡噶艾敦活佛教法的历辈金刚阿阇黎主持曲杰康玛尔大殿法事，至今（至本书作者时）仍在弘传密乘大法。

2.贡噶艾敦主持寺院教务时期，贡邦曲扎贝(kun-spangs-chos-grags-dpal）的化身住在则曲河下游拉日（vdzi-smad-lha-ri）地方，是甚深密乘教法的宝库，阿旺群增（ngag-dbang-chos-vdzin）揭开了甚深秘密金刚乘法库之门，所化事业安排这个地方的一切徒众成功解脱。

3.文殊菩萨在人间的化身图旦格勒嘉措（thub-bstan-sge-legs-rgya-mtsho），生于巴达（vbav-mdav）地方。他长期住在格佩禅院（dge-vphel-ri-khrod），以佛法大门解释佛教，尤其解释贡钦觉囊派（贡钦笃补巴）所传的时轮生起圆满甚深法要，弘扬大密乘法，成为显密总教的唯一庄严者。

另外，以他们为代表，略述前后出现在则地方（vdzi-yul，即则曲河流域）的历辈持教大德的一切大小寺院、禅院、修行处等。

1.抉择殊胜究竟密乘教法的嘉杰阿旺桑珠（skyabs-rje-ngag-dbang-bsam-gtan）的寺院为止木夏禅院（vbrim-shar-ri-khrod）。

2.热译师的化身萨玛尔上师隆多（sa-dmar-bla-ma-lung-rtogs）的寺院为萨玛尔巴则寺（sa-dmar-dpal-rtse）[42]。

3.获得修行传承殊胜口诀的丹增扎巴（bstan-vdzin-grags-pa）的寺院为贡赖寺（dgon-leb，壤塘县境内的觉囊派寺院）。

4.甚深瑜伽自在贡噶参桑（kun-dgav-mtshan-bzang）的寺院为夏炎寺（bya-yur-dgon）[43]。

5.贤正善良之士达哇扎巴赞坚（zla-ba-grags-pavi-mtshan-can）的寺院为则斯寺（vdzi-srib-dgon，也叫“日梭寺”）[44]。

6.获得甚深道教诫的持金刚贡噶阿旺（kun-sgav-ngag-dbang）的寺院为达尔阿禅院（dar-lnga-ri-khrod）。

7.传授殊胜嘉言的克旺阿旺措涅嘉措（mkhas-dbang-tshogs-gnyis-rgya-mtsho）的寺院为拉秀禅院（ra-shug-ri-khrod）。

这样的现存和已毁的寺院很多，各位大德把它们作为主要的修行之处，传法修行，使讲修一体的教法的清凉光明消除了后来出现的浊垢化机的热苦。这方面的事迹虽然很多，但是暂且略述如上。

以上是壤塘地区的觉囊派寺院。分布在其他地方的壤塘寺属寺有：

1.自从藏巴洛哲南杰驾临嘉摩擦瓦绒后，其化身居住拉尔雅寺(lhar-yag-dgon)。

2.阿旺南杰时期创建了玛秀亚尔堂寺（smra-phyogs-yar-thang-dgon，也叫“尕亚塘寺”)。

3.以前，法王嘉哇桑布的寺院夏拉拉孜（bzhag-ra-lha-rtse）有夏秀五座属寺，即巴朗寺（pav-la-dgon)、康萨寺（khang-sar-dgon)、包哇木热寺（bho-wam-rovi-dgon)、杂盖哇寺（tsag-dge-ba-dgon)、巴丹扎西岗寺(dpal-ldan-bkra-shis-sgang)。从这些寺院分出的小寺有：雅达寺(ya-mdavi-dgon)、尤木底寺（yo-mdavi-dgon)、协木底寺（shu vu-mdavi-dgon)、纳尔达寺 snar-mdav)、萨拉寺（sa-ra)、杂郭寺（dza-vgo)、江岗寺（kyang-sgang）等，许多贤良大德曾来到这些寺院，护持发展了义教法和修行教诫。

（四）支持觉囊派发展的各大施主

略说藏地上下各地区富裕的施主服侍佛教，使香火根基旺盛的事迹如下：

1.遵照贡钦笃补巴的教导，拉堆绛首领南杰扎桑(rnam-rgyal-grags-bzang)、法王饶丹帕巴（chos-rgyal-rab-brtan-vphags)、第悉多巴（sde-srid-dol-pa）等人很好地完成了服务吉祥觉囊寺七百余名大修行者的事业。

2.上师贡噶周却时期，卫藏地区的各大部落供奉以曲隆绛孜(chos-lung-byang-rtse）和觉囊寺为主的寺院僧人，特别是第巴仁蚌巴·阿旺久扎（sde-pa-rin-spungs-ngag-dbang-vjigs-grags)[45]作为佛教的大施主，支持了觉囊派的发展。后藏第巴贡邦仲（gtsang-sde-pa-kun-spangs-drung)供奉前后两代活佛。

3.杰仲贡噶巴桑主持寺院时期，由第悉果松（sde-pa-go-gsum）提供七百僧人的生活费用。

4.至尊多罗那他时期，羊卓万户长丹增弥居旺格嘉波（yar–vbrog–khri–dpon–bstan–vdzin–mi–vgyur–dbang–gi–rgyal–po）侍奉两大寺院（即觉囊寺和达丹丹曲林寺）。拉堆绛首领扎西道结（byang–bdag–bkra–shis–stobs–rgyas）侍奉前后两代活佛。后藏第悉噶玛丹迥（karma–bstan–skyong，旺波）[46]和格章哇图多杰（sku–vbring–ba–mthu–stobs–rnam–rgyal）作为佛教的施主，服侍大德，供养寺院。尤其是曾以两种法律制度统治大地的藏巴第悉彭措南杰（gtsang–pa–sde–srid–phun–tshogs–rnam–rgyal）以发广大洁白之菩提心请问法王卓哇贡波（vgro–ba–mgon–po）："我成就了伟大的政治事业，现在护持政治方面已无困难，两种制度和黑头人（指未出家的俗人）之事轰轰烈烈地进行，但意义甚微，普通人很少为真实意义的佛法做事，正如谚语所说：'物以稀为贵'，我们也崇信此教法，所以我要肩负起建立教法根基的担子，请你授权。"藏历阴木兔年（明万历四十三年，1615 年），在藏巴第悉的支持下，多罗那他创建了吉祥达丹丹曲林了义教法欢乐园，在很短的时间内聚集了二千五百多名僧人，发展非常迅速。

觉囊派的寺院，阴历一月举行各种祈愿法会；二月举行九尊无量寿佛（九尊长寿佛）供祀仪轨；三月举行上师修行善缘入门法会；四月举行时轮彩色坛城修供法会；五月举行"却央钦摩"（chog–yangs–chen–mo）法会，在无上瑜伽二十五尊彩色细砂坛城中，聚集三千多名僧人各自修供；六月举行黑色胜乐彩色细砂坛城修供法会；七月举行回向法会；八月再次举行时轮修供法会；九月举行扎迦达朵玛和回遮法会；十月举行大威德六十尊供食法会；十一月举行宝帐怙主、多闻子等酬补仪轨大法会；十二月举行黑色胜乐修供法会。

每月初六日是时轮法会；初八日是尊胜佛母法会；初九日是摧破金刚法会；初十日是瑜伽母法会；十五日诵《时轮根本略续》和胜乘大中观方面的法典；望晦日照例举行别解脱长净法会。

修供法会期间，从初一至十五日各位僧人按照规定的程序修行。这样，法王第悉向达丹丹曲林寺惠施了无数百姓和寺属田地作为供养，保证寺院的供品和所需物资。在此后的十三年中，多罗那他完成了外墙和内部佛像建造。第悉从十八岁起，在四十多年中成为西藏地区的唯一执政王，逐步统治了西藏十三万户（khri-skor-bcu-gsum），其子贡噶饶丹旺格嘉波（kun-dgav-rab-brtan-dbang-gi-rgyal-po）[47]对达丹丹曲林寺的供养侍奉超过了他的父亲。

至尊多罗那他晚年给空行母成勒旺姆的遗言中说："再过一段时间，藏巴第悉不会坐在高位上，藏地到处是蒙古人，这所寺院将会出现兴衰变化，要顺其自然发展了义教法。"根据邬坚莲花生大师的预言，从木牛年至铁蛇年的七十七年时间里，称为"藏巴王"的后藏王传了四代，出现被称为"藏堆嘉波（gtsang-stod-rgyal-po，后藏之王或后藏王）的命令"，统治藏地。后来，从羊卓万户长丹增弥居旺嘉到顶克达姆(ting-mkhas-bdag-mo）等，以及"东西二孜"（rtse-shar-nub，江孜的白居寺和孜钦寺）忠实地服侍达丹丹曲林寺。

5.在康区壤塘寺，法王嘉哇僧格时期，寺院僧人超过万人，分寺有一百一十三所，佛塔一百一十三座，寺院的田地广大。佛教施主有大皇帝、蒙古永谢布、蒙古族部落首领、丽江土司、赞拉饶丹王（btsan-lha-rab-brtan，小金川土司）等各大法王，他们供养、服侍寺院。

6.克珠洛哲南杰莅临壤塘寺时，被察科王桑奔木邀请到嘉摩擦瓦绒传法讲经。他的弟子囊索娘波囊赞在其首邑南木达塑立了觉囊派神像和制作了多幅绸制佛像，供养雅秀寺（bzhag-shod-dgon）僧人，为教法之主，聚集了三百余名僧人。

7.藏巴阿旺南杰到壤塘寺时，阿什穹部落首领丹增为其修建了亚尔堂显密讲修院，把则迦达孜以上地区供献给该寺，作为该寺的僧源之地，这座寺院发展到现在已经有僧人一千余名，佛教施主从那时起至今一直由阿什穹部落担任。首邑平措宗的首领完德加（ban-dhe-rgyal）请来藏巴阿旺南杰传授佛法，尊奉为上师。

首领完德加之子达巴阿协擦·次旺扎嘉(dam-pa-nga-shu-tshaw-tshe-dbang-drag-rgyal）是至尊多罗那他所预言“他的化身是一位强权首领”的法王，他把了义教法看作系于心间的吉祥结，依止执掌觉囊派教法的数名贤哲习法。尤其按照其父对藏巴阿旺南杰所说“我的上师唯有您一人”之言，尊奉藏巴阿旺南杰为上师，诚心为佛教善法做事，建立了时轮、黑色胜乐传规的立体坛场，资助刻印了贡钦笃补巴全集和本生传记，用旃檀和药泥塑造了千尊至尊多罗那他像，创建了曲普诺布林寺（chu-pho-nor-bu-gling)，并为该寺修建经堂，建立僧伽组织；塑造弥勒佛以及大威德金刚、胜乐金刚的药泥像，设立了生圆二次第法长修及修供法会；购置了跳神舞用的乐器、供物，绘制了护法及其众眷属画像。在其他宫殿的铁格架佛堂中供放着无数印度、汉地制作的金铜佛像。吉祥怙主扎迦达怙主殿“随欲精舍”布置庄严，怙主像形态威严，使人不敢直视。另外，他为彭措宗的属民创建了噶居南杰顶（bkav-brgyud-rnam-rgyal-steng）等多所小寺庙，在嘉卡扎西林（rgyal-kha-bkra-shis-gling）创建了“达丹”（rtag-brtan-dgon）大寺，内塑佛像塔，高大庄严。

有一段时间里，他进京晋谒大皇帝时，一位汉族观相师知道次旺扎嘉（tshe-dbnag-drag-rgyal）的双眼珠中有一对明亮金龙后，赠名为“金龙王”（gser-vbrug-can）和“龙眼”（spyan-vbrug-can)。皇帝赏赐给他官服、官位诏书和爵位，使他权势很大，统治嘉摩擦瓦绒十八国(rgyal-rong-rgyal-khag-bco-brgyad，即十八土司)[48]。他划分并修复汉藏驿站，建造宫室大门楼，势力颇强；宏扬洁白的佛法，提升胜义教法的威望。但是，某个时候有一个邪恶者在成都府总督（khrin-tuvi-sa-gavi-tsong-te)[49]前面诬告他，总督不加明查地进行处罚，（他被冤枉处死）死时血变成奶，天空被彩虹覆盖，显现了许多奇相。

在他晚年和儿子执政时期，同从卫藏来迎请恰隆巴化身的使者一起担任觉囊派教法的执掌者贡噶哇·贡噶南杰转世灵童的经师，这位灵童依止经师长期发展甚深教法，如今主持着我们的几所寺院。

此王之子次旺伦珠（tshe-dbang-lhun-grub）等历代首领先后作为胜义教法的施主，以教法护持王统。尤其在次旺伦珠执政时期，支持迦妥寺格则班智达（ka-thog-dge-rtde）把夸尔喇贡噶丹巴群佩（mkhar-bla-kun-dgav-bstan-pa-chos-vphel）迎请到曲普诺布林寺，传授时轮大灌顶，并支持桂拉贡噶曲央（kos-lha-kun-dgav-chos-dbyangs）绘制《佛本生百传》，成绩卓著。特别是他按以前法王次旺扎嘉摄政时期，服侍以吉祥壤塘莫增群科岭寺（dpal-vdzam-thang-smugs-vdzin-chos-vkhor-gling）为代表的嘉卡达丹扎西林寺（rgyal-kha-rtag-brtan-bkra-shis-gling）等，以及果洛、阿坝地区的觉囊派一切大小寺院[50]教法的顺缘之例，供献财物、四耳铜甑、佛塔神馐、锦缎柱面幡等，颁发了全面发展胜义教法的各种方便命令，使教法发展，人民安居乐业，遍知甘蔗族[51]尊者（bu-ram-shing-pa，指释迦牟尼）所证悟之教法，尤其是三界法王第二佛陀大觉囊巴（指笃补巴·喜饶坚赞）的了义修行传承之飞幡永远飘扬，使了义甚深教法的法螺在一切大地上吹响，从一切善业之门广作服侍，教法兴旺。

以上叙述了吉祥觉囊派教法在印度、西藏从显密传承次第至贡钦钦波笃补巴之间的发展过程，介绍了觉囊派密乘修行传承法，即所说的显密合一的传承始终如一地常传不断，至今仍在弘传。

注释：

［1］成勒旺姆：觉囊派著名高僧，多罗那他的弟子，曾给来自多康地区的多名求法者授教，解决疑难问题，受到尊重。

［2］多、则、玛：三大河流名。“多”，又译“杜”，即杜柯河，亦称“绰斯甲河”，发源于青海省果洛州班玛县境内的倒尔娘山麓以北，经

甘孜州色达县进入壤塘县，至金川汇入大渡河。“则”，指则曲河，发源于四川阿坝州壤塘县境内的玉青卡南侧的玉青措隆，由南向北流经中壤塘乡、尕多、南木达、茸木达等，最后汇入阿坝县境内的麻尔曲河。“玛”，也译作“麻尔”，即麻尔曲河，发源于青海省果洛州班玛县北部，由阿坝县入西北境，于可尔因与杜柯河汇合后经党坝入金川县境。本书是指三河流域地区。

[3] 察科部落：亦译“擦科部落”“察克部落”。原为居住在四川马尔康与小金川之间的部落，即土司属下的一个寨子。历史上，觉囊派有不少高僧出生、活动在这一地方。

[4] 卓格·贡噶巴桑：多罗那他的再传弟子，觉囊派著名高僧。明崇祯二年（1629 年）出生于今四川阿坝州阿坝县下阿坝区洛尔达乡，据传是藏族著名翻译家热·多杰扎的热氏家族后裔。3 岁落发出家为僧，由于受家族影响，对佛教具有非常浓厚的兴趣，学习十分用功。据其传记记载，其父母亲曾想为他娶妻生子，可他对此毫无兴趣，一直渴望到印度或西藏求学。21 岁那年，他未让父母亲知道，独自一人长途跋涉去西藏，在拉萨供拜过大、小昭寺后，进入格鲁派的哲蚌寺系统学习《释量论》《现观庄严论》《中论》《俱舍论》《戒律本论》等五部大论。此后，他又到后藏游学，参加了色多坚寺的辩经活动，赢得“辩论王”的赞誉。之后，来到已改宗的噶丹平措林寺，以堪布贡噶仁钦嘉措为上师，学习中观他空教理和时轮密法，撰写《中观庄严论疏》，解释、评述寂护的佛学思想，受到上师的称赞。从多罗那他的随侍弟子扎巴贝桑听讲其他密法，并在甘露禅定洞修行，得到师傅赏赐的热瓦·次程南杰的手书《胜乐坛城图》卷轴画。多罗那他的嫡传弟子贡噶成勒旺姆给他传授了密法，并指示在故乡建寺的地形。后来，贡噶巴桑带着几位上师赏赐的多罗那他法衣、卷轴画等，和萨拉哇结伴回到四川阿坝，将夏尔措·南喀坚参所建的贝蔡喀桑珠林寺（吉祥月首如意洲）扩建成为“贝弥觉艾敦桑珠林”

（吉祥不变了义如意洲），即卓格寺。晚年，他把法位传给自己的侄子，由于寺院僧人增加，分成了上卓格寺和下卓格寺。

［5］曲萨尔：西藏日喀则地区一地名，具体不详。

［6］赞神：苯教三类（年神、赞神、龙神）之一。传说，它居住在地上或空中，凶悍可怖，地位仅次于年神。其形象一般像野蛮的猎人，面呈红色，身着盔甲，胯下一匹淡红色的马，到处巡游。有时，形如牛、马、猪，或三头六臂的恶魔，随时可以出没，根据其心情的好坏，降下祸福。

［7］寺院更名：指格鲁派取得西藏地方的统治权以后，五世达赖喇嘛迫使觉囊派寺院改宗格鲁派，达丹丹曲林寺更名为噶丹平措林寺。这座寺院是在后藏地方势力拉堆绛首领扎西道结及其后任者、藏巴第斯噶玛丹窘和图道南杰等人的大力资助下，由多罗那他主持修建起来的，规模远大于觉囊寺。五世达赖喇嘛在蒙古固始汗的支持下建立噶丹颇章政权后，开始打击曾经受藏巴汗支持的包括噶玛噶举派和觉囊派等宗派。实际上，噶玛噶举派确实参与了藏巴汗遏制、打压格鲁派发展的一系列活动，而觉囊派作为一个势力相对较小的宗派，偏居雅鲁藏布江北岸很小的范围内，无力与格鲁派为敌，也从未参与过打压格鲁派的活动。但是，五世达赖喇嘛强迫改宗时，把觉囊派在西藏的全部寺院全都改宗格鲁派，而且毁掉了觉囊派的一部分经书，还有一部分经书甚至被封存起来。所以，在可以看到的著作中都写道：17 世纪觉囊派在西藏消失了。

［8］恰隆多杰扎寺：亦译“恰隆多吉扎寺”，别称“图旦多吉扎寺”，宁玛派在藏地的六大寺院之一，前藏的两大寺院之一（另一个是敏珠林寺），位于今西藏山南地区贡嘎县境内。16 世纪末，由被辛厦巴所败的原拉堆绛万户长扎西道结所建，是传讲宁玛派伏藏“北藏”法的重镇。1718 年，西蒙古准噶尔部侵袭西藏期间，寺院遭到严重破坏。后来，由郡王颇罗鼐等人资助修复。“文革”期间，寺庙被破坏殆尽，90 年代以

后政府拨款不断进行修复。

[9] 色多坚寺：全名“图旦色多坚寺”，属萨迦派。1507年，由班钦释迦却丹建。详见前注。

[10] 哲孟雄：锡金的古名，藏语意思是“稻米之谷”。位于喜马拉雅山脉东段南坡，东面与不丹毗邻，西面与尼泊尔接壤，北面与中国西藏交界，南面与西孟加拉邦邻接。7世纪，吐蕃王朝建立后，它属于吐蕃管辖的一部分。吐蕃王朝灭亡以后，它成为一个独立的部落，但却信仰藏传佛教。西藏的贵族古鲁·塔希的重孙蓬楚格·纳姆伽尔（平措南杰）做了锡金国王，奉佛教为国教。后来，英国东印度公司进入锡金，派专员管理。1918年，英国殖民者把政权交还给塔希·纳姆伽尔国王。从20世纪40年代起，印度派兵驻扎锡金，直到70年代完全占领。1975年，在印度的主导下，锡金举行全民投票，废除锡金王国，并且加入印度，成为印度锡金邦。长期以来，锡金信奉藏传佛教的噶举派和宁玛派。

[11] 班禅大师：指第五世班禅洛桑益西（1663年—1737年），全名洛桑益西贝桑波。他出生于西藏日喀则的托卜加（或托杰珠仓）地方，1664年，被五世达赖喇嘛认定为班禅洛桑确吉坚参的转世灵童，两年后被接到扎什伦布寺坐床。8岁，从五世达赖喇嘛受沙弥戒。清康熙皇帝多次派人来请，都没有成行。曾作为堪布为六世达赖喇嘛授近事、出家、沙弥、比丘等戒。1713年，清朝中央政府照封达赖喇嘛之例，敕封洛桑益西为“班禅额尔德尼”，给以金册金印。1717年，蒙古准噶尔部策妄阿拉布坦领兵袭扰西藏，杀死拉藏汗，班禅出面调解未果。清廷派兵平乱，迎七世达赖喇嘛格桑嘉措进藏坐床。1720年，班禅授给七世达赖沙弥戒。拉萨噶伦发生内争后，达赖喇嘛移居四川，清廷诏班禅到拉萨主持事务，并准备将日喀则以西全部划归班禅管理，但他以大局为重，仅接受了拉孜、昂仁、平措林三宗。

[12] 艾杂兵：指准噶尔策妄阿拉布坦兵。拉藏汗杀死第斯桑结嘉措

后，西藏的政局处于极不稳定的状态，拉藏汗扶植的六世达赖益西嘉措得不到三大寺僧众的承认，同时引起了青海蒙古和硕特部汗王的反对。在这种情况下，住牧在新疆的蒙古准噶尔部汗王策妄阿拉布坦于1717年率兵袭扰西藏，杀死了拉藏汗，许多寺院遭到破坏，西藏大乱。1721年，清朝出兵西藏驱逐了准噶尔兵。

[13] 丹玛曲柯：地名，指四川甘孜藏族自治州金沙江西岸地区。“丹玛”，是藏语“vdan-ma”的音译，是指今四川甘孜州德格县邓柯区，位于金沙江上游东北岸，清末置登科府，兼辖春科、林葱二安抚司地，分管高日长官司地；民国改为邓柯县，属川边，1925年设置西康特别区域，属西康道，国民政府成立后废道，直属西康省。1955年属四川省甘孜藏族自治州。“曲柯”意为“法轮”。

[14] 酬补仪式：一种宗教仪式。藏传佛教和苯教常用的一种娱神佛、补亏缺的活动，不同的法门和神佛的酬补仪式不尽相同。《藏汉大辞典》解释：“一种酬谢恩泽以娱神佛，弥补祭祀亏缺以消罪过的宗教仪式。”

[15] 冬格克噶尔：地名。可能位于青海果洛州久治县境内，距离年宝玉则雪山不远。

[16] 年宝玉则：又译“年保玉则”“年波玉则”，别称“果洛山”，为巴颜喀拉山主峰，海拔5 369米，位于青海省果洛州久治县索呼日麻乡境内。传说中，它被看成是神山，叫做“拉年玉则”，属于年神类，是果洛诸部落的发祥地。山下分布着仙女湖、妖女湖、日东玛错、玛尔杂湖、玛日当湖等300多个湖泊。

[17] 玛多阿贤珠林：又称“阿什穹嘉贡巴寺”“江日堂贾贡巴”，简称“阿什穹寺”“贾贡寺”等，觉囊派寺院，位于青海省果洛州班玛县亚日堂乡境内。其前身是1367年由赤烈南杰所建的扎噶尔果寺（白岩头寺），宗奉宁玛派。1715年，住持顿木杂喇嘛把寺院献给途经这里南下

传法的觉囊派高僧阿旺丹增南杰，改宗觉囊派，更名为“玛多阿贤珠林”。当地部落头人丹增将周围的地方赠送给寺院，作为供养地。自此，寺院从山坡搬迁到坡下的平坝处，并进行大规模的修建。1958年前夕，有经堂三进十二间，僧舍三十一座八十间，占地六亩。另有宝心古塔三座，规模较大。据调查，“文革”期间寺院遭到严重破坏，佛殿、佛塔被当作四旧拆毁。20世纪80年代落实政策后，寺院逐渐得到恢复，被破坏的尊胜塔、时轮塔、绿度母塔和大经堂、僧舍重新修起来。

[18] 亚尔堂：地名。位于青海省果洛州班玛县，即现在的亚日堂乡，在县城南部。

[19] 玛涅塔尔么寺：全称“玛涅扎西彭措林”，意为“吉祥圆满洲”，简称“塔尔么寺”，位于四川阿坝州阿坝县安羌乡驻地西南20公里处的塔尔么村。1876年，由卓格寺堪布贡噶云丹嘉措（贡曲云丹嘉措）所建。《觉囊寺院简介》说：塔尔么·班玛扎西修建了塔尔么绛曲林寺，嘉木贡喇嘛贡噶绛央钦饶嘉措担任堪布。此处的塔尔么绛曲林即是塔尔么寺扎西彭措林。

[20] 多尔夏孜朗：寺院名。全称“孜朗贡贝弥觉艾敦德庆林”，意思是“孜朗寺吉祥不变了义大乐洲”，简称“孜朗寺”。位于四川阿坝州阿坝县上阿坝区甲尔多乡，是在玛久修行洞的基础上修建起来的。据说，孜朗蔡参巴·晋美克增嘉措在洞中修行期间，壤塘寺喇嘛阿旺丹增南杰来这里传法。后来，当地人把玛久修行洞和附近房舍献给其弟子芒格·克增达结和卓格·贡噶伦珠师徒二人，他们在修行洞周围修建佛殿、僧舍，取名“日超贡巴”。从此，孜朗寺作为卓格寺的属寺，由卓格活佛兼管。第五世卓格活佛贡噶云丹嘉措时，增建了大经堂、讲经院、僧舍，更名为“贝弥觉艾敦德庆林”，设立时轮九尊定期修供法会。后来，不归卓格寺管辖，而独立开展活动，与藏洼寺的关系比较密切。

[21] 拉尔雅寺：又译“哈尔亚寺”“黑尔亚寺”等，全名“哈尔亚

贡艾敦伦珠林”，意为“哈尔亚寺了义天成洲”，位于四川省阿坝州马尔康县北部茶堡区沙尔宗乡境内。关于寺院建造时间有两种说法，一种认为15世纪由第一世确吉活佛嘉哇桑波所建；另一种说，1667年察科土司桑杰本邀请洛哲南杰去传教，返回时留下弟子宁布囊则主持修建了拉尔雅寺。19世纪，卓格·绛央钦饶嘉措受卓克基土司支持对寺院进行扩建。“文革”期间寺院遭破坏，后来筹资修复，规模比以前有所扩大。

［22］瓦述：藏族古代氏族名，为十八术氏家族之一，主要散居在青海和四川交界的牧区。理塘宣抚司属下的瓦述土司有五个，一是瓦述毛丫长官司，其先祖从青海巴颜喀拉山移居理塘毛丫坝，人称“雍朱本”，即左部长官之意。原辖地东70里与理塘交界，南80里与理塘相邻，西60里交毛茂丫（今毛垭区禾尼乡安足行政村），北60里接曲登界。所辖牧民370户。清康熙六十一年（1722年）请封，雍正七年（1729年）题授毛丫长官司，世袭。二是瓦述曲登长官司，其先祖来自青海巴颜喀拉山，主要牧地在毛丫土司的西北部，当地人称“德巫麻本波”，即中部长官之意。原辖地东至瞻对，南邻毛丫，西与义敦（现巴塘县濯拉）相毗邻，北界长坦（现白玉县昌台）。康熙六十一年（1722年）请封，雍正七年（1729年）题授曲登长官司，世袭。三是瓦述崇喜长官司，其先祖与曲登土司相同。主要牧地在今雅江县西俄洛，当地人称“窝托本”，即右部长官之意。康熙六十一年（1722年）请封，雍正七年（1729年）题授崇喜长官司，世袭。四是瓦述长坦长官司，瓦述长坦酋长侧冷，康熙六十一年（1722年）请封，雍正七年（1729年）题授为长坦长官司，颁有印信号纸，辖区主要在白玉、巴塘一带。五是瓦述国陇长官司，雍正七年（1729年）归附，嘉庆十二年（1807年）授封，有印信号纸，咸丰年间，其地被瞻对土司占领。宣统二年（1910年）改流，划归瞻化县（今新龙县）治，隶邓科府。另有瓦述更平东撒土百户、瓦述更平格潘长官司、瓦述更平土百户、瓦述麻里土千户、瓦述马达土千户、瓦述色地土

百户、瓦述色地长官司、瓦述余科安抚司等，都属于瓦述部族。

[23] 三时怙主：佛教用语。密教事续部的三位怙主，即佛部文殊菩萨、金刚部的金刚手菩萨和莲花部的观世音菩萨，分别是智慧、力量、慈悲的本质或象征。同时，他们也是侍佛八大菩萨中的三位。

[24] 噶玛巴：即噶玛噶举派黑帽系第十三世活佛敦都多杰(1733—1797 年)。他出生在西藏昌都地区，4 岁时被嘉察活佛认定为前世的化身，迎至楚布寺坐床。从此，由第八世锡杜活佛（或司徒活佛）担任经师传法，12 岁时授予沙弥戒。在这个阶段，主要学习佛教理论和其他宗派的思想。19 岁时，经师锡杜活佛授予比丘戒，开始传授噶举派的大手印法，细心指导修炼。传说，他的生活混合了学者和疯智瑜伽士的风格，并展现出由证觉所自然生起的慈悲，格外爱护动物，能将佛法的要义传达给鸟、鼠、猫、兔和蜜蜂等，能懂动物语言。他去过尼泊尔，在四川德格的八蚌寺主持过法会，还在楚布寺后山发掘出了伏藏，一生留下了许多佳话，具有很多传奇。第九世锡杜活佛、第十世红帽系活佛、第八世巴沃活佛、第七世竹千活佛都是他的弟子。

[25] 第二世贡桑程勒南杰（1740—1789 年）是嘉绒窝果肖地方人，即今马尔康人，小时候由贡噶达杰、顿珠嘉措、格隆群佩负责教授他藏文和基本佛典。23 岁时，北上阿坝的卓格寺和青海班玛的亚尔堂寺从卓格·贡噶伦珠、贡噶扎西闻习密法。回到藏洼寺后，用所得布施修建了“森康颇章”。1774 年，去西藏游学于止贡提寺、扎耶尔巴寺、大小昭寺、楚布寺、扎什伦布寺、觉囊寺等寺院，在楚布寺和第十三世噶玛巴黑帽活佛敦都多杰一起研讨佛法；从觉囊寺和噶丹平措林寺请得多种佛像塔及法器。1782 年，皇帝派曲钦活佛来传达要求壤塘寺改宗格鲁派的旨意，贡桑程勒南杰百般解释，才免于改宗。在他主持藏洼寺期间，不仅寺院得到了很大发展，而且与其他寺院加强了联系，争得了不少地方势力的支持。

[26] 贡却晋迈南杰：第三世藏钦活佛。1790 年，出生于今青海果洛州班玛县灯塔乡要什道村。4 岁，被认定为前世化身，迎至藏洼寺坐床。14 岁时，从噶举派的锡杜活佛班玛尼协受沙弥戒，取名“噶玛曲却丹萨”。从此以后，跟随几位觉囊派高僧系统学习中观他空法和时轮教法。大约 1816年，带领一批人进藏和噶厦政府取得联系；在扎什伦布寺从班禅丹贝尼协受比丘戒，得到《宗喀巴全集》、《四世班禅文集》、弥勒佛像、多罗那他金像以及僧衣、法器等；朝拜了觉囊派的祖庭觉囊寺和达丹丹曲林寺。回到壤塘后，加强了寺院基础设施建设，请进了藏文大藏经多部，利用时间去果洛、阿坝、瓦述、察科等地部落传法，用所得财物修建了叶和多森康贡玛、叶和多札仓经堂。1837 年十一月十九日将法位传给阿旺群佩后去世。

[27] 阿旺群佩：觉囊派第三十七代法王，藏洼寺首任金刚上师，全名“贡噶阿旺群佩”（1788—1865 年）。他是壤塘县南木达区人，10 岁时独自一人进入藏洼寺，师从第三世藏钦活佛等人学习觉囊派显密教法；从佐钦寺的班玛隆卓听讲《般若经》和宁玛派的大圆满法。1816 年，随藏钦活佛进藏，在扎什伦布寺由第七世班禅担任堪布授给比丘戒。他非常珍惜每一次机会，用功勤奋，每到一个地方就向当地的高僧求学，而且不分宗派，所学内容非常广泛。1834 年，第一次代表藏钦活佛去果洛阿什窘贡玛仓主持法事活动。1837 年，受命出任藏洼寺座主，主持政教事业，从一个普通的学僧成为受人尊敬的上师。他经常亲自主持法会，教育弟子，而且非常重视与其他派别的交流，1847 年请来贡珠·云丹嘉措讲授密法。由于他的不懈努力，觉囊派自身不仅得到发展，同时得到宁玛、噶举、格鲁等宗派高僧的尊重。

[28] 阿旺曲吉帕巴：亦称“瓦卓果·阿旺曲帕嘉措”，觉囊派第三十八代法王，藏洼寺第二任金刚上师。1808 年生于四川壤塘，小时候由阿旺次程指导学习。17 岁时，从第三世藏钦活佛受戒出家，随听时轮、妮

格六法、六支瑜伽等密法，还得到多丹智麦、桑结嘉措、阿旺群佩嘉措等人的指点。25岁时，向班智达绛央多杰学习曼荼罗绘制法和其他绘画技术。30岁那年，从阿旺群佩受比丘戒。他的讲经能力特别强，而且在密法修炼方面成就极高。1865年，继任藏洼寺金刚上师，设计修建了时轮立体坛城。他经常应邀去周围部落和寺院讲经传法，为果洛的亚尔堂寺设计了绿度母塔；在阿什窘寺喇嘛和拉蔡喇嘛的资助下，修建了藏洼寺六支瑜伽禅修院，挑选30位僧人进修。他时常教育弟子们要舍弃宗派偏见，恪守佛教戒律和寺院条规，研究教理，勤修密法。1877年，他在禅修院修行时圆寂。

［29］贡噶阿旺巴丹：又叫“贡噶阿旺巴丹”“贡噶索南贝丹”(1829—1891年)，觉囊派第三十九代法王，藏洼寺第三任金刚上师。青海果洛州班玛县人，自幼受父亲教育，对民俗文化颇感兴趣。23岁，出家于壤塘康玛尔寺，金刚上师阿旺群佩教授时轮六支瑜伽法和香巴噶举派的妮格六法，以及胜乐、大威德、集密等密法。1858年，受比丘戒，从阿旺帕巴学法。1867年，第一次去果洛阿什窘寺讲经，从此北上藏科部落传法，赢得了僧俗信任。1877年，出任藏洼寺金刚上师，肩负起育僧的重任。在任期间，亲自绘制出了觉囊派上师传承图，多次外出传法，与阿坝的麦颡部落建立了很好的关系。

［30］阿旺群佩嘉措：又称“阿旺群觉嘉措”，觉囊派第四十代法王，藏洼寺第四任金刚上师。1846年，出生于四川壤塘叶合曼家族。他幼而颖悟，聪慧过人，11岁于藏洼寺出家，师事阿旺群佩学法。之后，跟随贡噶僧格和阿旺曲帕等高僧学修密法和历算、绘画等。曾两次陪同阿旺曲帕去亚日堂协助设计佛塔；去甘孜的德格同宁玛派、噶举派的高僧建立了良好的关系。1887年，再次去亚日堂寺设计建造伏魔塔。1891年，就任藏洼寺金刚上师，协助藏钦活佛处理日常事务。他授法的最大特点是不局限于时轮，而是结合时轮法加强了对胜乐、喜金刚、集密、大威

德等其他几类法的讲解，还新建了妮格六法修行院 。他一生刻苦学习，尽职尽责，直到1910年圆寂。

[31] 贡噶克珠旺秀：又名“阿旺顿丹贝桑波”。觉囊派第四十一代法王，藏洼寺第五任金刚上师。1862年，出生于四川壤塘尕多乡。1875年，在藏洼寺由阿旺曲帕授予近事戒后，一直在家修行。1877年，当地流行天花病，他移居扎西拉日则禅院修练六支瑜伽。1896年，噶玛艾敦嘉措给他剃度，授沙弥戒，这年他已经35岁。他在般若空性方面造诣深厚，认为世俗所摄的一切都是名言概念，并不真实，只有智慧证达的法才是真实的。他专心研究笃补巴的著作和多罗那他的思想，体会入微，深有领会。1910年，继任金刚上师，主讲时轮教法，建立了集密和大威德立体坛城。1914年去世。尽管任职时间比较短，但他在有限的五年时间里讲授时轮、胜乐、集密、大威德等密法，请来了《甘珠尔》107函，制作了续部上师传承卷轴画。

[32] 阿旺丹巴萨协：觉囊派第四十二代法王，藏洼寺第六任金刚上师。1878年，生于四川壤塘县上壤塘乡，17岁时进入藏洼寺跟随阿旺群佩嘉措学习。1903年和1905年，由阿旺群佩嘉措担任堪布分别授予沙弥、比丘二戒。1910年，从著名高僧阿旺措尼嘉措学习《释量论》和《现观庄严论》等。1913年，代任金刚上师阿旺丹增扎巴去世后，应藏洼寺僧众的请求，他出任金刚上师，规定森康颇章和上禅院主修六支瑜伽、下禅院主修妮格六法；金刚上师每年向僧众讲授两次时轮大灌顶法，主持日常的六支瑜伽法会，在藏洼寺，增建了中禅院，规定了修学内容，订立寺规。另外，他还主持修建了阿贡塔楼、阿旺措尼嘉措银质灵塔。1936年，他推举阿旺多杰桑波为金刚上师，是唯一一位健在的时候卸任法王和金刚上师的高僧。1953年圆寂。

[33] 阿旺多杰桑波：觉囊派第四十三代法王，藏洼寺第七任金刚上师。1893年，生于四川壤塘县尕多乡，17岁时才进入扎西拉日禅院，由

贡噶年尼贝桑剃度；20岁时，受沙弥戒。曾师从贡噶克珠旺秀、喇嘛年扎、扎噶活佛、拉蔡觉巴活佛、阿旺措尼嘉措、阿旺丹贝萨协等人学习。1936年，被在任法王推举为金刚上师，主持教务工作。他曾主持维修了阿旺曲帕和热卡喇嘛所建的时轮立体坛城和胜乐立体坛城，绘制了笃补巴师徒、多罗那他师徒传承卷轴画等，制作了多尊金、银质佛像、佛塔。1948年二月，委任阿旺贡却达结为金刚上师，次月去世。

[34] 赛宁和赛斯两支："赛宁""赛斯"是藏语的音译，意思是赛氏家族的阳寺和阴寺。赛氏是阿坝地方的望族，来自西藏，明朝时期其家族的扎巴坚参从西藏学经回来后，在上阿坝一个名叫"卧洞"的地方建寺传法。再传至赛·伦珠坚参时，于古尔囊搭帐传法。之后，赛氏的娘波坚参和程勒娘坚赴藏从多罗那他的弟子洛哲南杰学法，返回后仍于古尔囊摄徒。18世纪，赛氏家族的拉旺坚参和程勒嘉措去壤塘寺从阿旺丹增南杰学习时轮教法和中观教理，回来后分居两处传法，因拉旺坚参居阳面，称其寺院为"赛宁"；程勒嘉措居阴面，称其所建寺院为"赛斯"。直到19世纪80年代，建成现在的赛贡巴寺，将赛宁、赛斯、叶合台等寺院合并进来。

[35] 纳切卡热：藏语音译，地名，位于四川阿坝县洛尔达乡境内。据说这里水草丰美，环境优雅，是多罗那他的弟子成勒旺母授记卓格·贡噶贝桑修建寺院的地方，即卓格寺所在地。

[36] 桑珠林：寺院名称，全名"贝蔡卡桑珠林"，译言"吉祥月首如意洲"。亦称"贝弥觉艾敦桑珠林"，意为"吉祥不动了义如意洲"。别称"加夸尔寺"，即"城堡寺"，通称"卓格寺"，"卓格"原藏文是"vbrong-dge"，指"藏噶尔平措仲姆宗"庄园，其中的"仲姆"即"野牦牛"之义；后来藏文变成了"vbrog-dge"，意思是"荒原""荒野"。寺院始建于1398年，清康熙十八年(1679年) 由卓格·贡噶贝桑扩建，寺院所在地形如大鹏鸟，大殿建在两翅中间的鹏头上。贡噶贝桑的侄子（温波）

主持寺院期间，分成噶尔喀贡和噶尔喀欧上下两个法院。据《卓格寺志》载：最盛时管辖阿坝和马尔康两地的十八座寺院，有“母子十八寺”之称。现有大经堂、护法殿等大型建筑和分布周围的僧舍，以及佛学院等。

[37] 蔡达阿华寺：全名“阿华贡曲德桑木丹林”，意为“阿华寺禅定洲”，位于四川阿坝县下阿坝区安羌乡阿华村。大约始建于18世纪早期。寺院依山而建，周围树木成荫。寺院规模较小，有经堂一座和几间僧舍。

[38] 赛贡图旦秀勒南杰林寺：亦称“图旦秀勒南杰艾敦噶曲林”，意为“赛寺佛教遍胜洲了义欢喜园”，简称“赛贡巴寺”。位于四川阿坝县中阿坝区哇尔玛乡，距离县城5公里处的平坝上。因为寺院的建设者和管理者是赛氏家族人，故名“赛贡巴寺”。原寺为帐房寺，后来多次在别处修建，直到清光绪年间才形成现在的寺院。《觉囊派教法史补遗》载：掘藏师桑达益西贡布曾发现寺院所在地有左旋大法轮，预言将来一定会出现一座修炼母续法的寺院，其他几位喇嘛也有类似的预言。1880年九月，卓格·贡噶云丹嘉措根据上述预言勘察地形，选准在扎西美隆滩破土建寺。《觉囊寺院简介》载：在蔡喀桑珠林寺，法王云丹嘉措说中阿坝扎西美隆奇是胜乐本尊的圣地，也是历代成就师的驻地。第十四饶迥的狗年，同麦颡土司商议，与其所属部落结成供施关系，建成今天的大寺。主要建筑有大经堂、禅院、依怙殿、僧房，以及胜乐、时轮等坛城。内设修行院和讲经院，四个康村。全寺有十个活佛系统，其中赛仓、夸尔仓和嘉哇仓为最大的三个活佛系统。目前，寺院还在扩建，规模非常大，可以说是目前阿坝县境内规模最大的觉囊派寺院。

[39] 素尔：藏文“zur”的音译，西藏古老的氏族名，也是地名，在西藏日喀则白朗一带。钦则旺布在《卫藏道场胜迹志》中记载：“从白朗走官道只要一天的路程便可到达日喀则。在中途要经过一个小村镇名素，有素·桑昂林寺。这是古时宁玛派中经典派的最大寺庙，现在只是素

氏家族居住的一个类似家庙的住房。”此家族出现过许多著名学者和高僧，如素尔钦·释迦窘乃、素尔琼·喜饶扎巴、素尔·曲央多吉、素尔·卡尔瓦娘尼多杰等。

[40] 八蚌寺：又译“巴邦寺”或“巴蚌寺”，全名“八蚌胜教法轮寺”，噶举派寺院，位于四川甘孜州德格县麦宿区八蚌乡境内，以精美的建筑和嘎日画派而著名。止贡·仁钦贝的弟子曾经在这里建循理寺，16世纪毁于火灾。清雍正七年（1729年），德格土司曲加登巴泽仁请来司徒活佛曲吉窘乃主持在原寺地址修建八蚌寺。寺院为德格土司的家庙，受历代土司的支持，发展非常快，出现了藏族很有名的历算家、画家、佛学家等。历史上有许多属寺，分布在四川、青海、云南等地区。“文革”期间，寺庙部分房屋被占用，寺庙财产、文物受到很大损失。1988年，大殿得到维修，新建佛学院，恢复了两个修行院。

[41] 贡珠·云丹嘉措：又译“工珠·云丹嘉措”，别名有“绛公贡珠仁波切”“云丹嘉措洛哲塔耶”“班玛噶旺程勒卓杜”等。八蚌寺第一世贡珠活佛，近代藏族著名学者。1813年，生于多康恰达萨莫岗，即今四川甘孜州德格县俄南乡绒加村。他从小喜欢工艺和医学，一听就会。出家后，在八蚌寺先后受西钦班智达居麦图旦南杰、司徒活佛班玛尼协、钦则旺布等50多位各派上师的指导，系统学习大小五明学，除了有渊博的佛学知识外，在医学、历算等方面造诣深厚。整理出来的著作有十余函，其中主要有《知识总汇》《教诫宝藏》《经传密咒藏》《宝库藏》《秘籍藏》《所知藏》等，这些著作全面而系统地介绍了佛学、语言学、因明学、工巧明、天文历算、词藻学、韵律学、戏剧等。在维修寺庙、制作佛像等方面，云丹嘉措成绩显著。1899年（也说是1894年）去世。

[42] 萨玛尔巴则寺：亦译“萨玛尔贝孜寺”，简称“萨玛尔寺”，意为“红土寺”，觉囊派寺院，位于四川壤塘县南木达区尕多乡昔郎村。这里原有一个小禅院和三座佛塔，清道光年间有第三世上藏洼活佛贡却晋

美乔勒南杰和第一任藏洼寺金刚上师阿旺群佩的弟子萨果尔喇嘛托麦来此讲经。1893年，萨果尔的弟子曼却在禅院一侧建造高九层的佛塔，第二年修建大经堂，并扩建原禅堂。此后僧人逐年增多，寺院设施也得到改善，培养出了多位学者。后来，寺院遭到破坏，落实政策后由政府拨款、群众集资，重修被毁的大经堂、转经房、学经楼等，但规模大不如前。

[43] 夏炎寺：全名“夏炎扎西赞姆拉曲德”，意为“夏炎吉祥财神法部”，觉囊派寺院，位于四川壤塘南木达区南木达乡夏炎村。其前身是宁玛派的布治寺，1684年改宗觉囊派。1784年，阿旺贡嘎确吉喇嘛扩建。但是，现在的夏炎寺由宗吾喇嘛阿旺贡嘎坚参建于1875年，他被看成是八思巴的化身，早年学法于藏洼寺，依阿旺群佩和阿旺群帕两位金刚上师习法，曾代表金刚上师去阿坝、果洛传教。其弟子阿旺丹巴热结管理寺院期间进行扩建，建造了阿旺贡嘎坚参的银质灵塔。“文革”期间寺院殿堂遭到破坏，后来落实政策进行修复。现在由第十二任金刚上师阿旺同桑主持。

[44] 则斯寺：又译“日梭寺”“资梭寺”，全名“日梭群科尔贡”，现在叫“日梭扎西曲德”，属觉囊派寺院，位于四川壤塘南木达区尕多乡切洛玛村，原为日梭部落头人的家庙。《觉囊派教法史》载：1890年，由扎巴坚参所建。但是，《觉囊寺院简介》则载：日梭扎西曲德寺是由洛哲南杰的弟子喇嘛尼玛贝所建，藏洼寺金刚上师阿旺群帕嘉措莅临讲授六支瑜伽法，并任第二任住持。曾经出现了著名学者曼达哇·图旦格勒嘉措等人。过去，由于受日梭部落的支持寺院香火旺盛，但是20世纪五六十年代寺院遭到严重破坏。落实政策以后，寺院宗教活动能够得到恢复，但资金缺乏，修复非常艰难，现在的规模很小。

[45] 第巴仁蚌巴·阿旺久扎：仁蚌巴家族是后藏的贵族，世袭仁蚌宗宗本。1435年仁蚌巴·诺布桑布以武力占据桑珠则（今日喀则市），成为一方之主。在其之前的1416年，明朝在仁蚌宗设立行都指挥使司，任

命诺布桑布的父亲南喀坚赞为都指挥佥事，同时受到帕竹第五任第斯的封赐。南喀坚赞死后，诺布桑布继任父职，把势力从桑珠则推向前藏，并且与噶举派红帽系活佛加强联系。1418年，其子顿月多吉攻占前藏，取代了帕竹的大部分政权。阿旺久扎是仁蚌·阿旺南杰之子，1482年生，小时候聘请几位学者为师，学习大小五明学。1519年，撰写了《萨迦班智达传》；1521年，完成了《词藻智者耳饰》；1526年，撰写了《诗律释无畏狮子吼》；1557年，又著成《香巴拉指南》，在史学和文学方面造诣很高。尽管这样，阿旺久扎的执政能力却相对较差，他曾支持觉囊派上师贡噶卓却，效仿萨迦班智达的做法，依佛法治政。当萨迦与拉堆绛之间发生矛盾时，他站在萨迦一边。1563年，派兵攻打叶茹拉堆绛地区。不久，他亲自到拉堆绛作战，结果桑珠则宗本辛厦巴才旦多吉乘机发动叛乱，杀死了阿旺久扎之子白玛噶波，接着藏、绒等地发生战乱。阿旺久扎出兵江孜、仲孜、纳塘等地，而辛厦巴又支援这些地区首领，使仁蚌巴惨遭失败，阿旺久扎的权利丧失，仁蚌巴的统治逐渐结束。

［46］噶玛丹迥：指藏巴汗噶玛彭措南杰之子噶玛丹迥旺波。1606年出生于藏堆僧格隆却丹杰波吉，自幼好学，悟性极高，才华出众。1620年父亲病逝后，他继任王位，显示出非常强的政治才干，先后占领了许多地方，统治卫藏地区20多年。在位期间，他倚重噶玛噶举派，遏制格鲁派发展，在扎什伦布寺附近修建了一座大寺院；依照吐蕃法律和帕竹的十五法，制定了法律十六条，以加强统治。1621年，商卓特巴索南饶丹和蒙古小拉增洛桑丹增请来蒙古骑兵两千，在后藏大败噶玛丹迥旺波。在四世班禅罗桑确吉坚参、甘丹赤巴贡却群培、达隆夏仲阿旺南杰等人调解下，藏巴汗与蒙古兵签订协约，但噶玛丹迥旺波仍然没有答应四世达赖云丹嘉措的转世灵童坐床。1639年，蒙古和硕特部首领固始汗率兵南下四川打败白利土司后，又西进西藏的日喀则擒拿了噶玛丹迥旺波，消灭了藏巴汗政权。1642年，固始汗杀死了噶玛丹迥旺波及其几位手下。

[47] 贡噶饶丹旺格嘉波：从上下文来看，是指噶玛丹迥旺波之子。但是，藏巴汗政权以噶玛丹迥旺波的被杀而宣告结束，如果贡噶饶丹旺格嘉波是其子，也没有作汗王的机会，是否他当时驻守拉堆绛地区？文中还说他对觉囊派尤其对达丹丹曲林寺的支持超过了其父，从这方面来看此处贡噶饶丹旺格嘉波似乎是指噶玛丹迥旺波。具体有待做进一步的研究。

[48] 嘉摩擦瓦绒十八国：又称嘉绒十八小邦，指分布在嘉绒地区的十八个土司。他们是康定的明正土司（长河鱼通宁远宣慰司）、宝兴的穆坪土司（或称“宝兴土司”，即穆坪董卜韩胡宣慰司）、丹巴的巴底土司（巴底宣慰司）、丹巴的巴旺土司（巴旺宣慰司）、丹巴的革什咱土司（或革什札土司，即革什札安抚司）、马尔康的梭磨土司（梭磨宣慰司）、马尔康的松岗土司(松岗安抚司)、马尔康的党坝土司（党坝长官司）、马尔康的卓克基土司（卓克基长官司）、汶川的瓦寺土司（瓦寺宣慰司）、金川壤塘的绰斯甲土司（绰斯甲宣慰司）、大金川的促侵土司（促侵安抚司）、小金川的赞拉土司（赞拉安抚司）、小金川的沃日土司（沃日安抚司）、泸定的冷边土司（泸定长官司）、泸定的沈边土司（沈边长官司）、理县的杂谷土司（杂谷安抚司）、康定的鱼通土司（鱼通安抚司）。这些土司成立受封的时间不一样，分本部和冲部两部分。本部又分为三小部，其中的四本部包括梭磨、卓克基、松岗、党坝四土司地；大金部包括绰斯甲、促侵、巴底、巴旺、革什咱五土司地；小金部包括赞拉、沃日、穆坪三土司地。冲部是指嘉绒的外围地区，分来苏部（原归杂谷土司管理，后为梭磨土司辖地的一部分）、杂谷部（原杂谷土司地）、瓦寺部（瓦寺土司地）、瓦部（包括鱼通土司、冷边土司、沈边土司地）、木雅部（指明正土司辖区）。

[49] 成都府总督：大小金川之战期间及前后，嘉绒地区发生了许多事，四川总督也几次易人，不知此处的总督指谁，是否太子少傅果毅公

策楞？他是清乾隆十四年（1749年）被任命为四川总督的。

[50] 觉囊派是藏传佛教中比较独特的一个宗派，在理论上它坚持中观他空见，和坚持自空观的其他宗派形成了鲜明的对比，因此受到他派尤其是格鲁派批驳。其在西藏的活动中心在日喀则地区雅鲁藏布江北岸，即拉堆绛势力范围，发展过程中得到了拉堆绛首领、羊卓万户长和藏巴汗的大力支持。17世纪，格鲁派建立噶丹颇章政权后，第五世达赖喇嘛强迫曾经受到藏巴汗支持的觉囊派寺院改宗，使觉囊寺、达丹丹曲林寺等觉囊派寺院都改宗格鲁派，从此觉囊派在西藏消失。但是，它并没有从藏传佛教历史上消失，其活动中心转移到四川的阿坝地区，形成了以中壤塘寺为中心的势力范围，辐射到马尔康、阿坝、壤塘和青海的班玛、甘德、久治等地方，最盛时期寺院上百座。其中主要寺院有壤塘寺（包括重洼寺、确吉寺、泽布基寺）、贡巴拉岗寺、夏炎寺、红土寺、日梭寺、尕雅堂寺、曲塘寺、班托寺、扎西日岗寺、黑尔雅寺、让古寺、颜木底寺、巴朗寺、康山寺、甘木鸟寺、莫干木寺、斯拉尔底寺、江日岗寺、赛贡巴寺、卓格寺、孜朗寺、塔尔么寺、阿华寺、雅贡寺、阿什穹嘉贡巴寺、隆什嘉寺、嘉木达寺、扎西曲朗寺、恰尤寺、康赛日朗寺、郎本寺等。

[51] 甘蔗族：释尊五姓之一，即古印度释迦牟尼族的别名，有时专指释迦佛。据《佛本行集经》卷五载：甘蔗王的次前有个名叫大茅草的王，他舍弃王位出家，获得五精通，称为王仙。他到了衰老不能行走的时候，弟子们把他放在草笼中，悬在木头上，外出乞食。有一天遇到一位猎人，误以为白鸟，射杀了他。后来在其血滴处生下甘蔗二本，当日开剖，出现童子童女各一位，大臣们迎接来养在宫中，以日光炙甘蔗而生，故名善生。以白甘蔗而生，故名甘蔗生。又以日炙，故名日种。后来，立善生为王，以童女善贤为妃，生下四子。王又纳一王妃，生下一子。因此，小王妃劝王将其他四个王子驱逐。四王子在雪山之南建迦毗

罗卫国，姓释迦。第三个王子死后，长王子为王，名尼拘罗；其子名拘卢。以后依次是瞿拘卢、狮子颊、阅头檀，他是乔答摩·悉达多的父亲。《佛所行赞》载：“甘蔗之苗裔，释迦无胜王，净财德纯备，故名曰净饭。”藏文史籍《青史》载：乔答摩受强烈日光嫣射而死去。其师黑色仙人来到细看附近一带得见二卵壳，追踪寻缀于甘蔗林中得见二小孩，知为乔答摩之子，遂带到自己住处用乳食哺养起来。由于得日光照煦而成熟，所以称为日种；又因为是乔答摩之子，遂以乔答摩为姓。由于从甘蔗林中获得，故名为甘蔗族。

后记

断证之宝充满了如来妙智意海，
大悲层波浪花在各方显现飘动。
事业密云降下细雨令人心欢畅，
解脱树植在善缘大地神奇美丽。

一切圆满的国土，
出现神奇的善业。
妙善满足徒众愿，
殊胜作施幻化子。

三密超越诸方轮，
万事按其意变幻。

遍离、勤勉、奇异主，
谁知普贤神通边。

嗨呀！化机意如何？
近显彼等如是作。
顺应界根开法库，
善巧方便佛功业。

是故佛讲一切法，
总共宏化善安立。
护持发展诸教根，
印藏大地射法光。

究竟佛祖甚深意，
不退了义中观语。
如来藏的意宝瓶，
不是大圣难证处。

弥勒佛自由分辨密义，
无著与世亲承其教诫。
尤其揭开雪域了义辙，
具法四依[1]贵种王化身。

遍集精华密意妙自宗，
吉祥胜林第二佛所说。
由是因缘大觉囊之名，

清凉之地悦耳美名扬。

始自一切胜法源，
佛法教理皆显扬。
先辈语中部分集，
与我等缘是为何？

世间精华师与徒，
摄益众生修行供。
智者眼见诸邪说，
清净无垢圆满做。

从此转生世代鬘，
时常拜见佛妙法。
有缘执持了义教，
永远不离清净法。

从此出现洁白法，
众生依止佛祖教。
获得无漏行法份，
不久显现四身光。

此名为《吉祥觉囊派教法史佛法明月灯》者，是崇信此教法的壤塘寺藏洼活佛阿旺索南贝丹乔勒南杰以吉祥物品作为善妙缘起，不断劝请，由觉囊派教法传人阿旺洛追扎巴以前辈圣贤的著述为基础，于上弦十三日成就加行日在觉囊派修行传承的大法根基吉祥壤塘寺撰写成的。祈愿遍知第四导师的教法在一切地方常传不衰。祈愿吉祥！有诗赞道：

辨别多尘清净自性离戏论，
不证智慧有寂普遍若大海，
大中观妙规舍弃常断离边，
遍证离境大悲如波浪飘动。
远离偏私无定普遍示身田，
生死涅槃形象不劳而满足，
躬身礼敬初住最上第一佛，
达丹内界不动天成庄严寺。

在诸身田界三时向众生显示三身无量善业，
用各种悦耳声随意向语众生宣讲一切正法；
明知意所知处各个分明以此显示善巧方便，
用悦耳的睡莲鬘语赞颂金刚持显示诸变化。
从贪恋浑浊的二障[2]中解脱爱染的波浪常摇潮湿大悲，
有事无事[3]远离诸相明显，
三百三十六能所依星宿形象。
遍舍一多色的千万续部白莲中有缘大地上教法宝树非常茂盛，
这是方便智慧双运的帝释发髻解缚应该尊奉的胜上住处。
从有缘千佛发殊胜菩提心犹如白睡莲覆盖大地看众生事，
宏伟福泽中殊胜二种资粮，
不劳吐出究竟圆满显密教甜蜜，
注入无量众生的双手之中犹如饮用良药甘甜断除烦恼病，
甘蔗族尊者殊胜与其他诸佛拜倒在妙相轮下向神中之神[4]顶礼。

瞻部洲北方清凉山中，
圆满法库雪山王倨傲，
捣毁邪见谬论狐狸军，
躬身礼敬月贤等法王！

住南瞻部洲积熟咒力，
以神通力去到迦拉波，
请来时轮续部及疏释，
向时轮足等尊者敬礼！

显密佛法各种教宝，
灌顶教诫搓成金线，
具缘者佩戴此项饰，
是历辈译师学者恩。
对常、断见的黑暗邪恶，
以十二缘起[5]加以消除。
新辟圆满胜道之车辙，
大德笃补巴赐给吉祥。

熟习深奥诸知识，
明示了义藏妙规，
雪域成为圆满地，
顶礼您多罗那他。

不忍世间监狱围墙内，
弱小众生无依四处漂，

用慈悲引到大乐宅中，
躬身礼敬导师善知识。

三密功德身眼法宝库，
使那有缘睡莲园中开，
消除不信疑虑甘露滴，
应由追求解脱者受用。

空前箴言如少女唾液，
使具缘薄拘罗[6]花开放。
三信蜂蜜甘露甜美味，
时常养护释迦佛教蜂。

正道指示给众生，
无量功德美相饰，
无边三密众功德，
难测妙句中引述。

一切饮乳根之蕴，
艺同因时离怖畏，
善立坚足大象座，
三乘法轮我喜转。

远离与文殊相异，
遍舍邪见诸习气，
取舍之处等诸佛，

精通广处仰上师。

定语自在本尊神，
了义智能法螺响，
浸湿耳道所怖续，
又于此田重圆满。

舍弃与义无关所诠语，
语叶茂盛圆满语自在，
二取钝根不证解脱心，
为诸凡夫讲说生议论。
再三商议悲、视美名扬，
不修美誉去行甚深义。
智者著述古代教法史。
胜水尘土凝成八瓣地，
具法四依经教赞颂处，
二资粮日光喜宴同流，
帝青宝虚空莲花盛开，
围绕满月边芬芳四溢，
智者嗡嗡讲具经教翅，
善做成就常持佛初地，
摧破罪过药汗无尽溢。

自动集聚诸物世间主，
若如虚空胜幢广汇集，
仿佛风变神通行十方，

金光绢索欢宴鼓响空。

聚力所生各个先辈贤哲，
在福地抛撒丰物云雨，
蛇心旃檀是无量利乐根基；
刻印之树成行芬芳四溢，
身像细净微微含笑，
犹如莲花覆盖的大海。
三密影像所生的清凉，
文字百宝因加持喷出。
三所依初雨卸去重任，
如天象在虚空上巡行。
在六趣[7]大地的深广细雨，
使利乐白莲布满世间。
在此集聚的邬波罗花，
因三时善资粮千色月光色泽洁白。
福泽增长使数十万众生在雪山的围绕中无尽享受，
看八瓣莲花密乘花蕊上，
有不尽的殊胜艾旺甘露，
养育着善缘蜂群队伍，
任用天生的双翅在天空飞舞。
熄灭违碍云火，
涌出顺缘雨云具种上师的教语雷声震响。
用持戒律之教雨滋润，
使信仰的苗圃生长出莲花，
菩提心花蕊怒放离边见的蜜汁，

果实丰满使六度之枝叶轻摇。
但愿千万神奇河流结伴，
流入学识之主的摩竭宫中。
众生修持甚深道根基法性，
白云密布中降下圆满细雨。
修行如突然堆积肥沃尘土，
正果法身如神树极其茂盛。

离常、离断、离边，
如在广阔的虚空之中，
通晓二谛之风吹散增损的乌云。
获得二资粮妙道的天空之中，
升起有寂离边二利之日、月。
在持宝大地的中心，
二规甘露的数百乐器奏响。
释教河水十方满溢，
愿诸具慧黄衣者遍布大地！
上师佛子在这雪山环绕之地，
以善资粮日光赐给加持之流，
使自他努力积聚善业之友伴，
汇入究竟四身的大海。

俱生功德的山岗极高，断证三学及闻、思、修的知识，以善贤通与讲辩著之广大功业为严饰的大善知识，入住难说名处，若为了大事要说其名，则为阿旺洛追扎巴，他的声名在世间犹如天鼓声遍传。微风落入耳中，亦能粉碎恶趣的业军，布施给善趣之处所，在浊世又想到护持真实秘密之教法。为了这些想法撰著《吉祥觉囊派教法史佛法明月灯》。他的弟子释迦比丘洛桑群佩、饶德噶哇、达哇桑布、克珠贝等人筹划刻印时，得到了温达巴·贡噶尊追、贡噶克旺和我们的帮助。

另外，以旺堆、久噶为代表的慷慨好施的弟子布施了许多涅槃供物，播撒圆满宏福。画工、雕刻师以及积极为这项工作服务的人们热心聚集与此有关的福泽，肩负起教法众生之重任，可得利他菩提心之因，依此各种缘份之时光使者（土马年，戊午）之花在开放，湖水、树木、药穗茂盛，散发着各种香味，以供奉三宝的姿态显现。四月十五日趣向善业遍集万变之节日完成雕刻，是由誓词圆满之后辈门徒释迦比丘洛桑群佩刻写。祈愿由此善业以上述诸人的父母为主的量等虚空的有情众生受到善知识们的护持，使佛教及吉祥佛觉囊巴（笃补巴）善规在各方发扬光大，成为常住之因。印版供放在由第二佛陀贡钦觉囊巴钦波（笃补巴）所授记赞颂的圣地木增旺波山附近塘钦曲丹寺。赞曰：

祈愿由此善业有关者及其父母为首的若如虚空的众生，
转生于香巴拉国土，
受具种王的摄护，
领受灌顶教诫，
圆满二次第之修行，
证得金刚持的果位！

注释：

［1］法四依：佛教术语。释迦牟尼临终前应弟子们的请问，作出的四种回答：依法不依人，依义不依句，依智不依识，依了义不依不了义。智严共宝云译《大方等大集经》卷第二十九：“舍利弗，菩萨摩诃萨有四依法亦不可尽。何等为四？依义不依语，依智不依识，依了义经不依

不了义经，依法不依人。

云何依义不依语？语者若入世法中而有所说；义者解出世法无文字相。语者若说布施调伏拥护；义者知施戒忍入于平等。语者称说生死；义者知生死无性。语者说涅槃味；义者知涅槃无性。语者若说诸乘随所安止；义者善知诸乘入一相智门。语者若说诸舍；义者三种清净。语者说身口意受持净戒功德威仪；义者了身口意皆无所作，而能护持一切净戒。语者若说忍辱断除恚怒贡高憍慢；义者了达诸法得无生忍。语者若说勤行一切善根；义者安住精进无有终始。语者若说诸禅解脱三昧三摩跋提；义者知灭尽定。语者悉能闻持一切文字智慧根本；义者知是慧义不可宣说。语者说三十七助道之法；义者正知修行诸助道法能证于果。语者说苦集道谛；义者证于灭谛。语者说无明根本乃至生缘老死；义者知无明灭乃至老死灭。语者说助定慧法；义者明解脱智。语者说贪恚痴；义者解不善根即是解脱。语者脱障碍法；义者得无碍解脱。语者称说三宝无量功德；义者三宝功德离欲法性同无为相。语者说从发心至坐道场，修集庄严菩提功德；义者以一念慧觉一切法。舍利弗，举要言之，能说八万四千法聚是名为语，知诸文字不可宣说是名为义。

云何依智不依于识？识者四识住处。何等四？色识住处，受想行识住处；智者解了四识性无所住。识者若识地大水火风大，智者识住四大法性无别。识者眼识色住，耳鼻舌身意识法住；智者内性寂灭外无所行，了知诸法无有忆想。识者专取所缘思惟分别；智者心无所缘不取相貌，于诸法中无所悕求。识者行有为法；智者知无为法识无所行，无为法性无有识知。识者生住灭相；智者无生住灭相。舍利弗，是名依智不依于识。

云何依了义经不依不了义经？不了义经者分别修道；了义经者不分别果。不了义经者所作行业信有果报；了义经者尽诸烦恼。不了义经者诃诸烦恼；了义经者赞白净法。不了义经者说生死苦恼；了义经者生死涅槃一相无二。不了义经者赞说种种庄严文字；了义经者说甚深经难持难了。不了义经者多为众生说罪福相，令闻法者心生欣戚；了义经者凡所演说必令听者心得调伏。不了义经者若说我人众生寿命养育士夫作者受者，种种文辞，诸法无有施者受者，而为他说有施有受；了义经者说空无相无愿无作无生，无有我人众生寿命养育士夫作者受者。常说无量诸解脱门，是名依了义经不依不了义经。

云何依法不依于人？人者摄取人见作者受者；法者解无人见作者受者。人者，凡夫、善人、信行人、法行人、八人、须陀洹人、斯陀含人、阿那含人、阿罗汉人、辟支佛人、菩萨人，一人出世多所利益多人受乐，怜愍世间生大悲心，于人天中多所余润。所谓佛世尊，如是等名佛依世谛为化众生故作是说。若有摄取如是见者，是谓依人。如来为化摄人见者故，说依法不依于人，是法性者。不变不易无作非作无住不住一切平等，等亦平等，不平等者亦复平等。无思无缘得正决定，于一切法无别无异。性相无碍犹如虚空，是名法性。若有依止是法性者，终不复离一相之法。入是门者观一切法同一法性，是故说言依一切法不依于人。舍利弗，是名菩萨摩诃萨四依无尽。”

[2] 二障：佛教术语。指烦恼障和所知障，是瑜伽行派就修行过程中能障碍成佛的作用所作的分类。烦恼障，是指以人我执为首的一切烦恼，它能障碍涅槃。世亲的《俱舍论》卷十七说：“烦恼数行，难可伏除，故说为障。”按照《成唯识论》解释：烦恼障能扰乱人们的身心，不能涅槃。所知障，是指以法我执为首的一切烦恼，它能阻碍觉悟成佛，即以贪嗔痴等诸惑为愚痴迷暗，其用能障菩提妙智，使不能了知诸法之事相及实性。

[3] 有事无事：佛教用语。又译“有性无性”“有为法和无为法”。“有事”即“有为”，梵文的本意是“造作”，即有所作为。有为法，指因缘和合而生的一切事物，或有生灭变化的一切法，即一切处于相互联系、生灭变化中的现象。它有生、住、异、灭四大特征。大小乘佛教和各派

对有为法的解释不尽相同。“无事”即“无性”或“无为”，指非因缘和合形成、没有生灭变化的绝对存在。部派佛教的大众部分出了九种无为法：择灭无为、非择灭无为、虚空无为、空无边处、识无边处、无所有处、非想非非想处、缘起支性、圣道支性。说一切有部提出了三种无为：虚空无为、择灭无为、非择灭无为。瑜伽行学派在这三种的基础上增加了不动无为、想受灭无为、真如无为，共六种。

[4] 神中之神：亦译“尊中之尊”。指佛教创始人释迦牟尼。

[5] 十二缘起：亦称“十二因缘”，佛教用语。佛教解释人生发展的十二个过程，即人生轮回的十二种相互联系的原因和结果，指无明、行、识、名色、六处、触、受、爱、取、有、生、老死。按照《俱舍论》解释：因无知（无明）导致各种世俗行为（行）；由于这种行为产生一种牵引力，使“识”向相应处投生；因识使细胞在母胎中发育成熟（名色——心身）；名色进一步发育形成眼、耳、鼻、舌、身、意等各种器官（六处）；有了六种器官就有触觉（触）；有触觉就有对苦乐、冷暖等一切的感受（受）；有了感觉便产生贪爱（爱）；有了爱意便可去追求（取），希望能得到；贪爱的执取便积累遭受报应的各种言行(有)，由这些言行导致再生（生），有生便有老死。其中的无明与行，属于过去世二因，次五种是现世的五果；爱、取、有三种是现在三因，生与老死为来世二果，构成了三世两重因果关系。藏传佛教中，盲人代表无明，陶工代表行，被食物引诱的顽皮猴子代表识，立于船上的两男子代表名色，有五扇窗子和一扇门的房子表示六处，一对正在接吻的人表示触，被箭射瞎眼睛的人表示受，正在饮酒的人代表爱，采果的猴子代表取，孕妇和正在趴窝的母鸡代表有，正在分娩的妇女代表生，拄着拐杖的老者和被抬往墓地的尸体代表老死。

[6] 薄拘罗：梵文的音译，本意是“善容”。本书以莲花作比喻，传说它需要美女含水喷之，才能开花，娇艳无比。另外，薄拘罗是一位阿

罗汉的名字，他出生于婆罗门家中。传说，小时候其母心怀恶念，想置他于死地。由于他福报好，因而大锅煮、烈火烧、抛入江河、用刀割都奈何他不得。成年后出家学佛，三日修成阿罗汉。“学道八十年来，常乐闲静，精勤修道，六根收摄。眼不视玄黄美色，耳不喜闻世间音乐，鼻不嗅世间香臭，舌不贪世俗美味，平时不散心杂语，意常在定，绝无散乱。”据《五百弟子自说本起经·薄拘卢品》中薄拘罗云：“我昔曾卖药，于盘头摩国。在惟卫佛世（指毗婆尸佛时），敬诸比丘僧。时有病瘦者，行药疗其疾。供给诸根药，以惠诸比丘。一岁诸众僧，令无所乏少（即以药布施众僧一年，令一年内药品无缺）。时施诸沙门，与一呵梨勒（以此布施因缘）。于九十一劫，未曾归恶道。在天上人间，其福自然见。所作德少耳，受福不可量。施一呵梨勒，长久生善处。”《妙法莲华经文句》卷二下：“薄拘罗者，此翻善容，或伟形，或大肥盛，或膝囊，或楞邓，或卖性。然而色貌端正，故言善容也。年一百六十岁无病无夭。”他有五种不死报，即火烧不死、水煮不死、水淹不死、刀割不死、鱼咬不死。

[7] 六趣：又称“六道”，佛教用语。佛家所说的众生根据前世的言行而有的轮回转生趋向，即地狱、旁生、饿鬼、阿修罗、人、天。龙树在《大智度论》卷三十说：“佛去久，经流远，法传五百年后，多有别异，部部不同，或言五道，或言六道。若说五者，于佛经回文说五；若说六者，于佛经回文说六。又摩诃衍中，《法华经》说有六趣众生，观诸义旨，应有六道。”六道分两类，一类是天、人、阿修罗，称为三善道；另一类是地狱、旁生、饿鬼，称为三恶道。

附录

一、作者小传

阿旺洛追扎巴（1920—1976年），译言“语自在慧称”，父亲名叫次旺贝（长寿自在祥），母亲名嘉萨古洛，出生于多麦壤塘的布康达村，即今四川阿坝州壤塘县尕多乡，被尊为笃补巴的化身。7岁开始学习藏文，听讲佛经。9岁时，他被母亲带到达日阿山上的小禅院托付给贡噶阿旺上师，他对母亲说：“阿妈你放心回去吧，我不会让你失望的。”在举行完简单的皈依、发心仪式后，贡噶阿旺上师传授灌顶，指导实修，据说仅7

天时间就修得光明十相。接着每日边学边修，经过 3 年的闭关，修得了宿命通。18 岁那年，来到热秀日超（热秀小寺）依止阿旺措涅嘉措学习格勒嘉措的《摄类学总义》，次年学习《摄类学旁论》。21 岁时，在藏哇寺听饶喀喇嘛洛桑次程讲解《般若集要》，用了不到 8 个月的时间就掌握了长达 450 多页的内容，而且倒背如流，使饶喀喇嘛和其他高僧被他超强的理解能力和记忆力感到吃惊。之后，他又跟随其他几位高僧学习显密经典，不仅精通觉囊派的中观他空思想和时轮教法，而且对其他教法了解颇深，被称为“十明”学者。特别是他高超的辩论才能，赢得了“第二不败佛”（mi-pam-gnyis-pa）的称呼。从第二年开始摄收弟子，承担起了教书育人的重任。《云丹桑波传》说他“16 岁以后，长期依止全知麦彭仁波切化身的至尊金刚上师阿旺洛追扎巴，学习律经、戒论、具舍论、中观、因明、基道果论、对法、般若等。背诵许多上师写的精品论文，如：《反体法》60 多张、《地道》70 多张、《因明》50 多张、《宗轮》10 多张、《时轮六支瑜伽》60 多张、《圣道三要》15 张等，如是精进闻思。洛追扎巴上师付给时轮大灌顶传承、授近圆戒、赐名祥生云登仁钦，并授予阿阇梨帽。不久他成为洛追扎巴上师的近侍和文书，先后整理上师著作 15 部，直到雕刻印出。上师对他精心教导和培养，经常让他代自己讲经和传法，并侍奉上师的生活和抄写他的著作”。

阿旺洛追扎巴被尊为觉囊派第四十五代法王，藏哇寺第九任金刚上师。但是，在他的《简传》中没有提及担任金刚上师的事，如果担任也没有具体时间，从他生活的年代来推断可能在“文革”期间。他一生博学勤修，摄收弟子，教授佛法，笔耕不缀，著作颇丰，在极其艰难的时代，仍然为觉囊派的生存和发展奔波。藏历第十六饶迥的火龙年（1976年）五月二十五日去世，享年 56 岁。主要著述有《贡钦笃补巴师徒供养仪轨》《贡钦笃补巴师徒传承供法集》《吉祥觉囊派教法源流——佛法明月之灯》《觉囊派教法源流传承补遗吉祥上师盛名明晰——日光津信之莲盛开》《多罗那他圆寂记妙吉祥喜悦普贤供云》《吉祥上师救怙主阿旺参桑传》《吉祥上师阿旺丹巴饶杰传》《吉祥上师阿旺贝桑传》《上师措吉多杰传》《了义遍满净相度母法仪轨二成就祥施》《摄类学之反体例法》《摄类学总义精化集要》《内外宗派论摄义》《至尊觉囊派祖师之本派因果胜乘本性深意决定论》等，原为手抄本，后来由藏哇寺筹资刻印。

二、觉囊派时轮教法的传承人（觉囊派法王或金刚上师传承）

第一代：大时轮足（dus–vkhor–zhabs–chen–po）

第二代：小时轮足（dus–vkhor–zhabs–chung–ba）

第三代：绛曲桑波（byang–chub–bzang–po）

第四代：月怙主（zla–ba–mgon–po）

第五代：卓·喜饶扎（vbro–lo–shes–rab–grags）

第六代：拉杰贡巴·贡却松（lha–rje–sgom–pa–dkon–mchog–bsrung）

第七代：周顿·南木孜（sgro–ston–gnam–brtsegs）

第八代：域摩·弥觉多吉（yu–mo–mi–bskyod–rdo–rje）

第九代：曲杰旺秋（chos–kyi–dbang–phyug）

第十代：南喀俄色（nam–mkhav–vod–zer）

第十一代：觉奔姆（jo–vbum）

第十二代：赛莫且哇·南喀坚赞（se–mo–che–ba–nam–mkhav–rgyal–mtshan）

第十三代：坚萨哇·喜饶俄色（vjam–gsar–shes–rab–vod–zer）

第十四代：贡钦却古俄色（kun–mkhyen–chos–sku–vod–zer）

第十五代：贡邦巴·突结尊追（kun-spangs-thugs-rje-brtson-vgrus）

第十六代：绛赛·嘉哇益希（byang-sems-rgyal-ba-ye-shes）

第十七代：贡钦云丹嘉措（kun-mkhyen-yon-tan-rgya-mtsho）

第十八代：笃补巴·喜饶坚赞（dol-po-pa-shes-rab-rgyal-mtshan）

第十九代：乔勒南杰（phyogs-las-rnam-rgyal）

第二十代：娘温·贡噶贝（nya-dbon-kun-dgav-dpal）

第二十一代：贡噶洛追（kun-dgav-blo-gros）

第二十二代：嘉央贡却桑波(vjam-dbyangs-dkon-mchog-bzang-po)

第二十三代：南喀曲窘（nam-mkhav-chos-vbyung）

第二十四代：南喀巴桑（nam-mkhav-dpal-bzang）

第二十五代：仁特那跋陀罗（rtana-bah-dra）

第二十六代：贡噶周却（kun-dgav-grol-mchog）

第二十七代：隆热嘉措（lung-riags-rgya-mtsho）

第二十八代：多罗那他（kun-dgav-snying-po 或 ta-ra-na-ta）

第二十九代：贡噶仁钦嘉措（kun-dgav-rin-chen-rgya-mtsho）

第三十代：洛哲南杰（blo-gros-rnam-rgyal）

第三十一代：恰隆哇·阿旺程勒(cha-lung-ba-ngag-dbang-vphrin-las)

第三十二代：藏巴·阿旺丹增南杰(ngag-dbang-bstan-vdzin-rnam-rgyal)

第三十三代：克增达结（mkhas-btsun-dar-rgyas）

第三十四代：贡桑程勒南杰（kun-bzang-vphrin-las-rnam-rgyal）

第三十五代：伦珠嘉措（lhun-grub-rgya-mtsho）

第三十六代：贡却晋美迈南杰（dkon-mchog-vjigs-med-rnam-rgyal）

(第三十七代开始壤塘藏洼寺的金刚上师即是觉囊派的法王)

第三十七代：阿旺群佩（ngag-dbang-chos-vphel）

第三十八代：阿旺曲吉帕巴（ngag-dbang-chos-kyi-vphags-pa）

第三十九代：贡噶阿旺巴丹（kun-dgav-ngag-dbang-dpal-ldan）

第四十代：阿旺群佩嘉措（ngag-dbang-chos-vphel-rgya-mtsho）

第四十一代：贡噶克珠旺秀（kun-dgav-mkhas-grub-dbang-phyug）

第四十二代：阿旺丹巴萨协（ngag-dbang-bstan-pa-gsal-byed）

第四十三代：阿旺多杰桑波（ngag-dbang-rdo-rje-bzang-po）

第四十四代：阿旺贡却丹巴达结（ngag-dbang-dkon-mchog-bstan-pa-dar-rgyas）

第四十五代：阿旺洛追扎巴（ngag-dbang-blo-gros-grags-pa）

第四十六代：阿旺云登桑布（ngag-dbang-yon-tan-bzang-po）

第四十七代：阿旺吉美多吉（ngag-dbang-vjigs-med-rdo-rje）

三、显教他空法的传承人

第一代：无著（thogs-med，印度大乘佛教瑜伽唯识学派创始人）

第二代：世亲（dbyig-gnyen，无著的弟弟）

第三代：弥底（me-dri）

第四代：噶哇扎巴贝（dgav-ba-grags-pa-dpal）

第五代：窘乃喜哇（vbyung-gnas-zhi-ba）

第六代：萨杂杂那（sa-dza-dza-na）

第七代：悉·噶哇多杰（gzi-dgav-bari-rdo-rje）

第八代：智迈喜饶（dri-med-shes-rab）

第九代：堆巴·达玛尊追（stod-pa-dar-ma-brtson-vgrus）

第十代：年·益希窘乃（gnyan-ye-shes-vbyung-gnas）

第十一代: 绛曲嘉和循努绛曲(byang-chub-skyabs--gzhon-nu-byang-chub)

第十二代：觉顿巴·曼朗楚程（skyo-ston-pa-smon-lam-tshul-khrims）

第十三代：热贝饶哲（rig-pavi-ral-gri）

第十四代：结顿巴（skyi-ston-pa）

(前六代为印度上师，第七代至第十四代是在西藏的早期传承，从第十五代开始即在觉囊派内部传承)

译后记

记得1989年某月的一天，我们一行五人经过长途跋涉来到了位于四川阿坝州壤塘县中壤塘乡的壤塘寺，法王云丹桑布亲手将阿旺洛追扎巴的《觉囊派教法史》赠予我们。为了感谢这位长者和宣传这个不为人们熟知的觉囊派，我回到单位抓紧时间将它翻译成汉文，1992年由西藏人民出版社出版发行。20多年来，我不知道有多少人看过这本部头并不大的译著，但可以肯定的是有许多人通过它了解了觉囊派这个在众多藏传佛教宗派中唯一一个倡导“他空中观”的教派，这也是我感到高兴的一点。前两年，觉囊派的一位高僧要我给他们写一本书，书写完后顺便修订了老译本《觉囊派教法史》，准备附在书后，实际出书的时候放弃了原来的想法。幸好，青海人民出版社决定从过去的译著中筛选一批再版，《觉囊派教法史》在选中之列，在此深表感谢。说实话，第一次翻译的时候，由于对觉囊派本身了解不多，加上参考文献十分有限，译文存在一定的问题。时过多年，《觉囊派教法史》已有多个版本，而且相关的文献出了不少。这次修订，第一，参考了《觉囊派教法史补遗》和其他相关的研究成果，逐字逐句检查，实际上是一次再翻译。第二，原译本的注释部分基本弃之不用，作了新的选注，较之以前更加详细准确。第三，重要的人名、地名、经典名称，在括号内增加了拉丁转写。总而言之，在译文的质量、准确性上比原译本有所提高。最后，再次感谢青海人民出版社的同志们。

译　者

2016 年 10 月